当代齐鲁文库·20 世纪"乡村建设运动"文库

The Library of
Contemporary
Shandong

Selected Works of
Rural Construction Campaign
of the 20th Century

山东社会科学院　编纂

/03　梁漱溟　著

梁漱溟乡村建设文集（一）

中国社会科学出版社

图书在版编目(CIP)数据

梁漱溟乡村建设文集. 一 / 梁漱溟著 . —北京：中国社会科学
出版社，2018.11（2020.11 重印）

（当代齐鲁文库. 20 世纪"乡村建设运动"文库）

ISBN 978 - 7 - 5203 - 1955 - 3

Ⅰ . ①梁…　Ⅱ . ①梁…　Ⅲ . ①城乡建设—中国—文集
Ⅳ . ①F299. 21 - 53

中国版本图书馆 CIP 数据核字（2018）第 004788 号

出　版　人	赵剑英
责任编辑	冯春凤
责任校对	张爱华
责任印制	张雪娇

出　　　版	中国社会科学出版社
社　　　址	北京鼓楼西大街甲 158 号
邮　　　编	100720
网　　　址	http://www.csspw.cn
发　行　部	010 - 84083685
门　市　部	010 - 84029450
经　　　销	新华书店及其他书店

印刷装订	北京君升印刷有限公司
版　　　次	2018 年 11 月第 1 版
印　　　次	2020 年 11 月第 2 次印刷

开　　　本	710 × 1000　1/16
印　　　张	21.5
插　　　页	2
字　　　数	296 千字
定　　　价	79.00 元

《当代齐鲁文库》编纂说明

不忘初心、打造学术精品，是推进中国特色社会科学研究和新型智库建设的基础性工程。近年来，山东社会科学院以实施哲学社会科学创新工程为抓手，努力探索智库创新发展之路，不断凝练特色、铸就学术品牌、推出重大精品成果，大型丛书《当代齐鲁文库》就是其中之一。

《当代齐鲁文库》是山东社会科学院立足山东、面向全国、放眼世界倾力打造的齐鲁特色学术品牌。《当代齐鲁文库》由《山东社会科学院文库》《20世纪"乡村建设运动"文库》《中美学者邹平联合调查文库》《山东海外文库》《海外山东文库》等特色文库组成。其中，作为《当代齐鲁文库》之一的《山东社会科学院文库》，历时2年的编纂，已于2016年12月由中国社会科学出版社正式出版发行。《山东社会科学院文库》由34部44本著作组成，约2000万字，收录的内容为山东省社会科学优秀成果奖评选工作开展以来，山东社会科学院获得一等奖及以上奖项的精品成果，涉猎经济学、政治学、法学、哲学、社会学、文学、历史学等领域。该文库的成功出版，是山东社会科学院历代方家的才思凝结，是山东社会科学院智库建设水平、整体科研实力和学术成就的集中展示，一经推出，引起强烈的社会反响，并成为山东社会科学院推进学术创新的重要阵地、引导学风建设的重要航标和参与学术交流的重要桥梁。

以此为契机，作为《当代齐鲁文库》之二的山东社会科学院

"创新工程"重大项目《20世纪"乡村建设运动"文库》首批10卷12本著作约400万字，由中国社会科学出版社出版发行，并计划陆续完成约100本著作的编纂出版。

党的十九大报告提出："实施乡村振兴战略，农业农村农民问题是关系国计民生的根本性问题，必须始终把解决好'三农'问题作为全党工作重中之重。"以史为鉴，置身于中国现代化的百年发展史，通过深入挖掘和研究历史上的乡村建设理论及社会实验，从中汲取仍具时代价值的经验教训，才能更好地理解和把握乡村振兴战略的战略意义、总体布局和实现路径。

20世纪前期，由知识分子主导的乡村建设实验曾影响到山东省的70余县和全国的不少地区。《20世纪"乡村建设运动"文库》旨在通过对从山东到全国的乡村建设珍贵历史文献资料大规模、系统化地挖掘、收集、整理和出版，为乡村振兴战略的实施提供历史借鉴，为"乡村建设运动"的学术研究提供资料支撑。当年一大批知识分子深入民间，投身于乡村建设实践，并通过长期的社会调查，对"百年大变局"中的乡村社会进行全面和系统地研究，留下的宝贵学术遗产，是我们认识传统中国社会的重要基础。虽然那个时代有许多的历史局限性，但是这种注重理论与实践相结合、俯下身子埋头苦干的精神，仍然值得今天的每一位哲学社会科学工作者传承和弘扬。

《20世纪"乡村建设运动"文库》在出版过程中，得到了社会各界尤其是乡村建设运动实践者后人的大力支持。中国社会科学院和中国社会科学出版社的领导对《20世纪"乡村建设运动"文库》给予了高度重视、热情帮助和大力支持，责任编辑冯春凤主任付出了辛勤努力，在此一并表示感谢。

在出版《20世纪"乡村建设运动"文库》的同时，山东社会科学院已经启动《当代齐鲁文库》之三《中美学者邹平联合调查文库》、之四《山东海外文库》、之五《海外山东文库》等特色文库的编纂工作。《当代齐鲁文库》的日臻完善，是山东社会科学院坚持问题导向、成果导向、精品导向，实施创新工程、激发科研活力结出的丰硕成果，是山东社会科学院国内一流新型智库建设不断实现突破的重要标志，也是党的领导下经济社会全面发展、哲学社会科学欣欣向荣繁荣昌盛的体现。由于规模宏大，《当代齐鲁文库》的完成需要一个过程，山东社会科学院会笃定恒心，继续大力推动文库的编纂出版，为进一步繁荣发展哲学社会科学贡献力量。

山东社会科学院

2018 年 11 月 17 日

编纂委员会

总　序

从传统乡村社会向现代社会的转型，是世界各国现代化必然经历的历史发展过程。现代化的完成，通常是以实现工业化、城镇化为标志。英国是世界上第一个实现工业化的国家，这个过程从 17 世纪资产阶级革命算起经历了 200 多年时间，若从 18 世纪 60 年代工业革命算起则经历了 100 多年的时间。中国自近代以来肇始的工业化、城镇化转型和社会变革，屡遭挫折，步履维艰。乡村建设问题在过去一百多年中，也成为中国最为重要的、反复出现的发展议题。各种思想潮流、各种社会力量、各种政党社团群体，都围绕这个议题展开争论、碰撞、交锋，并在实践中形成不同取向的路径。

把农业、农村和农民问题置于近代以来的"大历史"中审视不难发现，今天的乡村振兴战略，是对一个多世纪以来中国最本质、最重要的发展议题的当代回应，是对解决"三农"问题历史经验的总结和升华，也是对农村发展历史困境的全面超越。它既是一个现实问题，也是一个历史问题。

2017 年 12 月，习近平总书记在中央农村工作会议上的讲话指出，"新中国成立前，一些有识之士开展了乡村建设运动，比较有代表性的是梁漱溟先生搞的山东邹平试验，晏阳初先生搞的河北定县试验"。

"乡村建设运动"是 20 世纪上半期（1901 到 1949 年间）在中国农村许多地方开展的一场声势浩大的、由知识精英倡导的乡村改良实践探索活动。它希望在维护现存社会制度和秩序的前提下，通过兴办教育、改良农业、流通金融、提倡合作、办理地方自治与自卫、建立公共卫生保健制度和移风易俗等措施，复兴日趋衰弱的农村经济，刷新中国政治，复兴中国文化，实现所谓的"民族再造"或"民族自救"。在政治倾向上，参与"乡村建设运动"的学者，多数是处于共产党与国民党之间的'中间派'，代表着一部分爱国知识分子对中国现代化建设道路的选择与探索。关于"乡村建设运动"的意义，梁漱溟、晏阳初等乡建派学者曾提的很高，认为这是近代以来，继太平天国运动、戊戌变法运动、辛亥革命运动、五四运动、北伐运动之后的第六次民族自救运动，甚至是"中国民族自救运动之最后觉悟"。① 实践证明，这个运动最终以失败告终，但也留下很多弥足珍贵的经验和教训。其留存的大量史料文献，也成为学术研究的宝库。

"乡村建设运动"最早可追溯到米迪刚等人在河北省定县翟城村进行"村治"实验示范，通过开展识字运动、公民教育和地方自治，实施一系列改造地方的举措，直接孕育了随后受到海内外广泛关注、由晏阳初及中华平民教育促进会所主持的"定县试验"。如果说这个起于传统良绅的地方自治与乡村"自救"实践是在村一级展开的，那么清末状元实业家张謇在其家乡南通则进行了引人注目的县一级的探索。

20世纪20年代，余庆棠、陶行知、黄炎培等提倡办学，南北各地闻风而动，纷纷从事"乡村教育""乡村改造""乡村建设"，以图实现改造中国的目的。20年代末30年代初，"乡村建设运动"蔚为社会思潮并聚合为社会运动，建构了多种理论与实践的乡村建设实验模式。据南京国民政府实业部的调查，当时全国从事乡村建设工作的团体和机构有600多个，先后设立的各种实验区达1000多处。其中比较著名的有梁漱溟的邹平实验区、陶行知的晓庄实验区、晏阳初的定县实验区、鼓禹廷的宛平实验区、黄炎培的昆山实

---

① 《梁漱溟全集》第五卷，山东人民出版社2005年版，第44页。

验区、卢作孚的北碚实验区、江苏省立教育学院的无锡实验区、齐鲁大学的龙山实验区、燕京大学的清河实验区等。梁漱溟、晏阳初、卢作孚、陶行知、黄炎培等一批名家及各自领导的社会团体，使"乡村建设运动"产生了广泛的国内外影响。费正清主编的《剑桥中华民国史》，曾专辟"乡村建设运动"一节，讨论民国时期这一波澜壮阔的社会运动，把当时的乡村建设实践分为西方影响型、本土型、平民型和军事型等六个类型。

1937年7月抗日战争全面爆发后，全国的"乡村建设运动"被迫中止，只有中华平民教育促进会的晏阳初坚持不懈，撤退到抗战的大后方，以重庆璧山为中心，建立了华西实验区，开展了长达10年的平民教育和乡村建设实验，直接影响了后来台湾地区的土地改革，以及菲律宾、加纳、哥伦比亚等国家的乡村改造运动。

"乡村建设运动"不仅在当事者看来"无疑地已经形成了今日社会运动的主潮"，[①] 在今天的研究者眼中，它也是中国农村社会发展史上一次十分重要的社会改造活动。尽管"乡村建设运动"的团体和机构，性质不一，情况复杂，诚如梁漱溟所言，"南北各地乡村运动者，各有各的来历，各有各的背景。有的是社会团体，有的是政府机关，有的是教育机关；其思想有的左倾，有的右倾，其主张有的如此，有的如彼"[②]。他们或注重农业技术传播，或致力于地方自治和政权建设，或着力于农民文化教育，或强调经济、政治、道德三者并举。但殊途同归，这些团体和机构都关心乡村，立志救济乡村，以转化传统乡村为现代乡村为目标进行社会"改造"，旨在为破败的中国农村寻一条出路。在实践层面，"乡村建设运动"的思想和理论通常与国家建设的战略、政策、措施密切

---

① 许莹涟、李竟西、段继李编述：《全国乡村建设运动概况》第一辑上册，山东乡村建设研究院1935年出版，编者"自叙"。
② 《梁漱溟全集》第二卷，山东人民出版社2005年版，第582页。

相关。

在知识分子领导的"乡村建设运动"中，影响最大的当属梁漱溟主持的邹平乡村建设实验区和晏阳初主持的定县乡村建设实验区。梁漱溟和晏阳初在从事实际的乡村建设实验前，以及实验过程中，对当时中国社会所存在的问题及其出路都进行了理论探索，形成了比较系统的看法，成为乡村建设实验的理论根据。

梁漱溟曾是民国时期宪政运动的积极参加者和实践者。由于中国宪政运动的失败等原因，致使他对从前的政治主张逐渐产生怀疑，抱着"能替中华民族在政治上经济上开出一条路来"的志向，他开始研究和从事乡村建设的救国运动。在梁漱溟看来，中国原为乡村国家，以乡村为根基与主体，而发育成高度的乡村文明。中国这种乡村文明近代以来受到来自西洋都市文明的挑战。西洋文明逼迫中国往资本主义工商业路上走，然而除了乡村破坏外并未见都市的兴起，只见固有农业衰残而未见新工商业的发达。他的乡村建设运动思想和主张，源于他的哲学思想和对中国的特殊认识。在他看来，与西方"科学技术、团体组织"的社会结构不同，中国的社会结构是"伦理本位、职业分立"，不同于"从对方下手，改造客观境地以解决问题而得满足于外者"的西洋文化，也不同于"取消问题为问题之解决，以根本不生要求为最上之满足"的印度文化，中国文化是"反求诸己，调和融洽于我与对方之间，自适于这种境地为问题之解决而满足于内者"的"中庸"文化。中国问题的根源不在他处，而在"文化失调"，解决之道不是向西方学习，而是"认取自家精神，寻求自家的路走"。乡村建设的最高理想是社会和政治的伦理化，基本工作是建立和维持社会秩序，主要途径是乡村合作化和工业化，推进的手段是"软功夫"的教育工作。在梁漱溟看来，中国建设既不能走发展工商业之路，也不能走苏联的路，只能走乡村建设之路，即在中国传统文化基础上，吸收西方文化的长处，使中西文化得以融通，开创民族复兴的道路。他特别强调，"乡村建设，实非建设乡村，而意在整个中国社会之建设。"① 他将乡村建设提到建国的高度来认识，旨在为中国"重建一新社会组织构造"。他认为，救济乡村只是乡村建设的"第一层意义"，乡村建设的"真意义"在于创造一个新的社会结构，"今日中国问题在其千年相沿袭之社会组织构造既已崩溃，而新者未立；乡村建设运动，实为吾民族社会重建一新组织构造之运动。"② 只有理解和把握了这一点，才能理解和把握"乡村建设运动"的精神和意义。

晏阳初是中国著名的平民教育和乡村建设专家，1926 年在河北定县开始乡村平民教育实验，1940－1949 年在重庆歇马镇创办中国乡村建设育才院，后改名中国乡村建设学院并任院长，组织开展华西乡村建设实验，传播乡村建设理念。他认为，中国的乡村建设之所以重要，是因为乡村既是中国的经济基础，也是中国的政治基础，同时还是中国人的基础。"我们不愿安居太师椅上，空做误民的计划，才到农民生活里去找问题，去解决问题，抛下东洋眼镜、西洋眼镜、都市眼镜、都市眼镜，换上一副农夫眼镜。"③ 乡村建设就是要通过长期的努力，去培养新的生命，振拔新的人格，促成新的团结，从根本上再造一个新的民族。为了实现民族再造和固本宁邦的长远目的，他在做了认真系统的调查研究后，认定中国农村最普遍的问题是农民中存在的"愚贫弱私"四大疾病；根治这四大疾病的良方，就是在乡村普遍进行"四大教育"，即文艺教育以治愚、生计教育以治贫、卫生教育以治弱、公民教育以治私，最终实现政治、教育、经济、自卫、卫生、礼俗"六大建设"。为了实现既定的目标，他坚持四大教育连锁并进，学校教育、社会教育、家庭教育统筹协调。他把定县当作一个"社会实验室"，通过开办平民学校、创建实验农场、建立各种合作组织、推行医疗卫生保健、传授

---

① 《梁漱溟全集》第二卷，山东人民出版社 2005 年版，第 161 页。
② 同上。
③ 《晏阳初全集》第一卷，天津教育出版社 2013 年版，第 221 页。

农业基本知识、改良动植物品种、倡办手工业和其他副业、建立和开展农民戏剧、演唱诗歌民谣等积极的活动，从整体上改变乡村面貌，从根本上重建民族精神。

可以说，"乡村建设运动"的出现，不仅是农村落后破败的现实促成的，也是知识界对农村重要性自觉体认的产物，两者的结合，导致了领域广阔、面貌多样、时间持久、影响深远的"乡村建设运动"。而在"乡村建设运动"的高峰时期，各地所开展的乡村建设事业历史有长有短，范围有大有小，工作有繁有易，动机不尽相同，都或多或少地受到了邹平实验区、定县实验区的影响。

20世纪前期中国的乡村建设，除了知识分子领导的"乡村建设运动"，还有1927－1945年南京国民政府推行的农村复兴运动，以及1927－1949年中国共产党领导的革命根据地的乡村建设。

"农村复兴"思潮源起于20世纪二三十年代，大体上与国民政府推动的国民经济建设运动和由社会力量推动的"乡村建设运动"同时并起。南京国民政府为巩固政权，复兴农村，采取了一系列措施：一是先后颁行保甲制度、新县制等一系列地方行政制度，力图将国家政权延伸至乡村社会；二是在经济方面，先后颁布了多部涉农法律，新设多处涉农机构，以拯救处于崩溃边缘的农村经济；三是修建多项大型水利工程等，以改善农业生产环境。1933年5月，国民政府建立隶属于行政院的农村复兴委员会，发动"农村复兴运动"。随着"乡村建设运动"的开展，赞扬、支持、鼓励铺天而来，到几个中心实验区参观学习的人群应接不暇，平教会甚至需要刊登广告限定接待参观的时间，南京国民政府对乡建实验也给予了相当程度的肯定。1932年第二次全国内政工作会议后，建立县政实验县取得了合法性，官方还直接出面建立了江宁、兰溪两个实验县，并把邹平实验区、定县实验区纳入县政实验县。

1925年，成立已经四年的中国共产党，认识到农村对于中国革命的重要性，努力把农民动员成一股新的革命力量，遂发布《告农民书》，开始组织农会，发起农民运动。中国共产党认为中国农村问题的核心是土地问题，乡村的衰败是旧的反动统治剥削和压迫的结果，只有打碎旧的反动统治，农民才能获得真正的解放；必须发动农民进行土地革命，实现"耕者有其田"，才能解放农村生产力。在地方乡绅和知识分子开展"乡村建设运动"的同时，中国共产党在中央苏区的江西、福建等农村革命根据地，开展了一系列政治、经济、文化等方面的乡村改造和建设运动。它以土地革命为核心，依靠占农村人口绝大多数的贫雇农，以组织合作社、恢复农业生产和发展经济为重要任务，以开办农民学校扫盲识字、开展群众性卫生运动、强健民众身体、改善公共卫生状况、提高妇女地位、改革陋俗文化和社会建设为保障。期间的尝试和举措满足了农民的根本需求，无论是在政治、经济上，还是社会地位上，贫苦农民都获得了翻身解放，因而得到了他们最坚决的支持、拥护和参与，为推进新中国农村建设积累了宝贵经验。与乡建派的乡村建设实践不同的是，中国共产党通过领导广大农民围绕土地所有制的革命性探索，走出了一条彻底改变乡村社会结构的乡村建设之路。中国共产党在农村进行的土地革命，也促使知识分子从不同方面反思中国乡村改良的不同道路。

　　"乡村建设运动"的理论和实践，说明在当时的现实条件下，改良主义在中国是根本行不通的。在当时国内外学界围绕乡村建设运动的理论和实践，既有高歌赞赏，也有尖锐批评。著名社会学家孙本文的评价，一般认为还算中肯：尽管有诸多不足，至少有两点"值得称述"，"第一，他们认定农村为我国社会的基本，欲从改进农村下手，以改进整个社会。此种立场，虽未必完全正确；但就我国目前状况言，农村人民占全国人口百分之七十五以上，农业为国民的主要职业；而农产不振，农村生活困苦，潜在表现足为整个社会进步的障碍。故改进农村，至少可为整个社会进步的张本。第二，他们确实在农村中不畏艰苦为农民谋福利。各地农村工作计划虽有优有劣，有完有缺，其效果虽有大有小；而工作人员确脚踏实地在改进农村的总目标下努力工作，其艰苦耐劳的精神，殊足令人起敬。"① 乡村建设学派的工作曾引起国际社会的重视，不少国家于二次世界大战后的乡村建设与社区重建中，注重借鉴中国乡村建设学派的一些具体做法。晏阳初 1950 年代以后应邀赴菲律宾、非洲及拉美国家介绍中国的乡村建设工作经验，并从事具体的指导工作。

总起来看，"乡村建设运动"在中国百年的乡村建设历史上具有承上启下、融汇中西的作用，它不仅继承自清末地方自治的政治逻辑，同时通过村治、乡治、乡村建设等诸多实践，为乡村振兴发展做了可贵的探索。同时，"乡村建设运动"是与当时的社会调查运动紧密联系在一起的，大批学贯中西的知识分子走出书斋、走出象牙塔，投身于对中国社会的认识和改造，对乡村建设进行认真而艰苦地研究，并从丰富的调查资料中提出了属于中国的"中国问题"，而不仅是解释由西方学者提出的"中国问题"或把西方的"问题"中国化，一些研究成果达到了那个时期所能达到的巅峰，甚至迄今难以超越。"乡村建设运动"有其独特的学术内涵与时代特征，是我们认识传统中国社会的一个窗口，也是我们今天在新的现实基础上发展中国社会科学不能忽视的学术遗产。

历史文献资料的收集、整理和利用是学术研究的基础，资料的突破往往能带来研究的创新和突破。20 世纪前期的图书、期刊和报纸都有大量关于"乡村建设运动"的著作、介绍和研究，但目前还没有"乡村建设运动"的系统史料整理，目前已经出版的文献多为乡建人物、乡村教育、乡村合作等方面的"专题"，大量文献仍然散见于各种民国"老期刊"，尘封在各大图书馆的"特藏部"。本项目通过对"乡村建设运动"历史资料和研究资料的系统收集、整理和出版，力图再现那段久远的、但仍没有中断学术生命的历史。一方面为我国民国史、乡村建设史的研究提供第一手资料，推进对"乡村建设运动"的理论和实践的整体认识，催生出

---

① 孙本文：《现代中国社会问题》第三册，商务印书馆 1944 年版，第 93 – 94 页。

高水平的学术成果；另一方面，为当前我国各级政府在城乡一体化、新型城镇化、乡村教育的发展等提供参考和借鉴，为乡村振兴战略的实施做出应有的贡献。

由于大规模收集、挖掘、整理大型文献的经验不足，同时又受某些实际条件的限制，《20 世纪"乡村建设运动"文库》会存在着各种问题和不足，我们期待着各界朋友们的批评指正。

是为序。

2018 年 11 月 30 日于北京

编辑体例

一、《20世纪"乡村建设运动"文库》收录20世纪前期"乡村建设运动"的著作、论文、实验方案、研究报告等，以及迄今为止的相关研究成果。

二、收录文献以原刊或作者修订、校阅本为底本，参照其他刊本，以正其讹误。

三、收录文献有其不同的文字风格、语言习惯和时代特色，不按现行用法、写法和表现手法改动原文；原文专名如人名、地名、译名、术语等，尽量保持原貌，个别地方按通行的现代汉语和习惯稍作改动；作者笔误、排版错误等，则尽量予以订正。

四、收录文献，原文多为竖排繁体，均改为横排简体，以便阅读；原文无标点或断句处，视情况改为新式标点符号；原文因年代久远而字迹模糊或纸页残缺者，所缺文字用"□"表示，字数难以确定者，用（下缺）表示。

五、收录文献作为历史资料，基本保留了作品的原貌，个别文字做了技术处理。

编者说明

　　收入《20 世纪"乡村建设运动"文库》第三卷的是 1928 年至 1930 年期间，梁漱溟关于乡村建设的文章、论述、讲话、访谈等。有关文字曾在 1932 年结集出版《中国民族自救运动之最后觉悟（村治论文集）》、1934 年结集出版《乡村建设论文集》。本次编辑，以收集筛选散见于《村治》《乡村建设》等期刊杂志报纸的文字，以及这个时期出版的作者文集相关内容为基础本，以山东人民出版社 2005 年出版的《梁漱溟全集》（第四卷、第五卷）为对校本，一些散见的内容重复的文字尽量不收入。

目 录

请办乡治讲习所建议书[*]

乡治为适应潮流切合需要之时代产物，举凡伦常重心之民族问题，教养精神之政治问题，均平原则之民生问题，均非建设乡治皆无从得其完满之解决。现除直隶翟城村之自治，山西省之村治，皆开村本政治之先声，他如江苏之村制（治）育才馆，湖南村制（治）训练所，广东之乡治讲习所，河南之农村训练班，河北之村政研究委员会，以及其他各省村治之计划或实施，均已次第表现。将来村治一项必可通行全国无疑。唯此项根本事业，非仅制度之建设，实有赖于学术的训练。梁君请开乡治讲习所意见书，于民性国情、社会心理、政治习惯，均有详密之考察。梁君现为广东建设委员会主席，欲以讲学从政合而为一者。兹录其原书全文如下。

总理有言：欲造新国家，必以政权交之人民之手（节录《民权主义》第六讲大义）。又云："地方自治在以地方之人自治地方之事，全国一千六百余县，皆能自治，即中华民国自然成立；全国人民不能自治而赖官治则中华民国永无成立之望"（节录国民要以人格救国讲演大意）。今北伐完成，宪法可期而待，允宜将地方之

---

　　* 该文为作者提交中央政治会议广州分会的建议书，作于 1928 年 4 月。政治会议是北伐时期国民党所设临时议政机构，于中央政治会议（南京）之外，下设开封、太原、武汉、广州四个分会。建议书前的按语为《国闻周报》所加。

事交之地方之人。然训政要端一未实行，何足以进宪政之阶。四权之使用一未练习，何足以问全国之政。是今日极宜遵照建国大纲以县为自治单位（建国大纲第十八款），由政府协助人民筹备自治（建国大纲第八款），以行训政之实，而立宪政之基。两粤为革命策源地，尤当切实厉行，以为全国首倡。

然欲谋县自治，必先自乡村市镇之自治始。广东往于民国十年，曾制定县自治暂行条例，及县长选举、县议会议员选举各条例，实行县长民选，而卒无良效不能不归废置者，盖不先谋乡之自治，而递躐等以求县自治之过也。

钧会李委员文范提出县自治筹备方案，经奉发交审查，并令起草乡区自治法在案。仰见亦主张以乡区自治为县自治之始基。总理尝云：地方自治之范围，当以一县为充分之区域，如不得一县时，则联合数村而附有纵横二三十里之田野者亦可为一试办区域（地方自治开始实行法）。所谓不得云者，谓人民之知识、能力、习惯及其他关系条件，尚不能就一县施行时，即先从小范围以入手也。其范围适相当于所谓乡或区者，现在应即遵照遗训，先谋乡区之自治。

然欲谋乡区自治，非徒草订颁布乡区自治法令，付之县长吏役督饬办理，遂可期以实行有效也。自近三十年盛谈变法、维新以来，皆以为法一变则有新局面新事实之产生。其实社会所真正循由者，系习惯而非法令，有其习惯而无其法令，于其事实之产生无所不足；无其习惯而徒有其法令，辄望有其事实产生，固断断不可得也。故英国不必有成文之宪法，而宪政之美，一世称盛。吾国先后有约法宪法以及湖南浙江各省宪之颁行，顾皆如云烟过眼，曾无一毫事实，是岂不可见耶！试就大而组织国家小而成立乡区自治所必不可少之选举制度言之，中国数千年来之习惯，各人皆过其闭门生活，鲜问公益。上焉所谓乡党自好之士，则不屑于炫才求售奔走竞争；一般所谓安分良民，则消极怕事不敢出头，其放弃选举权者，殆居大多数，绝无公民问政之实可以断言。而同时地方诸事，又每为武断乡曲，假藉公益以自肥之土豪劣绅所把持。设若为地方自治而行选举，适为彼辈造机会，以取得法律上地位而已。大抵社会上一事之产生，其构成之因子多至不可计，而固有之风气习惯为力最大。方事之未生，此风气习惯及其他既存诸因子，固已先构成有一形势在，迨后其事产生，要必依此形势，不可抗也。新法令之发布施行，不过加于旧社会之一刺激而已，不过新投入之一因子而已，虽不能不有一事实发生以回应此刺激，而究为如何之事实，则在我可谓毫无把握，求如所期望以实现，固十不得八九也。反面观之，新制度之运用实有资于新习惯，彰彰明甚。此新习惯之养成，大有待于训练，实非一朝可办。总理建国大纲，不于革命军事终了，即宣布实行宪政，而必先之以训政者，谓宪政实施，非经过由政府指导人民、训练人民之一段工夫不可也。建国大纲第八条云：在训政时期，政府当派曾经训练考试合格人员到县，协助人民筹备自治。是自治法令之颁行尚在其次，而协助人民筹备自治之人员之如何训练储备，乃为先务。依据此意，合行建议钧会，先行开办乡治讲习所，以为前项人员储才机关。关于乡治讲习所之办法，除拟具第一期试办计划大纲呈请钧核外，谨将应行说明各点分陈如下。

（一）乡治命名之由来

乡治一名词，实沿用古语。在中国古代，有此一种制度，实充分涵有今日所谓地方自治之意义在内。今欲提倡建设一种中国化的地方自治，故特标定此名。孔子尝云，吾观于乡而知王道之易易也，即谓从乡治而晓然于王道之无难。管子权修篇曰：朝不合众乡分治也；又立政篇云：分国以为五乡，乡为之师；分乡以为五州，州为之长；分州以为十里，里为之尉。于周礼地官，则分比、闾、族、党、州、乡各级，而有比长、闾胥、族师、党正、州长、乡大夫等公职。其所谓乡老、乡师、乡饮酒、乡射、乡三物、乡八刑等，并属乡治上之立制与规划。又墨子尚同篇有里长、里之仁人，乡长、乡之仁人等语。且云乡长唯能壹同乡之义，是以乡治也！是其为古之言治理者所最注意，各家殆莫不然，其彼此间之参差，或为各处设制不同，如周有周制，齐有齐制之类（其果为周制或齐制否自尚不敢说），而大体立意略同。又同着眼于乡而称之为乡治。虽其所谓乡者未必果为同物，区域大小，或且相悬，而名号恰好相同，适足以资吾人之袭取，则亦不复深较也。

又地方自治一词，一切县市乡村之自治皆在内。如以地方自治讲习所为名，则一切应在讲习研究之列。窃以为县自治与乡村自治，同中有异，殆不可以同语。且非乡村自治寻出路径，立有基础以后，亦断谈不到。故认县自治问题尚不在此研究之列；命名乡治讲习所，即以示此界别。又以为市自治与乡村自治，因都市与乡村情形不同，工商业与农业性质殊异之故，二者尤不可以同语。命曰乡治，又以示市自治非此所及也。盖今日中国之问题，看似在都市，而实在农村，即谓不然，都市农村各有问题，而所以解决之道，亦唯在求之农村乡治云云。窃将以是解决农村问题者。

（二）乡治所称之乡其区域大小问题

袭用乡治之名，而于乡之区划如何不深较者，盖不独古制未必能适用于今日，即于古原亦各家殊制，异地不相袭也。又乡之一字，宽用狭用本甚活，便视村圩省县有其一定范围者不同。例如同乡或乡音、乡俗、乡评、乡望等词，均无定指确限。周礼以万二千五百家为乡；清季所订自治制度，则以人口不满五万之市镇、村庄、屯集等皆为乡；民国八年内务部所颁各自治法，其乡自治制谓乡以固有之区域为其区域，其人口自不满五千以至万数千人（原文未有规定，但谓选举名额，自人口不满五千以上六名，每增一千人加一名，至十名为止）。江西省议会某年亦曾制定县市乡自治条例，其所谓乡，系谓人口满二百以上迄于三千人者，三千以上为市。湖南十四年修正公布之省宪，则以人口不及五千者为乡，五千以上悉为市。窃以为乡之大小如何为宜，尚待一番实地调查与研究，暂且不必确定，大体因其自然，而最不宜过大。盖在无此种过问公众事业习惯之社会中，欲领导养成此种新习惯，非自小区域训练之不为功。一则范围小，则利害切近，所有问题皆眼前所易见，易于引其注意与过问。二则范围小，则方其有所过问有所主张活动，易于见影响生效力。必其注意力之所及，活动力之所及，始能有继续过问参与之兴趣，不致一试而罢。三则范围小，则人事熟悉，情谊得通，易于合作也。

（三）乡治之行非有合于乡间固有之习惯心理必难成功

今之言地方自治者，视其事若无难，而不知随举三点言之，皆足以见其必难成功。其一点，即前所陈自治法令颁行之后，适为乡间不良分子造机会，而自治难得其人之问题。盖以中国人一向过其闭门生活，不愿与闻外事之故。乡间事遂每为少数人所垄断把持，藉公益之名，营私自肥，即所谓土豪劣绅者是。又遇有新题目，则喜出头之少年，亦间或在地方上活动，故自治人员选举之结果，必为此两种人所得，乡间人对于历来所行新政久失信仰，而对于此两种人尤鄙视嫌厌之。今自治事复归其主持，将必存一种厌恶心理，相率引退，不愿参与其间。夫所谓自治者，本谓地方人士出而自理其地方之事也。若多数人不愿预闻，则尚何有自治可言。欲救此弊，诚如前所陈，非养成新习惯，无以运行新法制。然新习惯之养成，非有合于其固有之习惯心理，必难为功。在中国乡间，向有尚德尚齿之美俗，大抵公正老成之人，必为乡里所推重信服。遇有问题，每得其一言而决；遇事每推其主持。虽在近若干年来，以别种势力之压抑隐蔽，此类情形已不多见，而其在中国人心理上，实有至深且厚之根据。得此则得人心，失此则失人心。欲一易乡间人对自治之消极嫌厌态度，而积极乐意从事，非由此处善为诱导不可。故在乡治讲习所之学生，应先养成其尊师敬长之风，将来返回乡间，尤须特别认识此点，自知其少年后进，在乡信望未孚，务当从众人心理，别推有齿有德者主领乡事，而自居于二三等地位为之辅佐，一面以其热心毅力感召众人，团结合作，一面以其谦谨知礼，不为父老所嫌弃。庶几大家积极过问公众事业之新习惯，得以启迪，培养成功，万不可违反乡人心理，以少年燥进邀功，使新习惯一点将萌之机复归消阻，如此第一点问题对望解决。然此外尚有两难点。

（四）乡治之行非从解决农村经济问题入手必难为功

一般所谓地方自治者，其所办事项，大抵非向来生活粗简低陋如中国乡村者所能语及，加以近数十年来，社会经济之变迁及不断之兵乱匪祸，种种苛征暴敛，农业之衰残，乡村之凋落，有非都会中人所能想象者。救死犹恐不赡，其何暇谈自治哉。例如自治中教育文化一类事项，欲举办乡村小学及半日学校，似非过高之谈，而在乡间人已有力莫能举之叹。又如交通一类之修桥开路、公共卫生之清洁运动，以至慈善公益一类之事，在乡间人视之皆属不急之务（公共娱乐，更不待言），与其眼前亟待解决之问题毫不相干。他如户口之编查登记、土地之登记清丈，或其他统计注册事项，以及地方官府委令执行之各种事项，在乡间人或则怀疑，或则烦厌，又且不止视为不急而已。而同时一事之办，莫不需财，是必于国税、省税、县市附捐杂课、土匪勒收以外，又有一种抽剥，其为乡间人之所嫌厌怨苦，又当何如。故地方自治之难期成功，第一点为对人之嫌厌，第二点为对事之嫌厌，第三点为对敛财之嫌厌，三者有一于此，即是为养成新习惯之大阻，使自治之新局不得如其实以实现，而况三者殆必具备。所谓自治终且为一二不肖造借题营私之机会，而使乡人厌绝其事，无复得有新习惯萌芽之机会而后已，是所可断言者也。要知自治之能否成功，实即中国民族能否辟创其从来未走之政治新途径之问题。其事非小，胡容易视。一般谈地方自治者视若无难，诚为不思之甚。此三难点必须以全副注意，至极谨慎之态度谋补救其或庶几。关于第一点者既陈如上，其余二点之救济，要在以解决农村经济问题为自治之入手。今日农民之困苦，乡村之凋落，如前已说，苟不能针对其本身最急切之问题以入手，则无论何种谋划，何种作为，均不相干，枉费工夫，难期有成。矧在自治必赖其自谋自动者乎。恰在欧洲日本各处，自工商大兴都市趋盛之后，农村经济之凋敝枯窘亦有同情，而其一般之救济法久著明效者，如消费合作、贩卖合作、信用合作以及丹麦所行之土地合并经营等法，类皆与吾民族精神为近，亦适为乡村自治事业之所宜。乡治之行，首当着手于此，不独论事无迂远不切之嫌，而以财投诸有用之地，或有生发之途，亦人人所乐。一面可以引人于协力合作之途，培养其参与公众事业之习惯能力；一面可以稍苏乡间之困，得渐有力从事教育交通卫生乃至一切事业。后二难点，如此似可解决。唯此类方法之仿行，极非容易。物质条件，人情习惯，各地均不相同，非就乡间实施研究，不能得一确实可行之道。而事属开创，非有精心果力，亦断不能蹈出一条路径，供后人走也。

《国闻周报》第 5 卷第 35 期，1928 年 9 月 9 日。

"乡治十讲"听后记略[*]

郑天挺

　　1928 年我应梁先生之邀于 5 月初到广州，任中央政治会议广州分会所属建设委员会秘书。5 月 14 日梁先生在建设委员会对地方武装团体训练员养成所人员以"乡治十讲"为题作连续演讲。我与当时在广州中山大学任教的罗常培、丁山等也前往听讲。听后我曾于日记中有所记述。现将所记抄录于此，供研究者参考。

5 月 14 日晚讲：

　　国民党为孙中山先生指导下之中华民族自救团体，自兴中会以迄最近业经数变，其政策手段亦因时而异，惟其变化多有进步。

　　个人之政治主张与诸前人异。数十年来谈政者皆喜法西人，而迄无殊效。盖中国人有中国人之天性，中国之文化未可强效不同文化，不同天性之西人。

5 月 15 日晚讲：

　　西洋政治所可贵者有两点：一曰合理；一曰有妙处。使私权尊

　　* 1928 年 5、6 月间，作者在广州的"乡治十讲"连续演讲，标志着其乡村建设思想主张的成熟。1934 年，作者称："有'乡治十讲'之笔记一束，""唯未暇校正，时下亦未印行耳"。（见《自述》，全集卷二，第 22 页）后因历经战乱，笔记散失无踪，致七十年代有"惜今无存稿"之叹。

　　1992 年秋，作者家属幸得郑天挺先生家属提供记有"乡治十讲"听讲纪要之郑先生日记一部，并附有简略前言，从中可窥得演讲内容概貌。

重公权，此其合理处；使人向上不能作恶，政不待人而治，此其妙处。凡此皆中国旧日政治所不能及。昔人之欲效西法，亦以此。然而数十年终无成就者，则以不合于中国之实况。此不合可分两方面言之，一曰物质上之不合；一曰精神上之不合。物质上之不合有三：曰中国人之生活低；曰中国交通不发达；曰中国工商业不发达。至于精神上之不合拟下次再讲。

又云：

惟人类知识最发达，亦惟人类易为知识所误，每以假为真。

5 月 22 日晚讲：

西洋文明系有对的，中国文明系无对的。因有对故凡事皆向对方求解决，政治亦然。而中国正相反，此根本不合也。西洋政治精神在彼此监督、互相牵制，所谓三权鼎立是也。而其动机，实在彼此不信任。中国则不然。彼此尊崇，彼此信托，皆相待以诚。倘一存猜疑，必至于糟。今欲仿效西人政治；势必降低固有精神，绝难有所创获，此其一也。选举制度为西洋政治之中心，西人皆用自炫手段以求当选，而中国以自炫为可鄙，必欲效仿，则必弃自尊之美德，先自轻贱。然此最高之精神一落，则不可复振矣，此其二也。西洋政治以欲望为本，中国则于欲望外更有较高之精神，如舍欲望外不计其他，必不能行于中国。

又云：欲激发人之精神，必须打动其心，而后其真力量、真本事、真智慧始能出，然后始能有创造。

5 月 25 日晚：

（谈日本之所以能接受西洋式政治及［对］俄国政治之批评，未记录）

5 月 29 日晚讲：

今日中国之所谓政治家，对于政治上之主张约有二途：一曰全民政治；一曰一党治国。然二者皆不可通。近者国民之自由褫夺殆尽，而公权更无份，谈何全民政治。近日军权高于党权，个人高于一党，何云乎以党治国。况近日俄国、义国独裁之制方兴未艾，恐最近之将来，中国仍属割据式之军事长官主政政体，然此绝不可恃也。可以挽救中国近日之局面者唯有乡治。

又谓：在今日欲振兴工商业实不可能。社会不安定易于破坏，一也；受不平等条约之束缚，难与西人竞争，二也。或谓由国家经营之国家资本主义其法较善。不知政局不定，国家亦无力经营。且若由国家经营，则政权、财政皆聚于政府，恐谋之者益多，而政局亦益不能安定矣。故可以挽救中国近日之局面者，唯有振兴农业。

5 月 31 日讲：

人类对于一切事物，皆具一种较高之理智，如吃饭，则不仅想如何吃而已，必思如何吃合理之饭。此种思合理之态度，是谓人类最高之精神。法律仅能使人做事合理，而不能使人做合理事。做事合理是谓法治；做合理事是谓人治。在法治派之政治理想以为，政权人人有份，政治自下而上，是为原则。而在人治派观之，因人类理智之有高下，则政权必交之理智之最高者。人类理智不同，则政治不妨自上而下。中国自来为人治的政治，而非法治的政治。

又谓：中国近日政治上、经济上皆陷绝境，非从农村入手，无从整顿。一方面使农业发达；一方面使农民知识提高。

6 月 2 日讲：

中国今后之政治必为人治，而于其下容纳西洋之法治精神。治者与被治者不分而分，政治自下而上，同时自上而下。

又曰：法律是假的，风俗习惯是真的，吾辈应创习惯。欲人民之间公众事，必须使之先有此意志、兴趣、能力、习惯。今之所以欲先行乡治者，以乡之范围小，利害切身，引其注意易而力强，一也；中国固有之精神，城市已丧失殆尽，可谓礼失而求诸野，二也；城市之心理习惯已近国外，唯乡村不然，三也；工商业为个人主义的，而农业为合作的、互助的，四也；乡里间尊师敬长，尚德尚齿，五也。有所信赖，有所信托，此吾人建筑新政治之基础。选举代表制度，选举人地位似较被选举人为高，与中国习惯上因某人之道高德重而公请其主持之意大相悬殊，盖无丝毫之不信任意也。而彼此之精神、人格亦因此增高，与西洋人彼此不信任精神、人格因之降低者亦不同。至筹备乡治之办法，拟选二三十岁聪敏之青年，训练之使了解农村经济之新办法，遣之乡里辅助乡中年高有德者办理乡治。对此辈青年有最要者三事：一、使之作二三等角色；二、培养其真心热肠；三、戒其自傲气盛及其他少年积习。必如此，然后可以得乡人之同情。近日自治之所以使人不满者，在不得其人，一也；收捐过巨，二也；所做之事非皆乡人所切要，三也。今欲免此人、钱、事三者之困难，必先慎选人与解决吃饭问题始可。

又云：吾之改造经济注意点在以私有经济制度为一切罪恶之源泉，私有经济制度为生存竞争之起源，因之人人敌对，人人时在危险情状之下。今若逆社会罪恶产生道路而思改革，终必无成，故改造私有经济制度必自改竞存为共存，始乡治之意即在此。先从消费享受求合作，渐至生产之共营。

6 月 3 日下午讲：

（首先介绍了日人河西太一郎《农民问题研究》一书。以我所见，与梁先生意见颇同。）

近代工业上有显然大规模经营之趋势，而农业就统计上观之，小规模经营者并不因大规模经营而减少。所以然者，在受资本主义之影响，欲农业之能大规模经营，农村之能改良城市与农村之能平均发达，必先经济改造。农业之所以不进步、不改良之原因甚多，农业生产受天然之制约，收获甚迟，经济周转不如工业之速，因之田主不愿多投资，一也；生活艰难，佃农日增，二也；小农资本少，不能采用新法，三也；小农之经营存在（工业上绝难存在过小经营，农业不然），四也。又经济上之原因，农人能率低，一也；农人候雇者少，工资廉，二也。又收获后之原因，农民受商人之剥削太烈，资本不向农业流通，因之都市盛而乡村衰，一也；田主多在城市，佃户收获必送之田主，是以乡村资本送之城市，因之城市益盛而乡村益衰，工商益盛而农业益衰，二也；农民本无余资，一遇事故必致负债，三也；国家赋税加于农者，多于工商业数倍，四也；国家取责于农，而以之发达城市，五也；城市每能引诱乡农不愿乡居，六也。又不能大经营之原因：土地不易扩张，一也；工人少，二也；因承继而土地分割，三也；资本周转不易，四也。在工业上，阶级观念甚盛，故工人团结以对资本家，而在农业上适相反，又有中农之介于劳资之间。在工业上，工人皆思生产机关公有，而农民仅望分得少许土地，两者目的不同，故求改造经济之心理亦不同。今就经济目标为改造办法，必先使小农之私人经营渐改至合作，使私有为公有，分作为合作。然欲行此法，万勿强制，必告以实例，予以援助，丹麦曾有先例。其法使一村合并其土地，用新法经营，收获时按其土地、劳力、财力多少分配之，如此小农之所得较之自营为优。如此易发生劳力过剩，则使之营以自己消费为目的之副业，如铁工等，此改良农业最上之法也。（恩格斯说：以上见河西氏书。）

总之，我国之精神文化皆与工商业无缘，除此文化已无前途外，今后局面必为农业复兴，而政治亦除乡治外无他路。必先发展乡村而至城市，先兴农业而至工商，农业之兴，必自合作社始。（如消费、贩卖器械方法等，由公家辅助之，奖励之，利导之。）虽然此尚非真正之理想政治也，欲由此成欧美式国家，则万不可能。

（郑克晟整理）

抱歉——苦痛—— 一件有兴味的事*

几天前我从上海回来，到过学校三次。第一次来时曾经到校内各处看了一下；自己觉得很好笑，因为简直像一个外来的参观者，不像个校长。我向来的性情，无论做哪件事，总是尽全力去做，决不愿意像这样好似是干挂名的差事。从前在山东曹州办学的时候，就是完全投身事内，终日和大家在一处共学共作共起居。所以我在上学期就职那天，对大家说过在这学期开学时搬到学校里来住；却因为有种种的关系，现在还不曾使我做到。今日想将以前接办本校的经过，及我以后对学校的关系，我对本校的现状，心中感到的痛苦，还有这次在南京一件有兴味的参观，俱愿向大家述说。所说的话约分三段：

一、接办本校的经过和今后的态度；

二、自己心中的痛苦——为学校种种缺憾而感着的痛苦；

三、一件有兴味的事情——这次在南京所参观的晓庄学校，这学校是很合于我们的意思的。

我来接办本校的经过和今后的态度

我到广东来，自己抱着一点意思，是想试着去作我的乡治的主

张。所谓乡治者，是我认为我们民族前途的唯一出路；因为构成中国社会的是一些农村。大家每以为先要国家好，才得农村好；这实在是种颠倒的见解。其实是要农村兴盛，整个社会才能兴盛；农村得到安定，整个社会才能真安定。设或农村没有新生命，中国也就不能有新生命。我们只能从农村的新生命里来求中国的新生命；却不能希望从中国的新生命里去求农村的新生命。我的所谓乡治，就是替农村求新生命的方法。

我自从去年到广东来，时刻在那里想办这件事；不过还未有合适的机会。今年四五月间，我在建设委员会曾有一请办"乡治讲习所"的提案。因为已经得了李主席①的同意，所以在政治分会没有通过以前，我就从事预备；来接办一中，亦即与此有关系。不过我担任一中的校长，共有下面三个原因：

1. 试办乡治讲习所第一期，不能有很大的规模，招收学生不过百人内外，地点我极不愿在广州城里面，而一中地方很宽，颇可借用一部分。我本想辞掉一切我所不愿干的职务——如建设委员会的事，来办乡治讲习所。因此想着亦可兼顾一中，所请教员亦可两方通用，很多方便。

2. 因为我的友人卫西琴先生答应到广东来办高中师范班，亦以在一中来办理较为适宜。若是我任一中校长，就可以使卫先生做事便利许多。

3. 乃是事实上的凑合。因为黄厅长就职，已经发表委了现在的黄教务主任来长本校②。黄先生不想担任，就来和我商量，我说："你做我帮助你。"而他却要我做他来帮助我，于是就推到我身上来了。

我接任校长之后，形势却又变了。因为乡治讲习所的提案，经政治分会送到中央，要先得中央的核准，才能开办。我就想趁此机

---

① 指广州政治分会建设委员会主席李济深。

② 黄厅长即黄节先生。黄教务主任即黄庆，字艮庸。

会，到河北和山西一带去作一番考察。因为我有要离开广东的打算，在招考新生的时候，我都没有到场。不久就到上海去见李主席，他说乡治的事，中央已经通过，要我立刻回来进行。我意却愿待考察后再说，并拟由沪北上；李主席则要我先回粤然后北上，因此不得不回来走一趟。我此刻的态度，是要待李主席回来，要求准我到北方看看。关于本校的事，也待李主席回来后，才能决定。在目前短期间内，我的意思还是请黄教务长多负些责任。我如不能走而仍任校事，我对于学校要有积极的办法；如我得准许到北方去，那么这学校要如何办，却要再请当局解决了——这是第一段话。

我心中的苦闷
——由本校种种缺憾所感觉得来的

其次要讲的是自己的苦闷。这苦闷是从本校的种种缺憾而感着的；但所谓缺憾，不仅是本校的，而是从学校制度的本身所有。学校制度自从欧美流入中国社会以来，始终未见到何等的成功，倒贻给社会许多的病痛。这是因为它：

一面是不合于教育的道理；

一面又是不合于人生的道理。

学校制度不合于教育道理之处甚多。总括来说，教育原是长养人发达人的智力体力各种能力的；但照现在的结果，却适得其反。就体育一科说吧，对于人们的体力，不见其长养，却见其戕害，其中许多简直是有碍我们健康的了。至于说到知识方面的教育，可说为现行学校制度最着重的所在；然而我们尤见其窒塞人们的智慧罢了。痛切言之，现在学校教育，是使聪明的人变成愚钝，使有能力的人变为无能力的废物，所以，不能不说它不合于教育的道理。我们学校，此刻差不多都因袭一般的惯例来办，尚未及有所改造。因此，如上所说的缺憾病痛，我们亦应有尽有，这使我心里感着满腹的痛苦。

其次是不合于人生道理的。现在的学校制度，也同样是犯很大的病痛。我们的社会（不但我们的乃至全世界）还没有做到"合理"的地步，要使它种种变为合理的，本来很难；但是在教育的范围内，却不应当承认这种不合理的存在。即是说，虽然这些"不合理"或在事实上尚未能改除于一般社会，而在教育里面则应先不予以承认而竭力减少它在教育里面的存在。因为教育一事，在社会中唯它是最应当含具理想的；是最应当趋向着理想走的。说到此处，应知教育有一个根本原则，亦可云两个必要条件：

教育之一事应当一面在事实上不离开现社会；而一面在精神上要领导现社会。

此谓教育，在许多事实上，愈接近愈符顺现社会愈好；而精神上则宜有超离现社会者。缺前一条件，其教育必且为社会病；缺后一条件，其教育必无进益于社会：皆不足以言教育。可是我们现在的学校教育，恰好与此原则相背反。就是在事实上，它离开了现社会，不合实际而与实际乖牾；在精神上，它又随现社会走，全无理想，以领导社会。譬如学生在学校里或学生在社会里养成的一种城市生活习惯，而且在城市里亦是完全不平民化的生活，使得乡间儿童到县城里入了高等小学以后，便对他旧日乡村简朴生活过不来；旧日饭亦不能吃了，旧日衣亦不能穿了；茶亦没得喝，烟也没得吃，种种看不来，种种耐不得。而乡村农家应具的知识能力，又一毫无有，代以学校里半生不熟绝不相干的英文、理化等学科知识；乡间的劳作一切不能作，代以体操、打球运动与手足不勤的游惰习惯；在小学已如此，再进一步而入中学，再进一步而入大学，则其习惯之濡染一级高一级，其所学之无裨实际，不合于社会需要，亦弥以愈远。在子女教育一面，其弊尤为昭露，几乎可以说它（指学校）是替另外一个社会办教育养人才。而不是替此社会办教育养人才。这大概是因为我们的社会与外国社会在种种方面都差离很远很远，人家所具备的条件，我们统通没有；而独此学校制度则生吞活剥从人家那里搬过来，安得不凿柄呢？在事实上它既如此，几乎要脱离现社会，而在精神上它又低头随着现社会走，全无半点理想。譬如现社会中人们的生活享用不平等，诚然不能遽强之使平；然而学校里面却应当设法使它没有不平等的阶级存在，这并不是不可能的事。乃即在学校的学生生活，都不能向平民化去做，而俨然养成一种贵族生活。我有一北方朋友，他常说笑话：小学生是小贵族，大学生是大贵族，女学生是女贵族。且不言其他，即如本校用杂役至五十余人之多，学生在宿舍教室都用人伺候，这明明以另一阶级自待，不肯居平民之列。现社会间不合理之事而办教育者予以承认，此影响于学生心理者实大。如此还要说"革命化的教育"，将谁欺乎？

又譬如现社会中人因有贫富之不同，所以在一切消费享受的机会上便不平等；这其间的不平等，我觉得问题都还小，唯有一桩问题的确重大，就是在受教育的机会上不平等。一则不得受教育是人生的悲惨远过于其他的啬遇；一则不得受教育更断了他以后增进经济地位的机会：所以这种的不平等是太残酷了。然而现在的学校完全随着现社会而商业化了，学生不缴费，就不得入学读书，如同商业交易一般，绝无人情可讲。本来现社会的"商业化的人生"就不合理，而用之于教育尤其不当。又以现在社会中生计之艰窘与求学费用之特高，让我们时常遇到这悲惨遭遇的青年，时时感着内心的苦痛。我以为教育家而不能于其自己事业的范围内想法努力免除或减少此类事情，他很可以不必办教育。

还有一层，现在的学校也太法律制裁化了；像法官一样，一切要"照章办理"。譬如一个学生犯了规则，必要惩罚他，重者还要开除他的学籍。须知国家用法律制裁人民，是一种不得已；他一面用法律制裁人，一面还望教育来补法律之不足，救法律的偏失。如果教育里面不讲教育而还讲法律，那很可不用教育了。我以为合理的人生除掉旁人不愿来接近我们外，我们是不应当无情的拒绝人的。我总不愿有开除学生的事，但我们现在都不能免呀！

所有社会上不合理与缺憾，在教育里都不求其免除或减少，实不足言教育领导社会之使命。我们学校也依旧随波逐流，不能免除这种种缺憾；我对于这些事，使我的内心很觉得苦闷。——这是第二段话。

一件有兴味的事

——参观南京晓庄学校的所见

现在我要来报告在南京有兴味的一回参观，很合我们意思的晓庄学校。晓庄学校有三点很合于我们意思的：（一）有合于教育道理；（二）有合于人生道理；（三）注重农村问题。

这学校名晓庄乡村师范学校。主要的目的，在养成乡村小学教员。晓庄学校，是它的简单的名称。学校的内容则包括：

小学师范院一所　　　　幼稚师范院一所

中心小学八所　　　　　中心幼稚园四所

民众学校三所

中心茶园二所　　　　　乡村医院一所

联村救火会一所　　　　中心木匠店一所

石印工厂一所

这学校教育的目标，有句很好的话说："本校教育的目标，是在培养乡村儿童和民众所敬爱的导师。换句话说，就是我们盼望本校的学生一面能够教导儿童，办一所良好的乡村学校；一面又能够辅导民众，将他自己所办的学校成为改造乡村社会的中心。"为要达到这样的教育目标，于是它把下列四事为培养人才之准的：

一、要养成农人的身手；

二、要养成科学家的头脑；

三、要养成艺术家的兴味；

四、要养成社会改造家的精神和热心。

这些说法，都很合于我们的意思。我们现在再进一步来考查这个学校的事实如何。我第一次去参观，因为去的人太多，妨碍我个人参观的计划，所以只过两个小时就回来了。第二天早晨我再去，细细参观一天，当晚在学校里住宿，第二天才回来；事实的调查，这次算比较的满意。首先令我们注意的，就是它的"教学做合一"的信条。他们相信教育方法，即是："事情怎样做就怎样学，怎样学就怎样教。"在我觉得这是很合于教育道理的。譬如种田是一种生活，我们就应该在田里做，就在田里学，也就在田里教。做饭吃饭是一种生活，我们便应该在厨房饭厅里做，就在那里学，就在那里教。教育要本于生活，教育必须教学做合一。

所以晓庄学校的功课，即是他们的生活，即是他们学校的全部教学做。这全部的教学做，又分为四部分：

一、中心学校活动教学做；

二、分任校务教学做；

三、征服自然环境教学做；

四、改造社会环境教学做。

第一部分，中心学校活动教学做。所谓"中心学校"，自然就是它的八所中心小学与四所中心幼稚园了；这"中心"的标题，也是有点用意的。他们以为是为小学教育而办师范教育，师范教育的研究亦当针对小学教育而研究，小学为主，而师范为客；同样为幼稚教育而办幼稚园的师范，不是为有幼稚师范而有幼稚园；所以特别标出"中心"字样，称小学为"中心小学"，称幼稚园为"中心幼稚园"，不愿用"附属小学"字样。此外，中心茶园、中心木匠店，也是同样用意。要教学生做中心学校的导师，那么中心学校如何作法，就是教科的最要部分了，所以名为中心学校活动教学做。在他去做的时候，我们就可以看出他的意义，如中心小学校有国语、公民、算术、自然、园艺、艺术、体育、游戏等科，便为国语教学做，公民教学做，算术教学做……当师范生到中心小学去实作教小学生的国语时候（做），即在研究国语如何教法（学），他的先生（指导员）就从旁指教他。为学校活动的便利起见，分学校为前方后方，把师范生分一部分去做中心学校的教师，留一部分在师范院工作。譬如到左近乡村去办一所中心学校，派出去做的就在前方活动，觅校址，招学生，安排布置，作起教师来；留在后方的却要替他计划一切，前方有什么问题，后方要帮助解决，并且每日派出一位先生（指导员）去视察帮助他，指导他，他亦常常回到后方来。前方后方是常常交通的。关于前方学校的课程，如国语、公民、艺术，及其他学科的教材，也是后方供给。后方给前方的揭示，后方的时常到前方去看，所以后方也能得到教学的实益。这中心学校活动教学做，要居全部时值百分之五十。

第二部分是分任校务教学做。晓庄学校的校务，是全由学生分担的。现在有学生七八十人，每人都有他的职业，校内无所谓教员职员，而称为指导员。指导员对于学生的功课，站在指导的地位，即学校的事务也站在指导的地位。所有学校的教务、文牍、缮写、会计、庶务、校具保管、烹饪、洒扫、整理、招待、图书管理等，都由学生去学去做；在他们做时，指导员便在那里指导他们。这是分任校务教学做，要居全部时值百分之十五。

第三部分是征服天然环境教学做。人类要对付自然环境的事情有许多，如造桥、筑路、造森林、阻水患，种种征服环境的努力，是人类工作的大部分，也就是生活的大部分；而在乡村人家最重要的却还是农业。晓庄学校有田地二百亩，其中有部分是山地，不易耕种，目前实在能种稻种菜的只百亩多些。每个学生都有他半亩的耕地；这半亩耕地，算学生向学校租佃，每年要缴纳二元的田租。学生要种稻种菜或其他的蔬果，都可以听从他自己。有这方面的指导员担任指导；除主要的指导员日日在田里指导外，还有两个委员会来帮助他们：

一、顾问会——请农村的老农做顾问。

二、设计会——请南京中央大学、金陵大学农业专家来做一切设计。

田里的劳作是天天要有的，并且夏季更忙，所以他们学校是没有暑假放的。这征服天然环境教学做，要居全部时值百分之二十。

　　第四部分是改造社会环境教学做。因为晓庄学校养成的人才是要在乡村为儿童和民众的导师，所以预备为儿童教育之外，还要为改造社会事业努力。现在晓庄学校已为左近村庄做许多改革村庄之事：已成的有联村救火会，联村修路会，联村消费合作社；在预备的有乡村自治、乡村妇人改革运动等事体。学校里有女生：它招收女生尤其注意招收本校男生的未婚妻。招生简章上有一条说："现任乡村教员之夫人或未婚妻，对于学业资格可以通融。"这明明是希望一对夫妇同为农村导师，共同改造社会。这是改造社会环境教学做，要居全部时值百分之十五。

　　晓庄学校没有校役，什么事都由学生、指导员亲自去做。只有两个工人，一个专司入城送信买物（学校离城约三十里），一个却是为种学生种余之田地的；其待遇地位与指导员、学生俱平等的，所以可以说它没有校役。如做饭每日三人轮流，打钟也轮流，防匪守卫的事情也是轮流去做。我在那里住一夜过两天的生活，它每日的生活的秩序是：

　　早晨天未明起床，举行晨会。全校的人都到，首先唱校歌（《锄头镰刀歌》），其次有各种办事的报告，各种讨论。晨会后便是早操。早操有两种：一种是武术，一种是军事训练。早操的时间却不很长。

　　早操后食粥。我也加入，米很不好，粥却很浓。吃粥只有咸菜，吃饭则每桌三大碗菜；菜也很粗。没有座位，大家都站着围桌而食；学生、指导员、校长，以及校长的母亲，都在会食。大约九时十时至十一时读书办公；午后大家到田间去，或到前方去；晚间写日记：这是大概的情形。每周有公共生活秩序表，是大家都要遵守的。除公共的生活秩序表外，每人还要各有他个人的当日工作表；由他自己订——几时看何书，几时办什么事，几时农作，几时写日记。这样的日常课表，从学生到校长都各有一页放在自己的台上。学校生活都有一个考核股；这股的办事人便来考察校长、学生有没有按自己所订的当日课表去做。学校对学生工作的督察与促进，全赖这股的活动，全在他们自订的课表之有无实行；这也是很好的办法。

学校的办事共分五部：生活部、行政部、小学指导部、幼稚园部、社会改造部。生活部，分支配、考核、材料、卫生四股，和我们的教务处相当；行政部，分会计、文牍、庶务、保管、整洁、建筑六股，和我们的总务处相当；小学指导部，分总务、文书、编审、交通四股；幼稚园部与小学指导部分股相同；社会改造部，分总务、教育、卫生、自卫、经济、风俗、妇女、调查、交通、农务、工艺、救济十二股。这五部算是晓庄学校的组织。各部的办事人，都是它的学生。

学校秩序的维持也用自治的办法。假定全校为一个村庄，把学校住人的地方区分为若干村；这若干村又联为一庄。每村有村长；全校为一庄，有庄长。全校的师生工人便是全庄的公民，共同立法，共同守法。开全庄公民大会，制定庄约，只未成年的儿童无发言权、表决权——如校长的儿女及小学校幼稚园的学生，都是未成年的儿童。制定庄约之后，另外有一个纪律部去执行。纪律部有监察委员五人，司检举与审判；肃纪三人司执行；部长一人总其事。它的罚则有三层：最先，是对犯约的施行劝告；其次较重的，入自省室（是一个黑屋），要他几点钟的自省；最重的方给他出校的处分。关于开除一个人，是认为很重大的事，要经过纪律部的审判，还要得庄长的同意，不服时还可以上诉于全庄会议。

他们学校里师长共甘苦的倡导也勉强做到了；因为创办的人有毅力耐劳苦。学校的创办在民国十六年三月；校长告诉说，开办时无屋可住，在山下立起三五个帐幕，几个人对着帐幕升起旗子来，就举行开学的典礼。后来人渐多，才分投到附近农家去住；现在因为校舍不够，还有住在农家的。他的用意在使学生能和农人一般吃苦，并且深知农民的问题，所以他们的生活都很平民化，穿短衣服，时常光着脚如同农夫一般的。校长常说他们要有三种打破：

一、打破课程与生活的分离隔阂，

二、打破教师与学生的分离隔阂；

三、打破学校与社会的分离隔阂；

前二种的打破已说明。这第三种差不多亦做到了；学校与社会的关系很亲密，农民也和他们很亲密——从他们的学生可以住在农家一端看来，就可以晓得了。学校与农村之间有很好的媒介，就是他们办的医院。医生是北京协和医学校的学生，擅长外科。农村的人民需要虽然简单，然而如果他们病了，医药的需要还是很迫切；如果医好了一个人，他一家人都感激的，所以医院很得乡村男女老幼的好感。医生要出来提倡什么事，也是很容易的。其次的媒介要算中心茶园了，晚间他们去讲故事说书，这也是农民有兴味的事体。这样努力的结果，学校与社会的隔阂可以打破了。

照此办法看去，我们可以断定这样的学校，一定会有结果的。培养出来的学生，至少有两种好处：

一、有能力。分别言之，有三种能力：A. 劳作的能力。——我们却没有劳作，不能劳作。B. 智慧方面的能力。他们所学都是真学问；自己学，自己做，而得的真学问。——我们注入的教授得到的学问，怕不是真学问；已有的智慧，也是假智慧。C. 作团体社会生活的能力。这就是指他们的自治与学生分任校务。——我们呢，师生分作两级，治者与被治者，这是不能发展作社会生活的能力的。

二、有合理的生活。因为他们的生活很平民化，这都是他们不同于我们的地方。我们啊！无能力又不平民化，不能做事又要享贵族生活。——社会的病痛，是学校制度给予社会的病痛！

我参观了晓庄学校，引起很多的兴趣，不知我们同事同学大家有没有高兴和心愿来改造我们的学校？在李主席回来之后，如果我不得离开本校，我也打算和大家商量这件事。现在这期间内，且请大家多想一想。

《梁漱溟教育论文集》，开明书店，117—134 页，1945 年 6月版。

如何成为今天的我[*]

在座各位，今天承中山大学哲学会请我来演讲；中山大学是华南最高的研究学问的地方，我在此地演讲，很是荣幸，大家的欢迎却不敢当。

今天预备讲的题目很寻常，讲出来深恐有负大家的一番盛意。本来题目就不好定，因为这题目要用的字面很难确当。我想说的话是说明我从前如何求学，但求学这两个字也不十分恰当，不如说是来说明如何成功今天的我的好——大概我想说的话就是这些。

为什么我要讲这样的一个题目呢？我讲这个题目有两点意义：

第一点，初次和大家见面，很想把自己介绍于诸位。如果诸位从来不曾听过有我梁某这个人，我就用不着介绍。我们重新认识就好了。但是诸位已经听见人家讲过我；所听的话，大都是些传说，不足信的，所以大家对于我的观念，多半是出于误会。我因为不想大家有由误会生出来对于我的一种我所不愿意接受的观念，所以我想要说明我自己，解释这些误会，使大家能够知道我的内容真相。

第二点，今天是哲学系的同学请我讲演；并且这边哲学系曾经要我来担任功课之意甚殷，这个意思很不敢当，也很感谢。我今天想趁这个机会把我心里认为最要紧的话，对大家来讲一讲，算是对哲学系的同学一点贡献。

一、我想先就第一点再申说几句：我所说大家对于我的误会，

＊ 1928 年在广州中山大学的讲演。

是不知道为什么把我看做一个国学家，一个佛学家，一个哲学家；不知道为什么会有这许多的徽号，这许多想象和这许多猜测！这许多的高等名堂，我殊不敢受。我老实对大家讲一句：我根本不是学问家！并且简直不是讲学问的人，我亦没有法子讲学问！大家不要说我是什么学问家！我是什么都没有的人，实在无从讲学问。不论是讲哪种学问，总要有一种求学问的工具：要西文通晓畅达才能求现代的学问；而研究现代的学问，又非有科学根柢不行。我只能勉强读些西文书；科学的根柢更没有。到现在我才只是一个中学毕业生！说到国学，严格地说来，我中国字还没认好。除了只费十几天的功夫很匆率地翻阅一过《段注说文》之外，对于文字学并无研究，所以在国学方面，求学的工具和根柢也没有。中国的古书我通通没有念过；大家以为我对于中国古书都很熟，其实我一句也没有念，所以一句也不能背诵。如果我想引用一句古书，必定要翻书才行。从七八岁起即习 ABC，但到现在也没学好；至于中国的古书到了十几岁时才找出来像看杂志般的看过一回。所以，我实在不能讲学问，不管是新的或旧的，而且连讲学问的工具也没有；那么，不单是不会讲学问，简直是没有法子讲学问。

　　但是，为什么缘故，不知不觉地竟让大家误会了以我为一个学问家呢？此即今天我想向大家解释的。我想必要解释这误会，因为学问家是假的，而误会已经真有了！所以今天向大家自白，让大家能明白我是怎样的人，真是再好不过。这是申说第一点意义的。

　　二、（这是对哲学系的同学讲的）在我看，一个大学里开一个哲学系，招学生学哲学，三年五年毕业，天下最糟，无过于是！哲学系实在是误人子弟！记得民国六年或七年（记不清是六年还是七年，总之是十年以前的话），我在北京大学教书时，哲学系第一届（或第二）毕业生因为快要毕业，所以请了校长文科学长教员等开一个茶会。那时，文科学长陈独秀先生曾说："我很替诸位毕业的同学发愁。因为国文系的同学毕业，我可以替他们写介绍信，说某君国文很好请你用他；或如英文系的同学毕业时，我可以写介绍信说某君英文很好请你可以用他；但哲学系毕业的却怎么样办呢？所以我很替大家发愁！"大学的学生原是在乎深造于学问的，本来不在乎社会的应用的，他的话一半是说笑话，自不很对；但有一点，就是学哲学一定没有结果，这一点是真的！学了几年之后还是莫名其妙是真的！所以我也不能不替哲学系的同学发愁！

哲学是个极奇怪的东西：一方面是尽人应该学之学，而在他一方面却又不是尽人可学之学；虽说人人都应当学一点，然而又不是人人所能够学得的。换句话讲，就是没有哲学天才的人，便不配学哲学；如果他要勉强去学，就学一辈子，也得不到一点结果。所以哲学这项学问，可以说是只少数人所能享的一种权利；是和艺术一样全要靠天才才能成功，却与科学完全殊途。因为学科学的人，只要肯用功，多学点时候，总可学个大致不差；譬如工程学，算是不易的功课，然而除非是个傻子或者有神经病的人，就没有办法；不然，学上八年十年，总可以做个工程师。哲学就不像这样，不仅要有天才，并且还要下功夫，才有成功的希望；没有天才，纵然肯下功夫，是不能做到，即算有天才不肯下工夫，也是不能成功。

如果大家问哲学何以如此特别，为什么既是尽人应学之学，同时又不是尽人可学之学的道理；这就因为哲学所研究的问题，最近在眼前，却又是远在极处——最究竟。北冰洋离我们远，他比北冰洋更远。如宇宙人生的问题，说他深远，却明明是近在眼前。这些问题又最普遍，可以说是寻常到处遇得着；但是却又极特殊，因其最究竟。因其眼前普遍，所以人人都要问这问题，亦不可不问；但为其深远究竟，人人无法能问，实亦问不出结果。甚至一般人简直无法去学哲学。大概宇宙人生本是巧妙之极，而一般人却是愚笨之极；各在极端，当然两不相遇。既然根本没有法子见面，又何能了解呢？你不巧妙，无论你怎样想法子，一辈子也休想得到那个巧妙；所以我说哲学不是尽人可学的学问。有人以为宇宙人生是神秘不可解，其实非也。有天才便可解，没有天才便不可解。你有巧妙的头脑，自然与宇宙的巧妙相契无言，莫逆于心；亦不以为什么神秘超绝。如果你没有巧妙的头脑，你就用不着去想要懂他，因为你够不上去解决他的问题。不像旁的学问，可以一天天求进步，只要有积累的工夫，对于那方面的知识，总可以增加；譬如生理卫生、物理、化学、天文、地质各种科学，今天懂得一个问题，明天就可以去求解决一个新问题；而昨天的问题，今天就用不着再要去解决了。（不过愈解决问题，就也愈发见问题。）其他各种学问，大概都是只要去求解决后来的问题，不必再去研究从前已经解决了的问题；在哲学就不然，自始至终，总是在那些老问题上盘旋。周、秦、希腊几千年前所研究的问题，到现在还来研究。如果说某种科学里面也是要解决老问题的，那一定就是种很接近哲学的问题；不然，就决不会有这种事。以此，有人说各种科学都有进步，独哲学自古讫今不见进步。实则哲学上问题亦非总未得解决。不过科学上问题的解决可以摆出外面与人以共见；哲学问题的解决每存于个人主观，不能与人以共见。古之人早都解决，而后之人不能不从头追问起；古之人未尝自阙其所得，而后之人不能资之以共喻；遂若总未解决耳。进步亦是有的，但不存于正面，而在负面，即指示"此路不通"是也。问题之正面解答，虽迄无定论；而其不可作如是观，不可以是求之，则逐渐昭示于人。故哲学界里，无成而有成，前人功夫卒不白费。

这样一来，使哲学系的同学就为难了：哲学既是学不得的学问，而诸位却已经上了这个当，进了哲学系，退不出来，又将怎么办呢？所以我就想来替大家想个方法补救。法子对不对，我不敢断定，我只是想贡献诸位这一点意思；诸位照我这个办法去学哲学，虽或亦不容易成功，但也许成功。这个方法，就是我从前求学走的那条路，我讲出来让大家去看是不是一条路，可不可以走得。

不过我在最初并没有想要学哲学，连哲学这个名词，还不晓得；更何从知道有治哲学的好方法？我但于不知不觉间走进这条路去的。我在《东西文化及其哲学》自序中说："我完全没有想学哲学，但常常好用心思；等到后来向人家说起，他们方告诉我这便是哲学……"实是真话。我不但从来未曾有一天动念想研究哲学，而且我根本未曾有一天动念想求学问。刚才已经很老实地说我不是学问家，并且我没有法子讲学问。现在更说明我从开头起始终没有想讲学问。我从十四岁以后，心里抱有一种意见（此意见自不十分对）。什么意见呢？就是鄙薄学问，很看不起有学问的人；因我当时很热心想作事救国。那时是前清光绪年间，外国人要瓜分中国，我们要有亡国灭种的危险一类的话听得很多；所以一心要救国，而以学问为不急之务。不但视学问为不急，并且认定学问与事功截然两途。讲学问便妨碍了作事，越有学问的人越没用。这意见非常的坚决。实在当时之学问亦确是有此情形；什么八股词章、汉学、宋学……对于国计民生的确有何用呢？又由我父亲给我的影响亦甚大。先父最看得读书人无用，虽他自己亦尝读书中举。他常常说，一个人如果读书中了举人，便快要成无用的人；更若中进士点翰林大概什九是废物无能了。他是个太过尚实认真的人，差不多是个狭隘的实用主义者；每以有用无用，有益无益，衡量一切。我受了此种影响，光绪末年在北京的中学念书的时候，对于教师教我的唐宋八家的古文顶不愿意听；讲庄子《齐物论》、《逍遥游》……那么更头痛。不但觉得无用无聊之讨厌，更痛恨他卖弄聪明，故示玄妙，完全是骗人误人的东西！当时尚未闻"文学"，"艺术"，"哲学"一类的名堂；然而于这一类东西则大概都非常不喜欢。一直到十九、二十岁还是这样。于哲学尤其嫌恶，却不料后来自己竟被人指目为哲学家！

由此以后，这种错误观念才渐渐以纠正而消没了。但又觉不得空闲讲学问；一直到今天犹且如此。所谓不得空闲讲学问，是什么意思呢？因为我心里的问题太多，解决不了。凡聪明人于宇宙事物大抵均好生疑问，好致推究，但我的问题之多尚非此之谓。我的问题背后多半有较强厚的感情相督迫，亦可说我的问题多偏乎实际（此我所以不是哲学家乃至不是学问家的根本原因）；而问题是相引无穷的，心理不免紧张而无暇豫。有时亦未尝不想在优游恬静中，从容的研究一点学问，却完全不能做到了。虽说今日我亦颇知尊重学问家，可惜我自己做不来。

从前薄学问而不为，后来文不暇治学问，而到今天竟然成为一个被人误会为学问家的我。此中并无何奇巧，我只是在无意中走上一条路；走上了，就走不下来，只得一直走去；如是就走到这个易滋误会（误会是个学问家）的地方。其实亦只易滋误会罢了；认真说，这便是做学问的方法吗？我不敢答，然而真学问的成功必有资于此，殆不妄乎。现在我就要来说明我这条路，做一点对于哲学系同学的贡献。

我无意中走上的路是怎么样一条路呢？就是我不知为何特别好用心思。我不知为什么便爱留心问题，——问题不知如何走上我心来，请他出去，他亦不出去。大约从我十四岁就好用心思，到现在二十多年这期间内，总有问题占据在我的心里。虽问题有转变而前后非一，但半生中一时期都有一个问题没有摆脱，由此问题移入彼问题，由前一时期进到后一时期。从起初到今天，常常在研究解决问题，而解决不完，心思之用亦欲罢不能，只好由它如此。这就是我二十余年来所走的一条路。

如果大家要问为什么好用心思？为什么会有问题？这是我很容易感觉到事理之矛盾，很容易感觉到没有道理，或有两个以上的道理。当我觉出有两个道理的时候，我即失了主见，便不知要哪样才好。眼前若有了两个道理或多的道理，心中便没了道理，很是不安，却又丢不开，如是就占住了脑海。我自己回想当初为什么好用心思，大概就是由于我易有这样感觉吧。如果大家想做哲学家，似乎便应该有这种感觉才得有希望。更放宽范围说，或者许多学问都需要这个为起点呢。

以下分八层来说明我走的一条路：

（一）因为肯用心思所以有主见　对一个问题肯用心思，便对这问题自然有了主见，亦即是在自家有判别。记得有名的哲学家詹母士（James）仿佛曾说过一句这样的话："哲学上的外行，总不是极端派。"这是说胸无主见的人无论对于什么议论都点头；人家这样说他承认不错，人家那样说他亦相信有理。因他脑里原是许多杂乱矛盾未经整理的东西。两边的话冲突不相容亦麻糊不觉，凡其人于哲学是外行的，一定如此。哲学家一定是极端的！什么是哲学的道理？就是偏见！有所见便想把这所见贯通于一切，而使成普遍的道理。因执于其所见而极端地排斥旁人的意见，不承认有二或二以上的道理。美其名曰主见亦可，斥之曰偏见亦可。实在岂但哲学家如此！何谓学问！有主见就是学问！遇一个问题到眼前来而茫然的便是没有学问！学问不学问，却不在读书之多少。哲学系的同学，生在今日，可以说是不幸。因为前头的东洋西洋上古近代的哲学家太多了；那些读不完的书，研寻不了的道理，很沉重地积压在我们头肩上，不敢有丝毫的大胆量，不敢稍有主见。但如果这样，终究是没有办法的。大家还要有主见才行。那么就劝大家不要为前头的哲学家吓住，不要怕主见之不对而致不要主见。我们的主见也许是很浅薄，浅薄亦好，要知虽浅薄也还是我的。许多哲学家的哲学也很浅，就因为浅便行了。James 的哲学很浅，浅所以就行了！胡适之先生的更浅，亦很行。因为这是他自己的，纵然不高深，却是心得，而亲切有味。所以说出来便能够动人；能动人就行了！他就能成他一派。大家不行，就是因为大家连浅薄的都没有。

（二）有主见乃感觉出旁人意见与我两样　要自己有了主见，才得有自己；有自己，才得有旁人——才得发觉得前后左右都有种种与我意见不同的人在。这个时候，你才感觉到种种冲突，种种矛盾，种种没有道理，又种种都是道理。于是就不得不有第二步的用心思。

学问是什么？学问就是学着认识问题。没有学问的人并非肚里没有道理，脑里没有理论，而是心里没有问题。要知必先看见问题，其次乃是求解答；问题且无，解决问题更何能说到。然而非能解决问题，不算有学问。我为现在哲学系同学诸君所最发愁的，便是将古今中外的哲学都学了；道理有了一大堆，问题却没有一个。

简直成了莫可奈何的绝物。要求救治之方，只有自己先有主见，感觉出旁人意见与我两样，而触处皆是问题；憬然于道理之难言，既不甘随便跟着人家说，尤不敢轻易自信；求学问的生机才有了。

（三）此后看书听话乃能得益　大约自此以后乃可算会读书了。前人的主张，今人的言论，皆不致轻易放过，稍有与自己不同处，便知注意。而凡于其自己所见愈亲切者，于旁人意见所在愈隔膜。不同，非求解决归一不可；隔膜，非求了解他不可。于是古人今人所曾用过的心思，我乃能发见而得到，以融取而收归于自己。所以最初的一点主见便是以后大学问的萌芽。从这点萌芽才可以吸收滋养料；而亦随在都有滋养料可得。有此萌芽向上才可以生枝发叶，向下才可以入土生根。待得上边枝叶扶疏，下边根深蒂固，学问便成了。总之，必如此才会用心，会用心才会读书；不然读书也没中用处。现在可以告诉大家一个看人会读书不会读书的方法：会读书的人说话时，他要说他自己的话，不堆砌名词，亦无事旁征博引。反之，一篇文里引书越多的一定越不会读书。

（四）学然后知不足　古人说"学然后知不足"，真是不错，只怕你不用心，用心之后就自知虚心了。自己当初一点见解之浮浅不足以解决问题，到此时才知道了。问题之不可轻谈，前人所看之高过我，天地间事理为我未及知者之尽多，乃打下了一向的粗心浮气。所以学问之进，不独见解有进境，逐有修正，逐有锻炼；而心思头脑亦锻炼得精密了，心气态度亦锻炼得谦虚了。而每度头脑态度之锻炼又皆还而于其见解之长进有至大关系。换言之，心虚思密实是求学的必要条件。学哲学最不好的毛病是说自家都懂。问你，柏拉图懂吗？懂。佛家懂吗？懂。儒家懂吗？懂。老子、阳明也懂；康德、罗素、柏格森……全懂得。说起来都像自家熟人一般。一按其实，则他还是他未经锻炼的思想见地；虽读书，未曾受益。凡前人心思曲折，经验积累，所以遗我后人者乃一无所承领，而贫薄如初。遇着问题，打起仗来，于前人轻致反对者固属隔膜可笑，而自谓宗主前人者亦初无所窥。此我们于那年科学与人生观的论战，所以有大家太不爱读书，太不会读书之叹也。而病源都在不虚心，自以为没什么不懂得的。殊不知，你若当真懂得柏拉图，你就等于柏拉图。若自柏拉图、佛、孔以迄罗素、柏格森数理生物之学都懂而兼通了；那么，一定更要高过一切古今中外的大哲了！所以我劝同学诸君，对于前人之学总要存一我不懂之意。人问柏拉图你懂吗？不懂。柏格森懂吗？不懂。阳明懂吗？不懂。这样就好了。从自己觉得不懂，就可以除去一切浮见，完全虚心先求了解他；这样，书一定被你读到了。

我们翻开《科学与人生观之论战》一看，可以觉到一种毛病；什么毛病呢？科学派说反科学派所持见解不过如何如何；其实并不如此。因为他们自己头脑简单，却说人家头脑简单；人家并不如此粗浅，如此不通，而他看成人是这样。他以为你们总不出乎此。于是他就从这里来下批评攻击。可以说是有意无意的栽赃。我从来的脾气与此相反。从来遇着不同的意见思想，我总疑心他比我高。疑心他必有为我所未及的见闻在；不然，他何以不和我作同样判断呢？疑心他必有精思深悟过乎我；不然，何我所见如此而他乃如彼？我原是闻见最不广，知识最不够的人。聪明颖悟，自己看是在中人以上；然以视前人则远不逮，并世中高过我者亦尽多。与其说我是心虚，不如说我胆虚较为近实。然由此不敢轻量人。而人乃莫不资我益。因此我有两句话希望大家常常存记在心。第一，"担心他的出乎我之外"；第二，"担心我的出乎他之下"。有这担心，一定可以学得上进。《东西文化及其哲学》这本书就为了上面我那两句话而产生的。我二十岁的时候，先走入佛家的思想，后来又走到儒家的思想。因为自己非常担心的原故，不但人家对佛家儒家的批评不能当做不看见；并且自己留心去寻看有多少对我的批评。总不敢自以为高明，而生恐怕是人家的道理对。因此要想方法了解西洋的道理，探求到根本，而谋一个解决。迨自己得到解决，便想把自己如何解决的拿出来给大家看，此即写那本书之由也。

（五）由浅入深便能以简御繁　归纳起第一、第二、第三、第四四点，就是常常要有主见，常常看出问题，常常虚心求解决。这样一步一步的牵涉越多，范围越广，辨察愈密，追究愈深。这时候零碎的知识，段片的见解都没有了；在心里全是一贯的系统，整个的组织。如此，就可以算成功了。到了这时候，才能以简御繁，才可以学问多而不觉得多。凡有系统的思想，在心里都很简单，仿佛只有一两句话。凡是大哲学家皆没有许多话说，总不过一两句。很复杂很沉重的宇宙，在他手心里是异常轻松的——所谓举重若轻。学问家如说肩背上负着多沉重的学问，那是不对的；如说当初觉得有什么，现在才晓得原来没有什么，那就对了。其实，直仿佛没话可讲。对于道理越看得明透越觉得无什话可说，还是一点不说的好。心里明白，口里讲不出来。反过来说，学问浅的人说话愈多，思想不清楚的人名词越多。把一个没有学问的人看见真要被他吓坏！其实道理明透了，名词便可用，可不用，或随意拾用。

（六）是真学问便有受用　　有受用没受用仍就在能不能解决问题。这时对于一切异说杂见都没有疑惑，而身心通泰，怡然有以自得。如果外面或里面还有摆着解决不了的问题，那学问必是没到家。所以没有问题，因为他学问已经通了。因其有得于己，故学问可以完全归自己运用。假学问的人，学问在他的手里完全不会用。比方学武术的十八般武艺都学会了，表演起来五花八门很像个样。等到打仗对敌，叫他抢刀上阵，却拿出来的不是那个，而是一些幼稚的拙笨的，甚至本能的反射运动。或应付不了，跑回来搬请老师。这种情形在学术界里，多可看见。可惜一套武艺都白学了。

（七）旁人得失长短一望而知　　这时候学问过程里面的甘苦都尝过了；再看旁人的见解主张，其中得失长短都能够看出来。这个浅薄，那个到家，这个是什么分数，那个是什么程度，都知道得很清楚；因为自己从前皆曾翻过身来，一切的深浅精粗的层次都经过。

（八）自己说出话来精巧透辟　　每一句话都非常的晶亮透辟，因为这时心里没有一点不透的了。此思精理熟之象也。

现在把上面的话结束起来。如果大家按照我的方法去做工夫，虽天分较低的人，也不致于全无结果。盖学至于高明之域，诚不能不赖有高明之资。然但得心思剀切事理，而循此以求，不急不懈，持之以恒者，则祛俗解蔽，未尝不可积渐以进。而所谓高明正无奥义可言，亦不过俗祛蔽解之真到家者耳。此理，前人早开掘出以遗我，第苦后人不能领取。诚循此路，必能取益；能取益古人则亦庶几矣。

至于我个人，于学问实说不上。上述八层，前四层诚然是我用功的路径；后四层，往最好里说，亦不过庶几望见之耳——只是望见，非能实有诸己。少时妄想作事立功而菲薄学问；二三十岁稍有深思，亦殊草率；近年问题益转入实际的具体的国家社会问题上来。心思之用又别有在，若不如是不得心安者。后此不知如何，终恐草草负此生耳。

末了，我要向诸位郑重声明的：我始终不是学问中人，也不是事功中人；我想了许久，我是什么人？我大概是问题中人！

《朝话》，教育科学出版社，1988 年 12 月版，第 120—130 页。

今后一中改造之方向[*]

自从 11 月 6 日和大家谈话之后，今天又是 12 月 24 了；不知不觉的过了五十多天。在这样长久的时间当中，我对于学校的事物，既不曾积极的进行，也不曾交还给教育厅另委人接办；却完全在一个等待之中，毫无一点办法。耽误诸君很多的时光，我觉得很对不住！不过我并非愿意如此，也不是没有注意到这一点，实在是因为事实上有不能在一时就能决定一个办法的困难，这是要请同事和同学们原谅的！

在上次的谈话里，曾经讲过要待李主席回来之后，才能解决究竟是我继续来办一中，或者我要到北方去，请教育厅另委人来办的这个问题。到现在，才决定还是由我来负责办一中的办法了。大概从此刻到明年的年底，除非是有特别的原因和情形——如政府要另委他人来办的话，在我本人，一定能负这一年的责任。虽说在这个期间以内，也许要到北方去一次；但是现在还不去，并且也不打算去得很久。所以在我这方面，是决定至少可以做到明年年底为止的。

在我决定担任一中的事务以后，就去求教育、财政两厅的同意来帮助我们做。在教育厅方面，我请求容许我们有作新试验的自由，即许我们拿与其他学校不同的办法来改造一中。这已经得了教育厅同意，并且还希望我们这个新试验成功，使其他的学校将来好

---

* 1928 年在广州省立第一中学的讲演。

效法。至于财政厅方面，就是请求发给暑假里所呈请的各项临时费，并且从一月份起，照十七年度的新预算发每月的经费。这也得了财政厅的允许了。照这样看，我们做事的机会和方便，可以算是都已齐全；此后就只靠我们自己的努力去改造，以求不辜负这种好的机会了。

在上次的谈话里，说过两件事：第一，是对于现在自己的办法，觉得不满意，以致心里不安；第二，是对于别人的完善办法，很觉得羡慕，而愿意来效法。所以，我不留在一中则已，留此即要谋一中的改造，这是一定不易的。我想在这两三天内，搬到学校里来住，把我想要怎样改造一中的意见，来和大家商量，并且征求大家的意见，共同商量去做。

我们要改造我们的学校，是已经决定了。不过要学南京晓庄学校的方法，则亦不能；并且也有些不能去学的地方。像学生每天要到田里去做农这件事，在我们就不能做，因为他们是乡村教育，而我们的就不是；又如他们有所谓中心小学、中心幼稚园等等，他们的师范学生就由这中心小学、中心幼稚园去求学问，这在我们也难于做到，因为他们完全是师范教育。我们虽说有一师范班，但就全体而言，究竟不是师范学校。跟这一类相关的事，还有很多，大概都是我们难于做到的。再有一层，他们的学校不大，师范学生只有七、八十人，指导员也不过十几个人，而我们的学校，就要大得多了，学生也要多七八倍，当然有很多的办法，在他们是合宜，而我们却不能适用。不过他们的用意和我们的很相近，我们可以采取他们的意思；至于办法，就要由我们自己出了。

现在我想提出自己的根本主张，希望大家能够了解。我的根本的主张，是要学生拿出他们的心思、耳、目、手、足的力量，来实做他们自己的生活。不一定是他们个人的，就是团体的，也要由他们自己去管理，去亲身经历。总要用他们自己的心思才力，去求他们所需要的知识学问。我们很不满意于现代手足不勤心思不用的教育。差不多现在学校里一切的事情，都是要学生不要操心，而由别

人替他们预备好——吃的饭菜，有厨子替他预备；日常的杂务，有
听差替他预备；一切的校务，都有职员替他照料；所有的功课，都
由教员预备好了来讲给他听；校内的秩序，也都由学校管理人来维
持。总而言之，现在的学生，只站在一个被动和受用的地位；好像
把学生时代，看做是人生一个短期的预备时代，是专门读书的时
代，不是做任何事情的时代。以为像这样有别人替他把什么事都预
备妥帖，他就可以专心读书；但是所得的结果却完全不然，不仅是
他的书不能读好，学问不能求得，并且还把他变成一个不能做事的
废物。教育的本意，是要把人们养成有本领有能力；如果要使一个
人有本领有能力，就非发展他的耳、目、心思、手、足不可。要能
够这样来做事，才算得是有能力有本领；要是一个人始终不用他的
耳、目、心思、手、足，他就始终不能够有能力有本领。反之，如
果他能够常常用他的耳、目、心思、手、足，一旦遇到一个问题，
他就立刻可以解决，不致茫然，也不致慌张，总能够寻出一个应付
的法子；对于无论什么事情，他自己才能够做得来。现在我所想要
改革的几点，大都是由这个根本主张来的。今晚我就把这几点，讲
给大家听听；不过这只是我个人的意见，还不是已经确定的办法。

　　第一，要废除或者竭力减少校内的杂役。对于这件事，最好是
能够完全废除；如果在事实上或者不能做到——比如一定要个号房
来传达和不能不用两个送信的工人的例，我们就要力求减少。我们
的目的，并不是在消极方面要废除或减少杂役，却是要在积极方面
使学生来做他们自己的事情；这就是刚才所讲手足要勤的意思。当
然不仅是要学生做自己的零碎事；就是在我们教职员，也要自己做
自己的事，来做学生的领导。听说现在宿舍及教室里的杂差，并没
有好多的事做；那么，在废除之后，对于我们的同学，或者不至于
有什么不方便的地方。但是，我们都希望学生对于照料自己一切的
事情，以及整理宿舍和教室，总要生出一种兴趣来才好，因此或者
还能够得到一个比用杂役做的时候要清洁要良好的结果。大凡我们
不拘对什么东西，能够生出趣味，而愿意动手去加以整理，这实在

是个最要紧的问题，有极大的教育意义。还有一层，在废除或者减少杂役之后，先生和学生都是自己做事；上次所说的我们自视要比听差高一级的那种阶级观念，也可以因之除掉——这是第一点。

第二，要废除或者减少校内的职员，而把许多公共的事情，交给学生去照料。如庶务方面教务方面以及其他的公共事情，我以为在相当范围之内，都可由学生去做。在第一点所说的，是手足的劳动；在第二点，就要用心思，仿佛是要高点要细致点的事情。

第三，废除现在吃零饭和包饭的厨房制度，并且要改良这种厨房办法。我的意思，是想把厨房加多，应该每一班有一班的厨房，而把伙食这个问题，让各班学生自己去解决。或者是他们自己来做饭，或者他们雇人来做，都随他们自己的意思。这种办法，或者可以做到经济点，至少总要比现在干净点，也一定要合自己的口味点。我很喜欢自己做饭做菜，我总觉得自己做的饭，比别人做的要香些，自己烧的菜，也要比别人烧的好吃些，我不晓得诸位有没有这种意思和经验。

第四，废除现在的贸易部、西餐部以及洗衣部。这些事，我也想要学生自己来经营。或者组织一个消费协社，来代替贸易部。取消洗衣部之后，衣服就由各人来洗；如果还是要给别人洗的话，无论如何，我们总要由自己去监督和管理。我想照这样办，不但能够得合自己的意思点，并且同时还能够练习做事，要得许多的经验呢。

第五，废除现在把学生看做被治者而教职员是治者的办法，总要想法使学生不只是站在被人管理的地位，而改善这个分为治者与被治者两种阶级的教育。一个学校，应该和一个国家不同。在国家里大家一律平等于法律之下；而在学校里面，师长则应负有领导学生的责任。所以，先生管学生本有相当理由，如晓庄师生共同立法共同守法未必全对。但学生纯处于被治者地位实在妨碍学生很大，不合教育道理；必须先生领导之义、学生自治之义兼有。所以，我希望在先生的领导中使学生自己能够造成一种秩序，并且能够维持他们自己所造成的这种秩序。比如图书馆里看书的规则：不要污坏书籍，不应高声谈笑而妨碍别人的读书，尽可以由同学自己来商量，定一个规约，经过先生的同意，就可以宣布实行。如果有哪个破坏这个公立的规约，就由大家来劝诫或者惩罚；这可以说是受群众的制裁，社会的制裁，而不是受上面一个人或者少数人的制裁了。在道德论上说起来，就仿佛是自律的意思，而不是他律。这不过是举一个例；其他全校种种方面，都可以照这样由大家同立规约，共同来守这个规约。就是对于学业的勉励，用功的督促，都能适用，可以效法晓庄学校，每周定个公共生活秩序表，各人自己再订个每日工作表；也可以由教职员和学生组织一个考核股，每天来考察，看各人是不是按着自己所订的当日工作表去做事。这个办法，我以为极好；我们学校里可以照样实行。

第六，废除或减少——至少也要改良——现在讲授课本的教授法。现在功课的科目分得很多，上课的钟点也多——一时上堂，一时下堂；一时又上堂，一时又下堂。而每堂总是一面讲一面听，我觉得教师和同学，都会感觉得太苦。尤其是对于学生方面，太使他们居于被动的地位了。我们应该想个方法，使上堂的钟点减少，而把自修的工夫加多加重。我以为有好多的功课，若是由学生自己去看书，一定要比上堂由先生讲课本，比较要方便，也要多得些益处。尤其是高中的功课，大都只要在教师指导之下，由学生自己去找参考书，比较要好些。就是英文和数学大家认为要难点的课程，我记得从前读书的时候，我和几个同学自己做的，常常要比先生在教室里讲的快很多。像英文还只讲到五十页，而我们自己就已经读到八十页了；又像代数，先生还不曾讲到二次方程式，而我们自己的算草，就已经演到二次方程式了。在英文和数学，都可以是这样自己来做，至于其他功课，自然更要容易做了。像高中的社会问题、世界进化史等等，如果自己肯用心读书，就不上课，都能够自己了解；不然，你就天天上课，所晓得的，只有先生在讲堂上所讲的，并且不能亲切自得。在学校方面，对于聘请教员，当然也要特别注意；关于那几种相联的课程，至少也请一个学识很丰富的导师。像教育学、心理学和教育心理等等，在课程里，是分做几项的，但是研究起来，都是互相关联，所以学校里一定要聘个对于那几项有关系的课程方面有很丰富的学识的教员，来指导学生自己做研究的工夫。学校里宁肯多出点薪金，如果限于经费，就不妨少请几个。

以上六点意见，只可以说是对于现在的办法加以改革；从第七点以下，才表示积极方面的意向。

第七，想以一班做个小范围，由各小范围做他们自己的事。刚才讲过一班要有一个厨房，由那一班的学生自己去解决他们的伙食问题。至于其他的教务、庶务以及卫生方面的事，都可以由各小范围自己商量去做。像这样分开小范围，就使许多的事情，在相当程度之下，都要容易做点；若不然，合全校的庶务、教务在一处统理，事情太多，要学生来做，一则时间来不及，二则恐怕也难于胜任吧。这仿佛和政治上的联邦制一样——各自成个小范围，做他们自己的事；中央只站在监督的地位，做些统筹及照料的事情。像这样注重小范围，使学生过惯了团体生活，将来到社会里做事，就要减少很多的困难。

第八，注重班主任制。我想把许多的事，都托付给班主任。在每一个小范围里面的秩序，以及庶务、教务、清洁各方面的事，都由学生自己去做；但是要班主任去领导他们才行。所以，我想以后不要班主任担任教课，然后才可以专心去领导学生做生活上的事情。

第九，注重写日记。每个学生每天都要写日记，这日记就交给班主任；如此，班主任就可以知道学生日常所做的一切。并且从日记里，还可以晓得学生学业上的程度。再有学生对于各种功课，有疑难的地方，也就可以去问他们的班主任；除非那个班主任对于某种功课不晓得，就没有办法去帮助他们。

第十，注重保护自己的身体。我觉得生理卫生，是极重要；我们应该明白身体的构造，也应该晓得照顾我们的饮食清洁和运动的方法。所以我想请我们的校医住在学校里，并且担任生理卫生功课，来教给我们关于卫生上的知识。

我所想到要改造一中的办法，大概是有上面的十点。但是还有一件，也不可不注意到的，有很多的学生，功课好，操行好，但是家境贫寒，没有缴纳学费的能力，我觉得我们应该想个办法来救济这个缺憾。我想分做两方面来讲：第一，如果那个学生的成绩，到了某种优良程度，而他不能缴费时，学校应该免除他的缴纳；不过要先由学校方面，定个章程，要合于我们所规定的学生，才能享受这种权利。第二，有些学生虽说很用功，却因为天资不高，能力有限，或者因疾病，缺课太多，使他的成绩不能到我们所定的程度，而的确他是个好学生，如果他不能缴费，我们就要大家帮他的忙，替他代缴学费。这个意见，是改革的十点以外的一点。

总括起来说一句，我们的根本主张，是要使学生用他自己的心思、耳、目、手、足，来做他们自己生活上的事情。以上的十点，几乎都是根据这个主张而来。不过适才所讲的一些办法，不见得都能够实行，也不见得就算完善，所以我希望大家都来研究这个问题，商量个妥善的具体办法。但是，总要不离开我们所定的方向才行。

现在想分做两步来进行这个改造：第一步，从明日起到寒假止，算是预备期。在这个时期内，我们只做预备的工夫。等我们有了充分的预备，到下学期开始，我们就要做第二步的实行工夫。在第一个时期内，我们只研究或讨论要怎样来改造；关于这一点，很希望得到我们同人和同学的意见。因为无论对于哪一桩事，总要集思，才能广益；不过要请大家莫离开了我们的方向去研究。同学们有什么意见，就请交给班主任，由班主任汇齐之后交给我；再由我们负责的人来讨论，如果可以行得，我们无不采纳。从现在到放假，还有一个多月，大约在放假前，总能够决定我们要改造一中的各项办法；决定之后，就宣布出来，到明年开学就依照实行。如果同学中有不以我们这种办法为然的，那就只好请他自己明年转学，我们决不能以多数迁就少数。这点要请同学们注意。

至于目前的办法，是预备成立一个教务委员会，做一个对现状负责整顿及对将来改造负责研究的机关，而把现在的教务处和总务处，同时废除；从前属于这两处的职员，以后都放在委员会之下。在不曾改造以前，就是眼前的一个多月，关于现在一切教务的整顿，和将来要如何改造的预备，都由这委员会来负责任。委员会的人数，暂时设想四个：除了我自己以外，还要请三位同人来帮我忙。我想请徐名鸿、张俶知和黄艮庸三位先生担任；以后无论对于哪一方面的事情，都由这三位委员共同负相等的责任。如果各位有什么事询问或者要商量，也就可以找三位里面的无论哪一位。并且把办公处搬到二门两边从前卫中先生住过的房屋，诸位有事接洽，也要方便点。我自己也想要搬到学校里来住，以便能够多和大家见面。今天所讲的话，大致就是如此。但是我极希望对于改造我们学校的问题，大家注意点、热心点，常把这件事放在脑子里盘旋，并且多用点心思，去想要如何的改造。大家多谈论这件事，使改造的空气，充满于我们学校里；那末，将来的结果，或者比较要圆满些咧。

《梁漱溟教育论文集》，开明书店，1945 年 6 月版，第 106—116 页。

村政问答记[*]

梁：贵省乡村教育如何办理，识字者多寡，曾否推行贫民教育？

陈：敝省曾经推行贫民教育，识字的人尚多，惟识字多寡，当以教育为前提，而山僻小村，则举办教育甚为困难，即师资问题，尤不易解决，义务教育，凡各村儿童一到七岁，即强迫入学，归村政处办理，责成村长、副调查，其方法分为三层，一、身家较优者，强迫入学。二、贫寒者补助课本。三、极贫者准免入学，因极贫之家，非但无力购买课本，且须其幼子之劳动以补助贫民教育，但此实为数极少。

梁：贫民教育，是否由贫民教育会办理？

陈：敝省无专设之贫民教育会，此事向由教育厅教育会及省署教育科办理，曾设贫民露天学校等数处，专办此事。至义务教育则不由教育厅办理，因教育厅不与村长、副接头故也。

梁：吾谓贫民教育，系指成人不识字而使之识字者而言？

陈：此事在前业曾办过，即令各村成年而不识字的人，于晚间工作之余，补习上课。补习学校附设于各村国民学校，即由国民学校教员兼任教授，省署颁给课本，但因受补习教育之人终日劳倦，且身居乡间，从事农业，不感觉识字之必要，故虽举办三四年，而尚未收有全效。现在村政处正计划继续之办法与课本。

---

* 1929 年春天在山西省的访问记录。由梁漱溟问，陈敬棠作答，赵正楷笔记。

梁：贫民教育，千字课如何？

陈：亦尚可行，但余所谓课本，系计划将村政与三民主义一同纳入，而教以党政上之知识。

梁：从前推行义务教育，其师资之造就，是否专在国民师范学校？

陈：多数在此，以外全省尚有师范学校八处，而中学学生因近年生活程度增涨之故，多数无力升学者，亦相率而作国民小学教员矣。敝省在教育上整个计划，其第一步即在师资，国民师范即应此需要而生，计至民国十年，师资问题，已可将全省各村国民学校全行设立，而不感困难，但乡村瘠苦，教员薪水不多，仍不免若干之障碍。

梁：村民会议，实际上效果如何？到场人数多寡？到场人多，会场是否感觉狭小？到场人少，则会议是否减少？

陈：村民会议之效果很好，如在前军事期间，各村遇有重大事件，往往召集村民开会，如何办理，均由公决，此可免除事务上极大纠纷与村民间彼此之反感。到场人数各因其户之多寡而不同，有至五百人以上者，亦有百十余人者，然全到之时甚少，此亦中外不同之一点。盖外国人争事作，中国人则虽与之而犹有不受者。且敝省各村不纯为农村，亦不纯为商村，在外作事，势又不能到会。惟村长、副及闾邻长则每次均须列席。至于会场因各村多假旧日庙宇或学校行之，故尚不感困难，会议减少情形亦不多见。

梁：联合村是否以小附大？村长是否即在主村？贵省编村，单独村与联合村孰多？

陈：编村有两种。一为独立编村，一为联合编村。联合编村乃数小村联合编制，非即以小附大之谓。村长之产生，系由村民会议投票公选，何人票多何人当选，所以村长亦不必即在主村，但于划定编村时，各联合村距离不可太远，村情务求和睦，苟调查疏忽，编制不合，则不免甲村提议而乙村反对，进行上障碍横生矣。敝省初编村制之时，亦未完善，故其后有合而分者，有分而合者，现在的制度乃十余年来逐渐改进而成者。前有各省同志来以村政见问，亦均以此为第一难题。至敝省编村则仍以单独村为多，约可占百分之七十。盖各村户口稀少者，始有联合编制之必要，此项村庄则多在山僻县份。

梁：村长、副之身份如何？对于县长有无畏惧之情形？

陈：村长、副以品行端正粗通文义者即为合格，此在事实上不能强其过高也，惟其中亦有绅士充任者。抑尚有不及粗通文义之程度者。至其地位颇称优越，县长对之订有接待规则，一切官员均不得加以凌辱。村长因公请见，县长应随到随见，不得留难。其在本村则又为多数人所信仰者。

梁：村长、副之选举，难保有坏人把持之弊，有何方法可以防止？

陈：敝省对于此弊，借官力以防止之。每逢春节后改选村长，即令区长监督选举；选举时并应加倍选出，由县择委一人，因（一）可防坏人当村长之弊，（二）罢免权尚未能实行也。

梁：村长、副有无薪水？

陈：不支薪水，惟有酌筹办公费者，其平日出门，办公旅费则由村公给。

梁：教员及闾邻长能否兼任村长？

陈：不准兼充，而在敝省，则事实上亦不能兼充也，因（一）本村人不愿聘请本村人为教员，（二）本村人不愿当本村教员，（三）本村人不信仰本村教员。习惯如此，习惯在社会上的力量最强。

梁：此与广东情形不同，若在广东如不准教员兼任村长，则村务进行必多窒碍，此因本村人充当本村教员，且为本村所信仰者。惟就贵省情形言之，村长既不支薪水，又禁止兼充，则为村长者，不因当选而妨碍其本人职业乎？

陈：此则无妨，因平时村长公事亦甚少，且不拘定办公时间，至如出村作事者，原即无人选举之也。

梁：初办村政时，如有人从中作梗，则当如何？

陈：此在敝省有二种方法，如是劣绅土豪，须以政治力制裁；如是寻常人民，则须先行宣传。敝省对前者曾有四警碑之刊置，大书贪官污吏劣绅土棍为人群之四害，依法律的手续，非除尽他不可。对后者则有各项村政标语之制定，如谁是一村不好的，妨害一村，莫把他让等等，收效均甚大。

梁：如有坏人结为党派以对抗，似非上说方法可解决。

陈：此亦敝省所曾办过者，应是倡好人结团体，抵制坏人，替乡下除害。

梁：有何监督及考察之方法，以利进行乎？

陈：村政本属乡村之事，惟当此时代，尚不完全，任村民举办，故将指导督促之责付之县区长官，此外省政府复派有村政实察员六十人，专司实地考察报告之任。凡关于村政各项均经省政府制定表册，由县按表填报，交由实察员按所填者考查。如有特别事件，由省政府临时派委密查员查察。

梁：贵省村政经过何种改革？

陈：改革情形，可分为二种言之，其一为村务上之改革，即村政汇编中各项章程之修正是，其一为制度上之改革，即十四年将整理村范委员之协助制改为村政实察委员之考察制是，因协助则成绩之优劣，委虽本身亦有关系，呈报则不免匿饰故也。此外有新增添者，即村监察委员会是，此因感军事期间，村财政之纠纷，无法解决而设，职责虽在纠弹村务之不当，而最要任务，乃在清理村款，凡村款每届年底清算后，非经村监察委员署名盖章，不得公布，隐隐中减除讼争不少。

梁：全省村政，以何处为优，拟往一观。

陈：比较以旧冀宁道属为优，此因其有数县较为富足容易举办之故。至于参观则以交通便利之县为好，阳曲有数村可观，省北则忻、定、台三县，省南则清源、太原均可，汾阳交通亦便。

梁：村政与民政如何划分？

陈：此本同为民政范围内之事，惟民厅对县事务已极繁重，若再对村发生关系，则更困难，故村政一部仍特设专处，惟村政处并非对外机关。一切公文均归省政府发表，村中公文，亦系由县转达。

梁：贵省有无宗族之联合？

陈：山西没有。此与村政有极大困难，如选举村长，即常不免争执，是要在编村时注意及之。总之办理村政，不外因时制宜，因地制宜，合则推行顺利，不合则满地荆棘，所谓政治是有弹性的也。

梁：此亦与广东情形不同，在广州则宗族之团结甚固，往往两族因争小事至于械斗，故在广东则编村诚当注意；阁下所称因时地制宜之处，诚为不移之论。

《村治》月刊第 1 卷第 2 期，1929 年 6 月。

北游所见记略[*]

两个多月以前，我从广州出来，北上游历考查各地的乡村改进运动。沿沪宁，平浦而到河北、山西。虽则经过这么几个地带，而其实所看见的亦不过两三个地方，为期亦不过一个月。每每朋友见面，便要问起究竟看见了些什么？对于所见有何感想或批评？说到在各处之所见，我是说不得详细的。如果要问，则有随同我北来考查的几个朋友——冯炳奎、周用、马毓健、伦国平、杨遂良——可以他们随见随记的举出奉告。我是半点没记。说到对于所见者有何意见批评，则在我诚然有一些，不过亦还不能随便发表，并且亦无尽情说出的需要。所以在这里，我只能就所见粗略的说两句。就我们意见中紧要处简括地提一提。

总说起来，我们所看只算有三处：一处是江苏昆山安亭乡徐公桥；一处是河北定县翟城村；一处是山西的太原，清源、汾阳、介休、赵城各县。在山西所看的是山西所行的村政，所以虽有几个县分却不妨统说作山西一处。在定县翟城村所看见的：一是翟城村二三十年来的自治；一是平民教育促进总会近几年来所作的华北试验工作。因此定县翟城村虽则一处地方，而翻可作为两事看亦好。在昆山徐公桥所看的是中华职业教育社在那里所办乡村改进事业。我们现在先从昆山说起，再及河北，山西。

---

* 作者于 1929 年 2 月自广州北上到各地考察，此文是考察后所作。

一 昆山之所见

我们从广州到上海后之某日即承黄任之、江问渔两先生领导赴昆山安亭乡之徐公桥地方去看。在沪宁路之安亭站下车，步行到安亭，再由安亭步行到徐公桥，总有六七里路。路修得尚不坏，仿佛记得黄先生告诉我们，从安亭到徐公桥之一段，是职业教育社与本地方人合力修筑的，各出一半的钱。顺路走到徐公桥时，就先看见了一座新房，就是这徐公桥乡村事业改进会的办公处所。其内容是一间较大之会场，西边再进去是两间办公房、客厅等。而这村的小学校亦就在这后面一排新房内。大概他们很注意在帮助农民作农村改进的进行中，要与这村的学校合作；在将来农村自己能走上改进路子时，要以这村的学校作改进运动的中心——从乡村教育来行乡村改进的工夫。这或者是学校校址与村中办公处所相联，学校教员先生参予办理村中公务，而为改进会一职员的道理了。这座新房仿佛记得亦是职业教育社出千余元的建筑费，而本地方所出不过占三分之一。在这里办事的人有两位（或一位？），是职业教育社聘请来的，其薪金由社支给。会中的全组织分部甚多，有总务、宣传、教育、农艺、卫生、建设、娱乐等好多部。每部尚有分股，职员颇不少。不过大部分职员是本村人，亦无须天天以多少时间常在办事。其常在办事而发动指使的似只一位杨先生——职业教育社所聘请的。在村西有小农艺试验地——仿佛只得一二亩光景——归杨先生主持。他们所要作的事很多，仿佛听说有二十几项，总其大要，大概是要农村有组织，农民有自治能力，农村经济改进，农业改进，文化增进，一般生活之改善等等。农业改进上似作了一点种子改良除病害等之试验与宣传。农村经济似曾办过一次农民贷款，并将进行信用合作。文化增进则有种种的社会教育，如平民学校，通俗图书馆之类。其他于卫生娱乐等方面亦有些进行，我记不清楚。

当我们从徐公桥回安亭车站预备搭车回上海的时候，黄、江两先生就讨问我的批评意见。我就先要请教他们，为什么职业教育社忽尔来作乡村改进运动？因为据我们所闻，他们职业教育当初差不多都是些艺徒教育或店员教育之类哩。黄、江两先生回答我，仿佛是这样说：我们提倡职业教育之初，诚然多着眼在都市工商业；但后来我们晓得在中国这样国家而谈职业教育应当以农业为主要。却是我们同时又看到从来的农业教育是完全失败的——新式农业在中国始终只是一种学校的讲习，数十年之久不能影响到旧有农业上去。农业学校学生毕业出来更是不中用。他固不肯下到乡村去耕地，亦没有人敢来请教他。所以我们不想再蹈此覆辙，非改换一个方向不可。我们不去培养什么新农业人才，而我们去养成新农民。新农民的养成自然不是将农民抽出到农村外可以去训练养成的。——只有到农村里面去训练养成他。我们要以新农业推行普及到农村，而农村经济农村自治亦都是相连不可分的。于是我们的职业教育中之农业教育就变成到农村里去作一种整个农村改进运动了。这些话叙述的对不对，殊不敢定，因我记忆力是不大佳的。言责归我叙述者去负好了。

我在听过他们两位的解释之后，我略略说出点我的感想与批评。我说我看到提倡职业教育的同人回转眼光视线到农业上，到农村上，而一向的职业教育运动转变成功一种乡村改进运动，或农民运动，是令我非常愉快高兴的。因我自己近年来从一种觉悟，亦回其两眼视线于这一方面来，大家彼此的注意着眼所在相接近到一处了。但诸位先生的作法我不无怀疑。我不怀疑诸先生所作的无结果，我怀疑将来结果怕不是。诸位先生这般用精神用气力来作（据说黄江诸公每周必来此视察商酌一切），效果安得无有？例如露天识字，平民夜校之作法自必增进一些农民的知识；农业改良、农村经济之改进等自必都有些成绩效果，亦是不待言的。但以全国之大，数十万农村之多（职业教育社出版之农村教育丛辑，有每县三四十村，全国七八万农村的算法，殊为笑话！大约加三倍算，差不多了），以这般人才钱财一概倒贴进去的作法，其人其钱将求之于哪里？若说作完一处，再作一处，并希望别人闻风兴起，却怕中国民族的命运等不得那许久呢！这都且在其次；最要紧的是照此作法不是解决问题，而是避开问题了。因为我们要作农村改进运动时，所最感困难的问题：一就是村中无人，一就是村中无钱。要有点知识能力的人回到乡村工作，村中亦无钱养活他。即能养他了，亦无钱去办种种的事。照此徐公桥的作法：人是外面聘请来的；他的生活费是外面贴给的；办公所是外面贴钱修建的，道路是外面贴钱修筑的；教育等事亦是外面贴钱举办的。困难虽没有了，问题却并未解决——避开问题了。尤其应当明白知道的，我们作农村改进运动并不是什么办新村、模范村的那一路思想派。我们不是从远处的理想而发动，而是从眼前的问题而发动的。眼前的问题是农村的"贫"与"陋"，更加以近二十年急剧的凋敝。换句话说，我们的目的原是在解决一个"钱"问题，一个"人"问题。不但在我们进行中所感到工具上的困难在此，并且我们最初的问题亦初不外此。不敢逼视我们的问题，坚忍勇猛地在此死中求活，而想躲闪逃避，或偷工省力，纵有结果，其结果不是了。最显著的弊病就是一旦诸位先生不在此地办，而移到另外一处去了，此地人士大概不能继续向前进行。虽然我很知道诸先生是不屑办新村模范村的（黄先生很谈说首都募款办劳工新村的笑话），虽然我很知道诸先生亦曾照顾到：关于人才必以取才本地为原则，关于钱财必以本地富力将来自能负担为原则。而且极想在此协助他的期间，增进他的富力。然而照此徐公桥的作法，其落入歧途是明显的了。而其所以非落入歧途不可者，就因为诸位是教育家的缘故。站在教育家的立场，秉着教育家的态度，当办学堂一样的办，那有不如此的呢？说到增进富力，以我看亦怕是细末的很。——总之产业绝不是这样所可望开发的。产业不能开发，则其他问题都得不到解决。——贫的问题不解决，则陋的问题不得解决。换言之，产业发达，文化始能增进；若单从教育上文化上作工夫，都不免枉用心力。

　　我当时很不客气的说出这许多话，黄、江两先生似乎亦不以为非，并且对我批评之点亦未尝没有虑到。"然而不如此又将如何"？"还有什么高妙的法子么"？当然，单就办教育说，与其办一间学校，是不如办这个事，我颇承认的。大概我与诸公不同之点：诸位是在现状下尽点心，作些应作的事；而我则要以"中国"这个大问题，在这里讨个究竟解决。自然，我的用心有未易举似诸公的了。

二　定县及翟城村之所见

我们由沪宁路而平浦路，先到北平。预备在北平访着米迪刚、米阶平两先生——翟城村自治事业的创办人——请他们领导去看他们的乡村事业。两米先生是旧熟人，他们的翟城村亦是早听说过的，而近年来平民教育促进会选取定县为华北试验区，特别从翟城入手，则以我近年不在北方未曾留心听到。到北平后，得知此事，自然更加高兴，愿意去参观请教。某日先承冯梯霞、陈筑山两先生招待，到石驸马大街他们会里面，参观他们的工作，并承说明一切。我才晓得国内教育界的新趋势，不但南京晓庄师范倡导乡村教育，倡导着乡村改进运动；不但一向作职业教育运动的，转变成整个的乡村改进运动；而一向作平民教育运动的教育家亦转其视线于乡村，于农民，而来作整个的乡村改进运动了。据我们从前所闻，平民教育只是一种平民识字运动，何以转变成乡村改进运动呢？仿佛听陈冯诸先生的说明，大概是这样：平民教育运动在原初诚然只是单纯一种成人识字运动，尤且是多在都会地方提倡。但我们后来觉察单纯作识字运动是不行的，而且中国不识字的平民大多数在乡村而非都市。我们每在一个地方鼓吹识字运动时，很容易招致许多人的同情，作出大规模热烈的游行表示，来愿求识字的一时可有许多人。但不久人数渐渐减少；大概开首一千人，末后能卒业的不过二百人。虽然我们每天不过要他们只挪出一点钟的工夫，极力想不妨碍他们的作事或生业；继续的期间不过四个月，极力想避免他们或有的困难与减少他们的不耐烦。然而在兴趣与需要上，似乎总不能使他们有卒业的忍耐与努力，即此能卒业的二百人，亦很难由此得什么效用。每每因不常应用，而把所识的字忘掉了。本来文字符号是劳心的人所需用的，而劳力者较不需要。然在都会中的劳力者其接触文字的机会较多，需用之时亦还有；若乡下种地的人其接触文字的机会，需用文字的时候可云太少太少。而在中国不谈平民教育则已，谈平民教育便当先的是乡间大多数的农民。于是单纯识字运动在平民教育里面的不够与不行更明白了。大约中国社会的缺欠是整个的文化低陋；每个人的缺欠是整个的程度能力不足。单纯识字运动既不足为补救，而且遗却其他方面，为片面的识字运动亦实在无法可行。因此一面掉转方向到乡间农民身上，一面扩充平民教育的内容，统括了文艺教育、生计教育、公民教育三项为一整平民教育。农民的生计教育，即是农业的改进；农民的公民教育，即是农村组织起来，预备农村自治。于是平民教育运动到乡村去；就成了整个的乡村改进运动了。

以上所叙述者，不知合不合陈冯诸先生原来所说的话。如果有些出入，那就算我替下的解释好了。

在石驸马大街聚会的第二天，我们就同冯先生到定县去。因为平民教育会选定县为试验区，所以他们的工作人员大半在定县。冯先生是农学家，是主管他们会中生计教育方面（农业改良）的人，好像又兼主管此试验区。所以冯先生以驻定县为常，而来北平为暂的。他们的办事所在，以前就设在翟城村，最近方移到定县城内。米迪刚先生本要陪我们来的，因有冯先生作向导，而他兄弟米阶平先生又现在翟城，可以招待我们，所以没来。我们在平汉路的定县车站下车，即换乘骡车到定县城，宿平教会所内。我的记性是太不佳，要我叙述平教会内部组织及在定县所进行各工作，怕不免有错误。好在他们的表册暨出版物索阅不难，而现在到定县参观的人亦甚多，亦无须我来仔细正确的记述了。照我记忆所及，仿佛在从前的考棚，现在的会址内，其东院一部分是作社会调查工作的；其西院一部分是办文艺教育方面计划推行诸事的；其南院即外院则有农具改良的工场。主持社会调查工作的是李景汉先生；主持文艺教育之计划研究的是赖纯伯（？）先生——这先生是我们朋友的朋友，而且曾有数面之雅；但姓名竟记不真，真是该打。主持农具改良的某先生，仿佛是北平师范大学教授，未在定县；在那里工作者是其学生某君。这三部分工作据我们所看见的，暨李先生赖先生［和］某君所指教说明的，都很使我们满意。农具改良方面，如改良之播种具，改良之耙，改良之汲水具等等，都比旧具巧妙，增多效用与效率，而每具制造所费亦不大。在我们想这种新农具是很容易推行的。赖先生所主持的事极见出富于研究精神。李先生的社会调查则尚实，认真，耐烦……其一段精神，尤其令人衷心赞服。

我们第二天就同冯先生到翟城村。在那里会着米阶平先生，暨本村村长副，小学校长教员，平教会办事各先生。在翟城之所见应当分开说：一面是翟城固有的自治事业；一面是平教会在那里的工作。既到翟城，先说翟城所固有的。翟城事业自迪刚阶平之尊翁老先生提倡，以及迪刚阶平两位的主持创办已有二三十年历史。其已往所办之事具见《翟城村》一书，此不多详。以我们现在所见，翟城所负模范村之名是可以相许的。他村中三百几十户人家，据平教会很精细的调查，几乎家家都有农家的副业，如纺纱织布种种。因此"家给人足"的一句老话，颇有此景象。虽然米阶平先生对我们说，他村中织的布同高阳布是一样，但远不如高阳的发达。因为于销路上未曾想出办法，所以独让高阳发大财。然而似此由勤劳差得温饱，亦就满意之极，难得之至了。他村中似乎是两千上下的人口；不单学龄儿童都在入学，并且成人（妇女在内）亦没有几个不识字的了。——这一点更是难得之至。在村中心有一间村公所，常住在内的有一位书记。——每月薪金八元（吃饭在内），是考取的本村人。村中编制，以前分街，街有街长。现在按照河北省政府所颁下的办法，分邻分间，比较以前加密。村长本年原选的是迪刚先生，而由另一米先生（年纪颇长且任村长副多年）代理，村副有两位———一位似姓秦。于村长副之外，更有一村政委员会。此则非省政府颁行章制所有。村政委员会仿佛是五个人，除村长副等四人外，米阶平先生以本村自治创办人资格加入，并被推为主席。在村委员会章程上，仿佛是说，仿照国民政府训政之意以村政委员会训导本村之自治。村中所办之事其主要者为两所学校：一男校，一女校。村中一年公款出入仿佛是一千六百余元；———其支出之大部分即两校经费。此千六百元之收入，有四百元为省中自民国四年（？）以来所确定之办模范村的津贴，其余则为村中公产之息入。故村中举办公益自治事项，并不向村民有所征敛。所谓公产仿佛是庙产及神赛会等钱之改充。有一"因利钱局"为存放公款及其经理之所。信用合作事尚未办，但此钱局亦可贷款，其利息照本地常率（仿佛只一分多）。购买合作则历年有购买棉种一事，由因利钱局垫款购来；当下分给各家，收回原价。现在正将进行种树造林，———仿佛是利用村中一块公地。翟城十数年来倡办凿井是最有名的，仿佛村内外有一百多口井，平均两三家有一口。全定县都大凿其井，其数记不清。所以极易旱荒的大陆地方，可以不怕旱，农产量为之大增。

平教总会与翟城村之间彼此有许多互相协助之处。在平民教育之推行上，社会调查之办理上，平教总会自然得力于翟城风气之开通，自治之组织不少；而现在之翟城亦得平教会帮忙不少。翟城自治之公职人员似是有一两位兼担平教会之职务，在平教会支薪。———例如男高小校长米格如先生便是其一。又如平教会在翟城村内办得一特别训练学校（其名称记不得），是对于年富力强有高小毕业程度，而居乡务农之本村村民，给以一种训练，备作村中自治之后起人才。此其用意实非常之好的，我相信这于翟城村前途有很大帮助。平教会在翟城的工作，一部是平民教育的推行，一部是办理社会调查，而在翟城西数里路更有一农业及牧畜改良试验之农场。在定县城内我已参观过几间平民学校，在翟城又参观两处，复于离翟城时绕道东亭乡参观一处。殊自惭愧，我们没留心研究，所以批评不上来，似乎觉得还好。社会调查确乎仔细认真而且得法。——只是觉得好罢了，其实亦是外行。农场所试验而推行的工作有棉花选种及防除谷类病害等。牧场养的有羊，有猪，有鸡。养羊所费无多，而羊奶可以养人；于老年人及小孩有滋养之益。仿佛说一羊一天可得一斤多奶。养猪预备传种；——此种饲料不加而体肉发长甚快。养鸡是生蛋多而且大，据说其利颇厚。我们还去看过一个"表证农家"。所谓表证农家，即是平民教育会以其试验所得一种可靠的新法（例如新棉种或除病害药粉或养某种羊某种鸡之类），教给一家农民，嘱其照法去作，而与之相约，当其试行之后，如果有利归此农空，赔钱则会中偿给。如此则许多农家自能看到有利而仿行。表证二字似是表演证明之意。这种表证办法，大概要算很好的宣传推广方法了。平民学校之为平教会设置者均亦称表证平校（？）；盖亦希望各本地人士照此仿办而不欲由会中一手包揽也。听说定县各乡区自动仿办之平校为数甚多；远多过会中所设。

要问我对翟城村有何批评，则我亦可约略说两点。我于翟城现行的自治组织觉得不大合适。然我于其不合之点及如何才对，均不能在此时去说；——请俟异日。又其村中公务开支不向村民征取一钱，而一出于公产，自一面说去颇好，一面说去又不好。照我从来理想的拟议，乡村自治一切公务经费原以不取征敛摊派方法为最妙。但是公产总有限；又村人于公产易看得与己不相干；而因经费不出自己身上，对于公务亦易漠视不管；故不好也（自治经费由何而出为好亦非此时所能谈）。又村中年受省里的津贴四百元，及米格如先生等借着平教会的薪给乃得回乡担任公职，均非常法。我此话非指摘翟城村，我不过借此指点大家看，乡村自治经费问题，及公职人员生活费何自出的问题，都尚在未想出路子来。谈乡村自治的人不要像谈得好玩，要看到这其中处处是难题。翟城所办自治事项，除两间学校外殆无所有，公款开支此一项为大宗，亦是不合适的。此点与山西村政情形相似，待后再讨论罢。

平民教育之转向农民身上，并扩充其内容意义，当然是一大进步；我们不能不赞颂的。想尽力于教育，这种教育是办得的；——比较办一间什么中学大学有意义的多。想尽力于社会事业，这种社会事业是应得办的；——亦比其他什么事业有意义得多。却是"中国这个问题不是从教育上，从一种社会事业，可得解决，则须认清而不忽忘。"这一层似乎热心平教诸先生亦未尝不明白。我想说的还在进一层：农村问题亦不是如此可得解决的。期望着农村问题在这里得到解决，实为过分之想。而且以办教育的法子作乡村改进运动，必落于人才钱财一概倒贴之路（如适才批评职业教育社的）是无疑的。教育这事是天生赔钱货也。落入此路，其最大之弊即成了"替天行道"，而不易激发增长其自家固有能力；又且躲避问题终于无所解决；这话不知太过否？我很知道主办平教会的诸先生颇明白此义，而十分谨慎着脚步，不愿流于此。的确亦比职业教育社好些；然而我此话不能不说。

冯先生所主持的农业改良研究自是有意义的事，所不待言。却是中国农业的改进不是这样所能解决，亦是不待言的。赖先生所作教育上的研究功夫似终是平民教育家的本行本业，而为旁人所不能替代的。例如方才说过，中国农业的改进不能成功于平民教育家之手。则我们总希望着中国农业由他途以进；而果然走上了改进的大路时，按社会分工之意，农业改良研究或平民教育家无再多分心之必要，而不妨专力于自己真必要的工作；——如赖先生所作。我再进一步表示我的意思罢：平民教育在中国是需要的；但其真露出需要的时机还未到。我总希望他最好是随着需要而来；不希望他在需要时机前便先迎了上来。迎上来的总不全合适，却是有一天他总会归了本辙。平民教育运动固有一度的变化，而其前途仍当有变化。每度变化大都是进步的，此则我愿预为颂祝者。

平教会所办的社会调查部，我想是最有价值的工作。中国农村问题虽不是在一桩社会事业里面解决了的，而以社会调查归到一桩社会事业里面去办则最好不过，殆非官府所能企及；——尤其是农村比都市不同。所以我认为平教会所替社会作的事，要以请李景汉先生到外县乡间去办社会调查为最大功德。

三　山西之所见

我们一行游历考查的人在定县看完之后，即搭车到石家庄转正太路入晋。在晋十分承山西省政府的招待，而民政厅长邱瀹川先生尤为殷勤可感；半个多月中几乎天天见面，并于忙中抽暇陪我们到汾阳、清原、太原去看。村政处长陈芷庄先生暨该处各股长对我们都有问必答说明一切，而冀育堂先生，严敬斋先生，许衣言先生，皆素稔山西政情而热心乡村自治者，各以所知见告。阎百川先生，为十八年山西政治的主持者，村治尤为其一手经营创造，此时他适病在五台县河边村家乡养息；电邀我到那里会谈。由省城到河边村汽车四小时可达。头一日我以早七时离省，次日晚七时回省。在河边两半日工夫，所谈十之七八皆乡村问题及村政，我于谈话中认识出山西十年来的村政有他不少心血在内。

山西村政处，曾将历年关系村政的法令文告汇印成《山西村政汇编》一种，最近更有续编出版，事实总有多与法令不符的；然而在此书中并非但看见许多条文，其实施情况亦可窥见一斑。凡未到山西而欲知其村政大概者不妨看看此书（可以备价向该处索取）。所惜办理村政的原委经过此书未详，即其法令文告之编印，亦不依年月先后之序。前在介休县署曾承周介清先生，为我们详细讲过，因他是十年来佐理阎公倡行村政的一个得力的县知事，历任各重要县份，于村政之创始、进行、变迁、更张，自始至终身预其事的。当他讲时冯周诸君曾有笔记，但我已不能记得清。我今只以我闻见所及，而又记忆所及者分四层说于下，末以我个人的意见附于后，计分五小题：

甲、山西村政所据的理论；

乙、山西办理村政的经过；

丙、山西现行村制；

丁、山西村政的实际状况；

戊、我对于山西村政的意见。

（甲）山西村政所据的理论。我们叙述山西的村政，要先叙明他们的理论。他们的理论，大概可分三点来说。据《山西村政汇编》上常常说："一省之内依人之集合地之区划，天然形成一政治单位者村而已"。又说："村是不成文之自然组织"，是"历史上相沿之自治机关"。村以下的范围失之狭；村以上的范围失之宽。因此"为政不达诸村，则政为粉饰；自治不本于村，则治无根蒂"。于是山西提倡一种政治上的"村本主义"。他们有一个名词，叫"村本政治"。这是他们的理论之第一点。

仿佛古人说过，到乱世来则大官多；而治世，则小官多；因为真正办事的要小官才行。顾亭林先生亦曾批评后世制度说："守令之上，积尊累重；而下乃无与分其职者"。所以当真要替人民作事，必须有许多亲民的小官。然而"用官不如用民，用民不如民自用"。——这是阎公的两句最警切的话。为什么用官不如用民呢？设官分职，必有俸给，官多了俸给难筹；而且官与民总是隔开的，容易生弊；要监察这许多小官亦很难。由此三点说去，或者官愈多，而民愈病。与其用官，实不如用民；——用民，亦云"用众"。阎公有一句话：叫"用公治众"。从用民再过渡到民自用，那就是人民自治了。于是山西又常见有"用民政治"这个名词。在《山西村政汇编》上，又有一段话说："君主时代治平之责，专属于君；民主时代治平之责，分负于民；但欲使人民加入政治则甚难，如将政治放在民间则甚易"。大概"欲使人民加入政治"，是指要人民来预闻国事而说；"政治放在民间"是指以乡村地方之事，付诸人民自理而说。村政就是从用民，和政治放在民间，两意思而来。这是他们的理论之第二点。

以上两点，是山西自倡办村政以来，常常说的理论。至于第三点，则为近两年国民革命运动发生以后才说的。大意是说，国民党所领导之国民革命，非阶级斗气，而为全民革命。村政是最好的民众运动，因为是全民的；与工会、农民协会等运动不同。照农民协会的办法，实是有意分化社会的；实是要乡间此一部分人，和彼一部分人作对的；换句话说，实为阶级斗争，而非全民革命。有人说"全民革命"四字不通，因为革命必有对象的，若说全民则对谁革命呢？阎公说：不然，全民并非中国人的全体之谓，只表明非某某阶级的革命耳。故农民运动，当废去农民协会的办法，而代以村政；要唤起民众，应当如是唤起；要民众组织起来，应当如是组织；要训练民众，亦应当如是训练，这是他们理论之第三点。

（乙）山西办理村政之经过。照上面的理论看去，可以知道，山西办理村政，有他的步骤：第一步是用民，第二步是民自用；又第一步是政治放在民间，第二步是人民参加政治。在《山西村政汇编》上，则划分民国十一年以前，为官治提倡村制之时代，民十一以后为村民自办村政之时代。

山西办村政到现在已是十年了——他是从民国七年开始的。在此十年中，我看可分为三期：民七至民十为第一期；民十一年春至民十六年夏为第二期；十六年秋以后，为第三期。七年施行村的编制：村之下有闾，有邻；五家为邻；二十五家为闾；有村长，闾长，邻长。其村长似是官厅所委，以办理官厅命令委托之事为多。所谓官厅委托之事，除编查户口等事外，其至要的事为当时山西所谓六政。六政的内容记不甚确；大概有三样消极的是禁烟，禁缠足，禁蓄辫；有三种积极的是植树，开渠，养羊。当时在省里设有六政考核处，其后便以他改为村政处。第一期大致不过如此。到第二期，即十一年春天起才是阎百川先生聚精会神提倡村政的时代。他说要使"村制组织完全，俨成有机活体；凡村中所能自了之事，即获有自了之权，庶几好人团结，处常足以自治，遇变足以自防"。因此便举办五件事；一、整理村范；二、开村民会议；三、订村禁约；四、立息讼会；五、设保卫团。这五件事，稍解释如下。——

第一整理村范——是要各将本村整理到一好模范地步。何为好模范呢？就是要村中无不良分子，无失学儿童而已。所谓不良分子，计有九项——一、贩卖烟丹者；二、吸食烟丹者；三、窝娼者；四、赌博者；五、窃盗者；六、凶殴者；七、游手好闲者；八、家庭有残忍情形者；九、幼辈忤逆长上者。这九项人官力都难考察得到；查到亦甚难力，至多不过在他犯事之后惩罚而已。莫若由村中自办，既可知道清楚，又能化之于事前，实在最好不过。整理手续分三层：先宣传，就是宣传这几项，如何有害，如何不对，警告各村村民，自行戒除；次则举办调查；再次则实行处分。处分之法，是要他具结取保，悔过自新。吸烟丹者，并给药令戒。关于禁烟问题，山西所用的苦功真是不小；其详须得另讲。失学儿童，亦分别几种办法使之入学。

第二开村民会议。以前没有村民会议，许多事情都由村长办理，现在则要经过会议，村长亦由会议推选。又下面的村禁约，亦是要经过村民会议的。

第三订村禁约。村禁约是要继续维持村范的。在以前官府常常出告谕，告人民不得吸烟，不得凶殴等等。有人对阎公说，你这种条教颁发到村，即村长副亦视为具文；张贴通衢，缙绅且怠于卒读，何论一般村民。倒不如旧日乡约社规，村中妇孺都可说的上来，其功效远胜于官治。阎公当下醒悟，乃改为由各村村民自行设定禁约，共同遵守。本来要靠官去管束人民是不行的；最好是人民自有组织，以村中公意约束其少数不良分子。

第四立息讼会。息讼会之设，系为“便民厚俗，以救争讼之凶”，这亦是乡间旧有的办法，因为事事到官太麻烦了。而且一村之中，最要紧的是大家和睦；兴仇结怨，实为一村的大不幸。息讼会的办法，是由村中公举公断员五人或七人，遇事请他们公断和解；凡是不愿公断，或不服公断，一切均可自由。

第五设保卫团。保卫团，以人民自卫为宗旨。凡各村男丁年在十八岁以上，三十五岁以下，均于农暇入团练习，并清除土匪盗贼。

以上五事大概以民十一、十二、十三年间进行最力；十四五年以来，则受军事影响不免停顿。

村政的第三期，是指民十六年八月改订村制以后，仿佛可算一新时期。凡现行村制，以及一切办法，均为那时所改订者。其详如（丙）段所说。在此时期中，并提出有新的事项，以阎公的两句话，"村村无讼，家家有余"为目标。进行办法，关于"村村无讼"者则有：奖励村仁化办法，维持村公道办法，整顿息讼会办法，普及法律知识等。关于"家家有余"者则有：奖励农家副业，奖励家庭工业，提倡村水利，提倡村林业，提倡合作社，提倡村民节俭储蓄，取缔游民，奖励走上坡人家，扶导走下坡人家等办法。但实际上这许多办法，多不易实行；或未实行，或行之亦是空而无用。

（丙）山西现行村制。——山西现行村制，一切则例，均为十六年八月改订公布的。语其大要，凡满百户以上的村庄，都为一编村。不满百户，便由二村以上联合成一编村。每编村，是村长、副各一人；若村中户数多者，或由数小村，连成一编村者，可以增添村副；但至多不得过四人。村内五家为邻，五邻为闾，各有邻闾长。村长、副由村民会议，加倍选出，报县择委；任期一年。邻闾长于每年新村长选定后，亦由各该邻闾，从新推选一次。由村长、副及闾长，合组村公所，为村中办事机关，照章系以合议制处理事务。此外则有村监察委员会，及息讼会两机关。村监察委员会，以监察员五人或七人组织之；息讼会，以公断员五人或七人组织之；都由村民会议选出，都是任期一年。监察委员会，是监督村公所的；仿佛一个是执行委员会，一个是监察委员会，——以清查村款收支，为其主要任务。息讼会会长，从前是村长兼任，现在不准兼，——由公断员中自行公推。村中自村长、副以下各项公职的被选资格，都无甚积极条件。又保卫团的团长，是村长兼；村禁约的执行，是归村公所；有违禁约的，公议处罚。村民会议不拘何时可开，凡村内居民，年满廿岁以上的，得出席；每年至少开会一次，由村长召集之。

村以上为区，区以上便是县。每一县至少分三区，多则六区。区有区长，由省中派委，非本地人。南京政府，对于此点，曾有驳斥，以为不合自治之意；后来乃改称区行政长，表明是行政官吏之意。大概村中的事，都是由县区督促办理的；区长实为村政中重要角色。县以上便到省，省中有村政处。村政处像是省政府的一部分；又像是省政府的特种秘书处；因为不能独立对外。他与民政厅相辅而行，而不受民政厅节度指挥。

（丁）山西村政的实际状况——山西村政实际状况如何，这话很难说。不但我在山西日子很短，所到地方很少，不容易知道；就是再多住些时，多看几处，亦未必能真知道。我们现在只能以所闻所见的一点来说说，而推想一个大概。

常言说道"盛名之下，其实难副"。山西村政的实际，亦不能逃此公例。大概就人民自治一面来说，自治的真精神似乎很少。就官府所推行的几项行政来说，似乎难如所期望，而不免有流弊。

所谓没有实在自治精神者：例如村民会议的不实在，出席的人数少，以及有人操纵等情，都是很多；因而各公职人员的选举，以及应行公同讨议事项，多半是表面形式而已。所以村禁约有旁人代订事情；村监察委员会有村长指派，或村公所人员兼充的事情；而村长的人选不好，和村长村民间的争执纠纷尤甚多。省政府致有慎选村长、副的"告示"，分发到各村张贴。又有严令县长区长，督催村长、副照章缴出公账，并令村监察委员，清查核算的令文。而村长不得连三任的新限制，亦都是为此。就是监察委员会的设置，以及村长不准兼理息讼会，亦都是后来为防制村长而增改的。听说去年太原县东堡村，有村民刺杀村长的事，结果有一人判无期徒刑，一人判死刑；村民不服，上告到省，尚未完案。据说这村民刺杀村长的事，以前平陆县、寿阳县亦曾发生过；这似乎不是偶然了！又我们在晋祠闻该处县知事窦君谈，省中不许村长连三任，很不易实行。就在不久以前，有一个村庄，因村长已连三任，例应改选。县区官长对村民再三说，你们不要再选原人了。但结果选出的依然是那人。县里不承认，谕令重选；这次选出的是原村长的儿子；并以村中一个著名无赖作陪宾。县长又不承认，则村民不肯再选，无论如何敲锣，无人出席。县长无法，只得一面运动原村长，出来转圜，勒令大家出席。并一面威吓大家说，如再不能选出，就要由派人代理。——这派村外人代理的事，向为村中所怕的。然后这第三次选举，才算成功了。又我们在平遥到介休的路上，有一次下车散步休息，和田间一个人闲谈，知他是一个闾长，而甚以当闾长为苦。就问他既不愿作，何必还作？他摇头露出为难的样子，并以手作式如果不作，便要被区长用绳牵到区里去。

说到官府所要办的几项行政，借着村制本来于推行上十分便利，但结果就那件事而说，往往是失败无成；就人民说亦受好处，亦受害。听说从前省令督饬植树，有反倒拔树的事情。因为树秧预备的不够，而省令不敢不遵，只好拔树来植树，于是活树倒死了！又洪洞赵城各县，种棉很发达，可算省中推行奖励的结果。但是人民一面获利，一面亦有问题。他们原来的农业，是一种自给自足的经济。而现在棉花则是贩出远地的商品；手里得到钱而没有粮食。粮食屯着不易消耗，而钱在手里容易花，每每到后来，种谷的还有饭吃，而获利的已竟无钱。又因交通不便，习惯不合，而粮食的流通供给亦不足，所以归结下来，种棉有好处，没有好处，亦颇难言。然而这都算顶好的了。他如禁烟等政，或者蒙混隐瞒，或者借端敲诈，弊端甚多；即禁缠足，积谷，兴学各政，受利受害亦差不多。总之官权太重，乡民软弱，虽是善政，而有意无意之间，人民非要吃亏不可。

然则村政就没有效果好处了吗？当然不能如此说。据我看由村政生的好处，亦有几种：第一是治安好。山西盗匪素少，现在实为全国最安静太平的地方。此其原因甚多，而得力于村政的亦不小。因为有村的编制，稽查甚易；在防卫行政上，上下有系统，前后左右有连络，匪患直无从发生。第二认字人多。有村政以后，村中所办的事，第一件便是办学堂。差不多每村有一个小学，因此山西农民识字的成数，在全国中比较为最多。大约中国人不识字的成数，要占百分之八十至九十之间；而山西不识字的人，只有百分之六十五。第三是禁烟有几分成功。现在各省差不多无烟禁可言，但山西尚在禁烟；却是现在，亦不努力了。然而照以前办到的地步很算不容易了！而这点成功，全得力于村政；若无村政，即此一点成功亦不会有。

第四是禁缠足有七八分成功。这实在是山西当局一件最大功德事。——我们从广东到山西，看见山西好多事，与广东恰好相反。其中有一件有趣味的事，是广东女子特别多，山西女子特别少。在广东不拘是城市里，或田野间，随处遇到，都是女子很多。一个男子，常常都是一妻一妾；并不论贫富阶级。虽然没有统计调查，女口之多，亦可概见。在山西则我到河边村时阎公曾对我谈，他们村中，差不多有二百个男丁，不能有妻室。他村中似有七八百户人家，四千上下的人口；照比例看去，这成数很可惊了！又在汾阳县时，该县知事綦君对我说，他那一县，户口调查的结果，男丁多过女口，约一万之数。汾阳在西，河边在北，并不接近，而情形相同；则非偶然一例了。我追问何故女口如此之少？阎公说妇女因产亡者颇多。所以山西男子，亦往往配两个女人，但非同时并存，而为一前一后，就是为此。綦县长亦如此说。并且引汾阳城内，美国教会医院为证，说妇女因难产在院中施手术的甚多；他曾看见该院一间屋内，排着六个小孩，其中四个是剖腹取出的。又省里村政处，特设"产育研究会"专研究如何帮助妇人容易生产，也就可见这问题的严重了！山西妇女的生产特别成问题，实为缠足，身体不能活动所致。请看广东不论城市田野，一切劳力之事，皆由妇女去作，其生育毫不成问题，常常于工作时间就生了孩子。所以山西妇女，要免于难产之厄，亦必劳动才行，而缠足则根本妨碍了劳动；所以禁缠足，就是救了山西妇女。

第五是军事时期，办理征发之方便。山西近几年参加几次战争，一切征发人夫车马粮草，筹饷募债，得力于村政者非常之大。一个命令立时可办，这几乎是山西政府中人交口赞叹的。论起来这种方便，是只利于军事长官，不利于人民。然而我们要退一步想：仗，反正是要打的；征发，反正是要征发的；有系统次序，有计划办法的征发，固然在政府有得心应手之乐，在人民的痛苦亦轻的多。负担容易平均，人夫车马出去的亦容易回来，不至迷失。并且在许多地方看去，亦比较经济得多，所以这一件，仍当算作村政的好处。

（戊）我对于山西村政的意见。若问我对于山西村政有什么感想或意见？则我可以说这感想和在昆山、在翟城、在定县所感是差不多的；一言以蔽之，都是看事太容易。我从广东出来考察，原希望，我心中所抱几个难题，可以得到解决。但到处看过之后，统统无人解答；不但无人解答，并且无人在这上边用心；再进一步说，直是无人留意。今将我所谓难题者，略说一说，亦就算是一种批评了。——

第一个是村长问题。要开创乡村自治的新局，当然作村长的人，是很要紧了；什么人才相当呢？我想了许久，左也不好，右也不好，若是个年轻人，则恐怕乡望未孚，信用未立。尤其是中国乡村社会，有所谓"乡党尚齿"，此种尊老敬长的风气，极其普遍又极深入人心；我们既立意，要引导众人，合作自治，不宜违反众群心理。而且青年人作事多不稳当，气浮心急，亦不无可虑；所以青年人不行。但年老人亦不行；年老人总不免暮气，又旧习深，新知少，要他作新局面的开创人才，大概不行。我又想以村中有钱有势的人作村长怕不好；因为有钱有势的人在村中已经有势力了，再作了村长岂不势力更大？个人势力大，则众人退处于无权，于培养合作自治习惯之意，殊不相符。但无钱无势的人如何呢？亦不行；恐怕他办事办不动！所以真是为难极了！又开创之事，必须有为者去作才行，换言之，非有为者即不行。但有为之人，往往勇于自任；

勇于自任，则又不相宜了。所以非有为的不行，而勇于自任的又不行。新事须得新人，但偏于新的人，又难洽乡情；旧人或能洽乡情了，但又怕顽固，不知大势；因此在我心中，村长实难其人。

我们还要想一想，像今天这世界，还有什么人在村里呢？有钱的人，多半不在村里了。这些年内乱的结果到处兵灾匪患，乡间人无法安居；稍微有钱的人，都避到城市都邑，或者租界。前些年只是有大钱的人，才往上海租界住，近来不算有钱的人，也要往上海了。上海租界地面之扩张，房屋建筑之增多，年年有加无已，与中国内乱已成正比例。再则有能力的人亦不在乡间了。因为乡村内养不住他，他亦不甘心埋没在沙漠一般的乡村，早出来了。最后可以说好人亦不住乡村里了。乡村里何以连好人都没有了？似乎不近理。须知好人有两种：一种是积极的好人；一种是消极的好人。大概安分守己，勤俭度日，所谓消极的好人，在乡村当然是有的；但我们需要者，在积极的好人，那恐怕已不在乡间了。可以说现在已竟没有什么人留住在乡村。如前所说村长人选已甚难，设若有人还可挑选，今连人尚无之；所谓难其人的难字，亦无从难起了。故我对村长问题，是绝对发愁者。

如果我们一定要行村制，村长亦不患无人作；村长一职，大概不外落两种人手中。一种是土豪劣绅。大概不拘什么地方，都会有占便宜的人；有才有胆，玩弄手法，以取得较优厚的生活。在乡村中，本无多大便宜可占，然而亦总得有人占他；这就是土豪劣绅。他们常是借着"公事"以达其目的。上可交结官厅，下可欺压百姓，从中取利；却亦有不少的利可取。要选村长，他们是一定愿意当选的。而且当选的必定是他们。我们虽然没有调查过土豪劣绅有多少；此种情形，亦或未必到处皆然。然而当此无法律无秩序时代，生存竞争激烈之秋，此种人物应运而生，实属势所必然。可以推想村长一职，落于此等人手者居多。结果，村制完了！自治完了！只是这某个人自治罢了！又一种或者是青年学生。假设政府对于乡村自治，农民运动，大为提倡，极力宣传；青年学生，必有为其所动者，而"回到民间去"，努力运动一下，则村长一职，或者便落他身。据我看来，青年学生热心的是有，明白事理的却少。而且他的热心里边，总挟着高兴；高兴必糟。乡村中人，总是安于故常，遇事冷淡。他抱着一腔热心，有好多希望回去；乡里人的态度，如在他头上，加一盆冷水，一定弄得兴败而返。且以青年人之不达事理，以及如前所说之气浮心急；作起事来，不但遭乡人之厌恶，且青年本身，亦必觉乡人之难以救药矣。单从乡人厌之不推服之一点言，已可作到某先生之个人自治了。

在我看村长问题，极难得适当的人，而极容易得不适当的人；我认为简直无办法。而山西则将此问题，已轻轻的不思索的解决了。在此种情形之下，我认为一个村长也找不出，而山西则于一时间，找出村长二万多！结果如何能好？事后乃想法防制，晚矣！后来再想法训练，晚矣！（种种防制前曾说及。训练近始实行；将新选村长，招来县中，讲几天三民主义，现行法令。不知此种补救方法究有何用？）

第二个是村民问题。此问题尤为困难，难点显而易见。中国产业不发达，因而文化低陋，人多不识字，愚蠢无知识。而所谓自治民治，全恃个人；若不识字，则投票时，写票尚且不能；定章程时，章程且看不懂，遑言其他？村民不但无知识能力，更且无合作自治之习惯。有人说，中国人是一盘散沙；又有人说，中国乡村，还在自然状况中，有形，而未成体，但如何才不为一盘散沙？如何始能成体？此不独要新制度，更要有新习惯才行。到新习惯养成时，而后新制度，才是事实而非条文。依我看村民不但无此自治习惯，要养成此新习惯都甚难；因为他另一方面之习惯太深之故。大凡不识字的人，即不运用文字符号的人，则其意识的取舍少，而靠迷信与习惯时为多；此一层也。又凡农业社会，保守性重，习惯极强，这是大家都知道的；此二层也。又中国民族文化已老，传统习惯尤不易改变；此三层也。有此三层，故在中国乡村中，迷信与习惯，支配人之势力极强。一旦欲其弃旧习惯，而易新习惯，实在难乎其难！

一面知其确有必要（确有养成新习惯之必要），一面又深知其难，则不得不想个好方法。我若无方法，我断不敢下手去作。然而山西却是这样就下手去作了。山西村政，不能有自治精神，全由于此。

第三个是制度问题。中国自讲维新以来，一切制度，统统模仿西洋。除了孙中山先生，将三权硬改作五权之外，我们简直没听见，有人提出半点新意思来。所以地方自治制度，自前清订的城镇乡自治章程，及民国以来中央内务部，外省省议会，所订许多自治法令，总不过欧美日本摘抄一回。但我则很怀疑西洋制度，能适用于我国；此问题甚大，我的意见不能随便发表。此处先勉强说一两句：西洋制度，其安排布置，常将几方面之力量，配置均衡，含彼此牵制之意；如三权分立其例也。即于互相牵制中彼此推展以运行；并能范围之而不使过。山西村政之设监察委员会，与村公所对立，似亦有此意；但我却认为不行。我在河边村，与阎公谈，曾提到此点。他不待我说出，即云：我亦不认此办法为好，当时增设此机关，实有特别缘故，且亦只算试办。所以中央内政部，订制乡村自治法令，多半采自山西，而独没有监察委员会；因我劝内政部说先莫采用，待山西试验试验再看罢。

设监察委员会不好，难道不设监察委员会就好吗？事情当然不能像这样简单。我不能于此时提出我的主张，我只希望大家晓得这亦是一个难题，山西对于此点，亦欠思索就动手办了。

第四个是钱的问题。无钱不能办事，这是最大的问题。中国乡村原来就贫且陋，近数十年，又加上外人的经济侵略，国内之内政不修，内乱不止，都是乡村受害最大；于是遂有急剧的凋敝！欧洲当资本主义发达时，最首著之现象，为农村衰落；我们现在亦是受资本主义的影响，而问题比人家复杂的多，凋落而无救的可怕情形，亦人家所无有的。要谈乡村改进问题，当改进外自非常之多，但归结下来，唯一的问题是贫。换言之，唯一是如何发达生产问题；所以于此处无办法，即不必谈乡村问题。然而大家却都是无办法，而要谈的；要谈就是要钱罢了。山西对此问题，并无办法——那所谓，关于"家家有余"的种种办法，全是空的！所以他的村政，亦是向村民要钱的村政，要钱之结果有二：一是村民厌嫌头痛。国家向他们要钱，省里向他们要钱，县里向他们要钱，已竟够受了；现在村又向他们要钱，村民那得不头痛了？一副厌嫌头痛的心理，如何能热心向前合作自治呢？二是贫而益贫。本来没钱，设若有钱，让其自用，或者还用于生产上；如多买上点肥料等，就可以有些出息。如将此钱要去，办理村政，又怕耗于消费上而已。所以不但无救于他的贫，反使之贫而益贫。

第五个是事的问题。现在乡村中照我看，不但无钱办事，并且无事可办。办什么呢？说起来似乎应办之事甚多，但没一样切合村民需要的，必欲强勉去办，结果只有四字——劳民伤财。

我到山西看时，村中的事第一件，便是建学校。村中一年的支出，无非以此为大宗。差不多村中皆有学校，对于到学龄之男女儿童，督促入学甚严，实在无意义。以中国简陋的小作农业，农民实无文字符号之需要。所以中国人不识字的，要到百分之八十至九十的成数，原是自然之势。幼时定要他读书，长大却去种笨地，终年看不见，用不着，种上七八年地，从前所辛辛苦苦读来的书，早都忘了。乡下女子读书，更用不着；你设想他（她）将来有余闲，能亲近纸笔墨砚吗？有余钱置备纸笔墨砚吗？亦强其读书四年，徒苦四年耳，有何意义？山西大小村庄共四万余，学校约亦有三四万。据我调查所得，村中公款，每年支出，少者三百元上下，多者一两千元，总是学校经费占其大半。平均一年一校总得二百元，统算全省所需，将近千万之数。此千万中据我们看，怕有八百万是白费。其所以白费，一面是像才说的用不着，一面是那种学校教育，办得不高明；然而要办好教育要钱更多。

总而言之，我认为在此情形下无事可办；要办必须切于需要，合乎条件才行。然而山西所办之事固不足以语此。是亦未曾经过思索研究之过也。

第六是个筹款方法问题。有钱无钱固然是问题，有钱如何筹取亦是问题。山西系采分摊之法，即按照村中各家地亩多寡，动产有无，比例分担。在翟城村便完全不要村民拿出钱来，而以村中公产之入息办事。大概分摊之法最不好，翟城村靠公产不用分摊，似乎较好；亦还不好。因为各人看公产不是自己的，多不加注意；而办事不从他身上出钱，对于那件事办得怎样，亦觉得不必管了。最好是一面不要他直接从口袋里掏出钱来；一面这钱又是出在他身上。这个小问题，山西大概亦没想，就采用了那顶不高明的办法。

第七个是村公职薪给问题。——这亦是一个颇难处置的问题。照理说，本村人替村中作事，不当要薪水；并且有薪给，亦［有］种种不妥。又况村中亦难有此钱。然而无薪给似亦不行。因为我们期望村长、副，做的事很多，并非很清闲的。事务一忙，则自己原有的生业，便难照管了。不能自理生业，生活费用将何从而出？况且非有点知识能力的人，来担任村中公职，一定不行。而此种有知识能力的人，本来都要自觅一项职业的，现在不要他作旁的事，回到乡村专心于此，无薪给断乎不行。像江苏昆山徐公桥的“乡村改进会”其主要办事人，是由中华职业教育社支给薪金；又翟城村的米君格如，因平民教育会，支给薪水，始得回乡，一面替村中作事，一面亦任会中职务。又如创办翟城村自治之米迪刚、米阶平两位，半因家中有钱，半因自己热心，愿替村中作事；凡此均不可为例。而且正以见此问题之难解决。有人主张以一村之小学校，作一村之改进运动之中心；以小学校长或教员担负村中公职。我想怕难兼顾，并且小学教员未必是本村人。在山西曾问过村政处长，据他说：乡村小学教员通例都是请外县或外村人。本村人作本村教员的，有亦绝少。并非由法律规定，又是自然如此。所以这种兼任办法在山西不适用。然而山西亦未想出旁的善法，似乎不成问题的，归于无薪给一条道了。

以上共说了七个难题，并指出不加思索就办之失当，现在再总结几句。山西村政在阎公初意颇期望着作到自治地步，然而自治大概是说不上的。至于政府几项新政借村制来推行，似乎亦足为民病。何以言之呢？先就自治说吧：照我们观察，那些村长，颇有事繁力疲的神情，又无薪给报酬；见了县区长官亦没好面子，回到村里受怨气，实在太苦；谁人肯作？凡愿作的，必有所图。所以村长无法好，而且亦防制不来，补救无及。村民一面，对于村政亦有疲累厌烦之意——官厅的政令，使他疲累厌烦；村内纠纷，使他疲累厌烦；征敛要钱，使他疲累厌烦。而村中所办唯一的一件事，即那小学校，近固不生利，远亦望不到好处。此外更无什么与他有好处的了（有些好处，他不易感觉出来，如治安、禁缠足等事）。对于村事不但不热心，直是不愿理会；此种情形非常之多，不胜枚举。我们且举十八年二月，要各县饬各村整顿村禁约的一道通令来看便好了，这道通令上说："近据查报各村禁约，多系前数年所订，未尽按照村情，由村民会议妥加修订"；试问合村情不合村情这句话，要待省政府出来说，则村民显然不加理会了。令文又说："且执行时率由村长、副自行决定，不取多数同意"；然则村长不照章取决多数，村民亦不管了。令文又说："处罚村费间有超越十五元限度情事"；那末违章重罚，监察委员会和一般村民，也都无人说话了。因此政府要重申前令说，你们必须随时修订禁约，期能适合村情；处罚时你们必须取决多数；罚钱你们必须不过十五元。并又加多告诫两层说：所罚之款，你们必须用于凿井、积谷、教育基金三项，不得随意开支；这种罚款收支，你们必须每三个月清结公布一次。周密是周密极了，操心是操到家了！可是村民不要求"适合村情"，省政府要求又有何用？村民不问作何用途，不问账目清不清，省政府偏要管，又管得了多少？人民不管，而政府管的太多，全可于此看出；而政府管的愈多，人民愈不管。盖政府愈管则人民愈被动；愈被动，愈不动。故山西村政，若作自治看，则自治之生机已绝。

我初到山西，尚未及下乡去看，即先感觉政府办理村政督促提挈太重，太多防制，太过助长。所以一见阎公，即略陈我认为不好之意。我说天下事，还得自然些才行，硬作是作不来的；反而受着伤害。他颇容纳我的意见——似乎很实在的接受。现在想起来，当时尚未曾说得明白，亦由未细考察，未及思索之故。原来他们的硬作已是不得不然的。他们将我所谓难题的一个亦不注意，像我的一半注意，他们亦没有；粗略，疏忽，拙笨，则村长之不好，村民之不动，皆其不得不然的结果。村长不好，不得不防制；村民不动，不得不督促；后来之太过用力气，实由从前太过不注意而来。对于山西村政的批评，此两句话可以尽之：一面是太过不注意；一面是太过用力气。全无引人民自动的好方法，当然要靠上面用力推动他。初时大推大动，小推小动，不推不动；最后怕要推亦不动。

自治之说不上，观此已明。而几项行政之易有弊害，亦即在此。中国向来是无国家的国家；中国向来以无政治为政治。中国亦无政治家；如果有政治家，亦是聪明黄老无为的曹参，而不是拙笨替民做事的王荆公。因为积极，则好心翻成歹意；倒不如消极，却不致病民。我常说中国人民好比豆腐，官府力量强似铁钩。亦许握铁钩的人，好心好意来帮豆腐的忙；但是不帮忙还好点，一帮忙，豆腐必定要受伤。山西各项新政，原都是好的；而上面用力太过，人民纯处于被动，其易有弊害，理所必然。现在全国当政各界，有一句时髦的话叫作"建设"；不知老百姓最怕听建设这句话。然则就不要建设了吗？当然不是。几时自治的习惯能力养成了，政治的大路开出来，则建设自然而然，应有尽有。否则，建设固不会成功，即卖力气往前作，亦无非病民之政而已。

《中国民族自救运动之最后觉悟》，上海中华书局，1932 年 9 月版，第 257—288 页。

河南村治学院旨趣书

中国社会一村落社会也。求所谓中国者，不于是三十万村落其焉求之。或曰欧洲国家独不有村落乎？曰其古之有村落也，则中世封建社会组织之基层。其今之有村落也，则近代资本社会组织中之点线。是社会有村落，而非即村落以为社会，固不得谓为村落社会也。若中国则第于亚洲东大陆见有散布于此一片土上之二三十万村落而已。村落即社会，而非社会有村落。以视欧洲，无论其中世社会之组织，或其近世社会之组织，均极缺乏。于经济上则极形散漫，大都主于自给自足；于政治上则极见自由，殆邻于无政府。其为国家也，比之封建国家则不伦，比之近代国家弥以远；谓曰国家殊不类，不谓曰国家又不能。试更退五十年，凡今之染受摹取于欧人者皆未曾有之时求之，岂不信乎。

夫唯如是，中国文化故为极端和平的文化。于内不知有阶级，于外不知有国家，——阶级意识，国家意识，皆极其缺乏。和平之气周流充布于其散漫自由的社会中。抑不唯其意则然，更实无不和平之力。力在组织，无组织则无力也。欧洲反是。斗争于内，侵略于外，皆其历史的必然。帝国主义原于其资本主义的经济组织，资本主义的经济原于其向前争求的人生。不惟其意则然，抑更具有是力。自谥曰强霸（power），盖信然矣。其东侵以及于我，而我莫之能御，盖早决于历史矣！决于文化矣！数十年间夷我于次殖民地之地位，国人亟谋所以自救而不得，数十年来亦常数变其方；然其致审于斯义而察见乎彼我之所以异势者盖鲜。

自来所误，但以为彼强我弱而已。曾不知固其质异也。又不知其强未必良，其弱未必恶，而务为强国之道以自救。呜乎！斯则今日大乱之所由致也。乍见其强在武力，则摹取之；乍见其强在学校，则摹取之；乍见其强在政治制度，则摹取之。乃其余事，凡见为欧人之以致富强者罔不摹取之。举资本主义的经济组织之产物悉以置办于此村落社会而欲范之为近代国家。近代国家未之能似而村落社会之毁其几矣！凡今日军阀官僚政客一切寄生掠夺之众百倍于曩昔，苛征暴取千百其途，而彼此相争杀，更番为聚散，以肆残虐创夷于村落有何莫非三四十年来练新军，办学校，变法改制之所滋生所酿造乎？盖不探其本，务得其末；得之不难，消化运用之难；消化运用之不能，未有不反受其殃者。

使自来谋国者果其审于知彼也，则求为近代国家不可不于其经济求之。必产业开发，而且取径于资本主义以开发之，使社会蔚成一资本主义的经济组织之社会，则欧美式之学校教育自为社会之所需而不为病；欧美式之政治制度自然形成，乃不为沙上起楼台。近代国家之大本于是既立，国家武力不期自有，乃不致无所附丽，如利刃莫能操而自伤身手若今日也。使自来谋国者果其审于自知也，则不求为近代国家。我之于近代国家不必求，不可求，不能求。所谓不必求者，吾民族自救之道非必在是也。所谓不可求者，是非吾民族精神之所许也。夫我之弱则诚然也，然弱何必恶？是有吾民族精神寓存焉。弱在物质的贫乏，是可补也；是宜亟补之者也。弱者社会缺欠组织，是可补也；是宜亟补之者也。弱在农业社会的文化，是则不可遽矫矣。弱在民族之固有精神，是则宜世宝之，且将以易天下焉。不此之务，而慕为欧人之强霸，是诚所谓下乔木而入幽谷者，非吾民族精神之所许已。所谓不能求者，吾人今欲取径于资本主义以发达产业既不能也。资本主义唯宜于工业，而大不便于农。吾今欲发达产业，其从工业以入手欤？是固可取径资本主义矣。然不平等条约之束缚既扼吭窒息不得动，一也；苦不得资本以为凭借，二也；环我者皆为工业国，各席其数世或数十年之余荫，更无余地以容我发展，三也；而吾固农国，取径于大不便于农之资本主义，是自绝生路，四也。是故我之不能从工业入手而从农业，有必然矣。从农业则不能取径资本主义；不取径资本主义，固不可得而为近代国家也。

然则吾民族自救之道将何如？天下事顾未之思耳，思则得之。夫我不为一散漫的村落社会乎？一言以蔽之曰求其进于组织的社会而已。组织有二：一曰经济的组织；一曰政治的组织。欲使社会于其经济方面益进于组织的，是在其生产及分配的社会化。生产的社会化，欧人资本社会既行之矣。其分配问题犹未能焉。分配问题不解决，因缺欠组织之大者。共产革命殆为不可免也。然是在我则或不为难。吾民族精神向来之所诏示于此至为符顺，一也。生产曾未发达则两面的社会化问题同时并进其势至使且易，二也。吾为农国，农业根本不适于资本主义而适于社会主义，三也。使旧日主于自给自足的经济而进为社会化，则散漫的村落将化为一整组织的大社会；是曰社会主义的经济组织之社会。其美善岂不度越于欧人乎！欲使社会于其政治方面益进于组织的，是在其政治的民治化。政治的民治化愈彻底，则社会于其政治方面益进于组织的。所谓政治的民治化者，含有个人自由权的尊重，公民权的普遍之二义。欧人于此实为先河。然此需于社会个个分子知识能力之增益充裕者极大，而其经济上地位的均齐自亦为关系所在。欧人以产业发达文化提高，于前一点似得其大概；而以资本主义的经济之故，于后一点则形成不齐之阶级。故其政治的民治化遗憾正多。如顷所言，我于生产分配的社会化不难并得，则真正民治主义的政治组织之社会可以实现。其美善岂不度越于欧人乎！

吾民族之所当务尽于是欤？曰尽于是矣！凡子所求，靡不可得；子所不欲，莫或致焉。欧人所长，组织一义尽之矣。欧化之弊，畸形的发达一言尽之矣。换言之，即其组织之犹有欠焉。由其经济上组织之缺欠，而富力集中于都市，集中于少数人以形成一殊强阶级，而社会乃病。由其政治上组织之缺欠。而权力集中于国家政府，以从事野心的武力与外交，而世界乃病。总之，凡集中过剩之力靡不有所伤害；经济上过剩之力政治上过剩之力隐显为一，相缘愈强，其为祸又以益烈；是则今日欧人所自苦莫能挽止者也。中国社会所患在散漫无力，而夙鲜集中过剩之弊，则其幸也。是其所当务，在求进于组织甚明。乃吾往者所为，不于组织是求，而唯其富强是求。富力的集中过剩以搁于不平等条约卒莫能行。权力的集中，武力的过剩，则以有千年不进步的政治旧习为因缘，乃一发而莫收，突飞如不系。以颇具组织之欧人犹且感其难于制御者，此散漫无组织的村落社会更谁从而制之，有不任其伤害以至毁灭者乎？盖唯社会益进于组织的，而后富与权二者乃直接综操于社会，间接的分操于社会个个分子，斯可免除一切伤害，求得一切福利。顷所云所求靡不得，所不欲莫或致者，意谓此也。

斯言信美矣！顾其道何由？曰是在村治。欲求进于组织，夫必有其着手处；则由村落以着手，自为其天然所不易。于组织将何先？曰是必藉经济引入政治。善哉！吾党孙先生之言，"地方自治体不止为一政治组织，且并为一经济组织"；是其诏示于吾人者不既剀切明白矣乎！使吾今所为第如地方自治之在欧人也，即地方自治且莫冀成功，遑言解决吾民族整个问题。在往者之民族自救运动中，亦未尝不有知求组织者，如历来之求为政治的民治化是已。然毕竟为错误的。以其着手在国家，而又唯于政治一面求之，则固未为知求组织也。政治之进于组织所以必要，以经济之进于组织的也。苟经济之不进，则社会本为散漫的，可不生若何关系。政治之进于组织所以可能，以经济之进于组织的也。苟经济之不进，则社会个个分子知识能力必稚陋不足以问政。乃于此先决问题既忽而置之，又不务自下以筑上；由小而扩大，遽求组织国家焉；盖几于造空中楼阁矣！是故必依建国大纲训政宪政之顺序，而以乡村县省地方组织之完成先于国家组织，又必如孙先生之教，不徒为一政治组织，抑并为一经济组织；夫然后于求组织之道乃庶几耳。

由上所言，则经济的组织之促进实为根本；是其道又何由？曰是不可不知农业工业之异及中国今日所处之地位。方欧洲资本主义之兴也，农业为之骤衰乡村为之大敝者数十年，以迄于今犹为不振；以资本劳力并流于工业都市故也。是为资本主义下工业抑压农业之现象。又在昔马克思之所测，农业之倾向大规模经营与工业同，而卒征其不必然，以农业上之比较竞争远不若工业上之烈故也。是为农业上资本不易集中，产业不易社会化之现象。故欲促成农业之社会化，在资本主义之国家有不能不待资本主义之推翻者；以非此无以解工业抑压之厄，俾归于社会自然合理的措置也。而审之农业社会化得见成功者如丹麦，方在进求者如苏俄，莫不取径于农民合作，以土地资本劳力之合并经营为期。盖由竞争而兼并，工业趋于社会化之路也；农业于此路既不行，则唯由协作以合并而已。明乎此，则吾今之由农业入手以求进于组织，其势顺而事易乃为其他国家所莫能比者。吾以在欧人经济侵略下，受不平等条约之束缚，故海通以来既八十年而企业卒莫兴，几于致我死命，然资本主义之潮流亦幸以此障蔽而获免焉。工业资本之畸形既未成，则无事推翻改造之烦，是不为大便宜乎！及今环境压迫，工业图兴之机犹绝不可见；而农业以其竞争比较之不易见也，则较为能逃于此压迫；而吾图兴农业，求免于工业抑压之厄；乃正资其掩护以进行焉。夫我固无资本可言，其犹有些许资金则唯在军阀官僚商人买办之手，是皆敲剥于农村而屯之都市租界银行者；其借交易买卖由利以孳利者多有之，至若投资于生产事业，农业工业盖两无所可。此时大计，唯在因势导之以回返流入农村，集于新式农业之开发一途。窃尝计之，使吾能一面萃力于农业改良试验，以新式农业介绍于农民，一面训练人才提倡合作，一面设为农民银行，吸收都市资金而转输于农村。则三者连环为用：新式农业非合作而贷款莫举；合作非新式农业之明效与银行贷款之利莫由促进；而银行之出贷也，非有新式农业之介绍莫能必其用于生产之途，非有合作组织莫能必其信用保证。苟所介绍于农民者其效不虚，则新式农业必由是促进，合作组织必由是而促进，银行之吸收而转输必畅遂成功；一转移之间，全局皆活，而农业社会化于焉可望。然要在无与分其势者。不然，则农业必夺于工业；而资本主义兴，由合作以达于社会主义之途难就。劳力问题诚无虞工业为分夺，而实有过剩之患；然非消纳于农村必无由解决；即此亦可见农业之为先务也。迨农业兴，工业必伴之而起；或由合作社以经营之，或由地方自治体以经营之，乃不虞其走入资本主义。而斯时求资本求市场等问题，视今日当大为容易，国际工业竞争之压迫或亦可以少纾矣。由农业而及工业，由乡村而及都市，相因为平均之发达，是自然之顺序，中国人最近未来所从出之途也。其视欧人过去所历之途，偏颇而颠倒者，盖适得其反焉。

农村产业合作组织既立，自治组织乃缘之以立，是则我所谓村治也。盖政治意识之养成，及其习惯能力之训练，必有假于此；自治人才与经费等问题之解决，亦必有待于此。顷所谓藉经济引入政治，实为不易之途；有异于此者，断知其失败而已！乡村自治体既立，乃层累而上，循序以进，中国政治问题于焉解决。中国政治问题必与其经济问题并时解决；中国经济上之生产问题必与其分配问题并时解决；圣人复出，不易吾言矣！求中国国家之新生命必于其农村求之；必农村有新生命而后中国国家乃有新生命焉；圣人复出，不易吾言矣！流俗之所见，或以为政治问题解决，而后产业得以发达，而后乃从容谈分配问题；或以为必由国家资本主义以过渡于共产主义，而当从事国家资本之建造，是或狃于欧洲国家之往例，或误于俄国布尔塞维克之企图，而皆昧于彼我之异势谬欲相袭者，曾何足以知此！

吾民族自救运动至于今日，其将得入于正道乎？自来所图，罔不求为近代国家，其不求为近代国家者，盖唯十三年改组后之吾党。民族自救运动至此，乃有大进于昔者，知注意于经济而于此求自救之方，一也；知欧化不必良，欧人不足法，不为资本主义，不为近代国家，二也。虽误于共产党，以其斗争之道行于中国，所毁伤者至大，为可深痛，然今既清共，成事不说；更幸统一已就，自今以往唯当事和平建设。于此，则《建国大纲》及总理遗教之所诏示于吾人者具在，国人固可知所事。抑近年来国人之知留意乎乡村问题亦既成为普通的觉悟。于政府则山西村政倡之最早，最近中央提挈督导，各省继起图之者先后多有。虽事属草创，难得其道，而此种信念则已造成。于教育界，则群悟往者袭用欧美教育制度之无当国情。而乡村教育之极当特别致意乃为一时识者主张所同。若乡村小学教育，若乡村民众教育务求接近适合于吾之乡村社会，而因以谋其改造。于是乡村改进之巨大问题教育家乃有举以自任之势。南京之晓庄学校倡导于前，南北各省闻风兴起。而中华职业教育社之于昆山，平民教育促进会之于定县，皆舍其往者之艺徒教育或识字运动，进而为乡村改进运动焉。是不可征人心之所同趋乎！

本院秉承本省省政府委员会议决案以成立，分设农村组织训练部、农村师范部两部。农村组织训练部盖根据本党政纲改良农村组织增进农民生活之条，及总理遗教地方自治之政治组织同时并为一经济组织之旨，以从事农村组织之研究及其实习训练。农村师范部盖本诸教育界所公认乡村教育必当特别致意之旨，以从事乡村教育之研究与训练。至若农业改良之试验研究，自亦属分内应行致力之点；故并附办农业教育及其推广。方今大局粗定，地方未尽得安，乡村自卫问题亦不能不加之意。考之浙江省立地方自治专修学校，于其全部课程二十单位中，军事训练居其五。盖亦本诸总理遗教，地方自治之实行，应办警卫之旨。本院课程因各部学生并有此项训练。事当创立之初，爰述其旨趣如此，唯海内贤达其辱教之。

《村治》1 卷 9 期，1929 年 11 月 15 日。

河南村治学院组织大纲

编者按，村治学术思想之阐发，与村治实施人才之储育，已成今日训政建设之根本要求，河南省政府为适应此种要求起见，特于辉县苏门山之百泉创设一大规模之村治学院，缘事体重大，又属创举，特约请前在广东倡办乡治讲习所之梁漱溟先生担任主任教授，并指导筹备事宜，该院组织大纲及学则课程等项，皆梁先生本据创办学院之主要旨趣，及河南地方之实际需要，并本其研究民族文化问题及乡村自治问题之所得，与夫前在曹州高中重华学院及广州一中试行教育改革之经历，所悉心参酌而始拟订者，曾经该院筹备人员共同可决，印入该院一览，发表于世，以此项材料为今日训政时代各地所急需，特亟为转录，用供留心村治者之参考云。

大纲

第一条　本院为河南省政府设立，直隶于省政府，定名河南村治学院。

第二条　本院宗旨，在研究乡村自治，及一切乡村问题，并培养乡村自治及其他乡村服务人才，以期指导本省乡村自治之完成。

第三条　本院院址，经省政府指定，设于辉县苏门山之百泉。

第四条　本院设院长副院长各一人，由省政府任命之，院长主持全院院务，副院长襄助院长处理院务，院长不在院时，代理其职务。

第五条　本院设教务长总务长各一人，由院长聘任之，教务长商承院长副院长，掌理教务事宜，总务长商承院长副院长，掌理其他一切事宜。

第六条　本院置院务办公处，为全院中枢办事机关，以副院长教务长总务长合组之，督导事务人员分下列各股办事。

一，教务股

二，注册股

三，文书股

四，会计股

五，庶务股

办公处共用事务员八人，书记二人，由院长委任之，承命办事，其办事细则另订之。

第七条　本院教学，分农村组织训练部、农村师范部二部，并附办村长训练部、农林警察训练部、农业实习部等部，其学则另定之。

前项附办各部，得由院务会议之议决，呈准省政府，增置或减设之。

第八条　本院教学各部，置主任各一人，会同各学科教员，分任指导各该部学生作业事宜，各部作业课程另订之。

第九条　本院置农场，一部为农业改良试验，一部为经济经营，并附办农家副业，设主任一人，技师二人，均由院长聘任之，主任商承院长副院长，掌理全场场务，技师承主任委托，分任技术事宜，并协助主任分理场务，农业实习部实习生，随同主任各技师实习技术，并承命办理场中杂务，场内组织章程及办事细则另订之。

农场主任各技师均兼本院教员，负指导学生作业之责。

第十条　本院置图书馆，设主任一人，由院长聘任之，主管本院图书事宜，助理员二人，由院长委任，承主任命，助理馆中事务，其办事及阅览等规程另订之。

第十一条　本院置医院，设主任一人，又中医师一人，由院长聘任之，主管本院及院外左近乡村医药卫生事宜，助手看护各一人，由院长委任之，承主任命，办理医院各事。

第十二条　本院为商讨院务，特设院务会议，为院长副院长咨询机关，以院长副院长教务长总务长各部主任农场主任图书馆主任医院主任及院长特约之教员一人至三人组织之，其会议规程另订之。

第十三条　本院院务办公处，为商决事务促进事务进行，得召集事务会议，其与议人员，除本处各事务员例当列席外，余由办公处指定通知之。

第十四条　农村组织训练部，关于应办社会调查，巡回讲演，及各种乡村事业之改进运动，由部主任各教员及学生成立本部指导作业室，分股办事，其组织及办事等章则，由该部提出，经院务会议订定之。

第十五条　农村师范部，在本院左近乡村应办之试验小学，及教育推广等事项，由部主任各教员及学生成立本部指导作业室，分股办事，其组织及办事等章则，由该部提出，经院务会议订定之。

第十六条　村长训练部农林警察训练部，于十四条十五条之乡村社会活动，有应参加者，由各该部主任会商农村组织训练部农村师范部各主任，指导学生会合办理一同进行，不另立组织。

第十七条　农村组织训练部，农村师范部，为商讨各该部作业进行，及各项设计，得由主任召集各该部务会议，由各该部主任教员及主任所特约之人员组织，其会议规程另订之。

第十八条　本组织大纲如有未尽事宜，得经院务会议议决，呈请省政府修改之。

第十九条　本组织大纲，自河南省政府批准公布之日施行。

学则及课程

第一章　部别班级

第一条　本院依组织大纲第七条之规定，分设农村组织训练部，农村师范部二部，附设村长训练部，农林警察训练部，农业实习部三部。

第二条　农村组织训练部，农村师范部，各分设正班及速成班，正班各以修满二年为结业期限，速成班各以修满一年为结业期限。（一）

第三条　村长训练部，以修满六个月为结业期限，农林警察训练部，以修满一年为结业期限，农林实习部，不定期结业，但至低限度，不得少于三年。（二）

第四条　各部学生，除农业实习生外，均以三十名为一班，于入学时编定其班级。

［说明］（一）本院不在部订学制系统之内，于一般学校班级教学之制度，正宜不再沿用，第除农业实习生外，其余以应事实需要，不能不采定期一齐结业办法，遂使资力敏给之学生，不能不为年级所限，又以结业期促，应行修习之学科颇多，虽于一一从容自求，间有须成班讲授者，此亦不获打破班级制之一因也。（二）农业实习生既不定期结业，而又限以至低三年者，因农业生产，每限于自然节候，其技术实习，或有一年只得一度者，故不得更少于三年也。

第二章　入学及试学

第五条　本院除农业实习部外，各部均定为春季始业，每年先于冬季订期举行入学试验，其报名手续，试验科目等项，在期前一个月内宣布之。（一）

第六条　农村组织训练部正班速成班，均以高级中学毕业或具同等学力者，经级院录取，为入学资格，农村师范部速成班之入学资格同前，其正班以初级中学毕业，或具同等学力者，经本院录取，为入学资格。（二）

第七条　村长训练部，以本省各校现任村长，或曾任村长，名誉良好者，由指定各县保送，经本院录取，为入学资格，其保送及甄录办法，于入学期前两个月订定，并宣布之。

第八条　农林警察训练部，以后期小学毕业，或具同等学力者，经本院录取，为入学资格。

第九条　农业实习部实习生，不限定入学资格，凡年力足任农场工作，自粗识文字以上，讫于各种农业学校毕业者，经本院农场主任面试合格后，得院长之许可随时入场实习。

第十条　本院得应外间请求，酌收外省自备资斧前来附学者，不限资格，亦无结业，经院长副院长得教务长同意而许可入学。其名额不得逾本院现有学生十二分之一。

第十一条　农村组织训练部农村师范部学生，均定以入学初三个月为试学期，本院于此期间，得就其资性体质思想行为。加以甄别而去留之。（三）

第十二条　农业实习生，定以入学初一个月为试学期，农场主任得视其能耐劳作与否而去留之。

［说明］（一）本院第一届招生，适在冬季，其入学自必以春季为始业，而又限于经费及院舍，暑后不能续行招生，则第二届必仍在冬季，以此推沿，故即为春季始业之规定，以后有扩充机会，或行之不便，当由院务会议更订之。（二）本院于入学资格，当注意学力程度，不注意学历。以各地学校程度不齐，而一校之中，各人程度，亦的差殊，学历上某等级学校毕业之云，实不足据也，又本院于学力程度，悬格亦不高，而颇须年龄等条件，不为某级学校毕业之限制，亦意在广收不同学历之学生，年龄等条件，在推想上似年龄过低，稍于乡村服务不宜，但究竟如何，尚觉难言，故于此不为规定，留待每届招生简章中，订定之。（三）本院期在培养实地服务人才，故于学生之资性体质思想行为，不能不加意，而一度之入学试验，又未足以知其如何，故特设为试学期之规定，唯村长训练部，肄业期短，农林警察训练部，服务较易，均不适用此项办法，故无其规定。

第十三条　本院学生除前第十条所规定外省附学者外，一律由院供给膳宿，并每年发给单棉制服各一套。理发沐浴亦由本院设备。

第十四条   本院教学注重讨论研究及实习，其各科间有提纲目等，由院编印发给，不征讲义费外，所有参考书籍笔墨纸张等，概归学生自备。

第十五条   农村组织训练部、农村师范部、村长训练部，各学生修业期满，经本院准予结业者，结业后由本院呈请省政府分派各地方或发交各本县服务。其农林警察部结业学生，酌留本院，余由本院分派或介绍各处服务。各结业学生服务情形，每月须向本院作详细报告，以便考验其成绩而为之指导。

第十六条   本院期在培养地方服务人才，凡学生结业必须具有解决乡村各种问题之知识能力，及勤劳奋勉之精神，乃副初旨，其有修业期满而不足以副此者，本院得缓予结业，或不予分派服务。

第十七条   本院结业学生经分派服务后，如有自行他就者，应追偿其修业期间膳宿服装各费。

第十八条   本院学生未经结业，中途自请退学者，或因重大过犯开除学籍者，应追偿其修业期内膳宿服装各费。

第十九条   农业实习生以农业技术实习有成，经本院农场主任认许者为结业，结业后愿在本院服务者，量给薪资，自愿他就者亦听。农业实习生入场满一年未经结业，而农场主任认为工作成绩优良者，亦得酌给津贴。

第四章   院内公共生活秩序

第二十条   本院教职员除不在院内食宿者外，本院学生除农业实习生外，均应遵守本院所厘订公共生活秩序。（一）

第二十一条   本院以每年一月十日为开学始业期，十二月三十日为学生结业期，在此期间内，公共生活秩序每日均须遵行，概无寒暑假期及其他一切例假之规定，但遇国庆日或其他纪念日，仍应举行纪念仪式，由院务办公处先期公告。（二）

第二十二条　每日生活依昼作夜息，分为二大段，自早五时起迄晚八时五十分止，为昼作段。晚八时五十分以后，至翌早五时为夜息段。届昼作段鸣钟起床，届夜息段鸣钟休息，不得后时。前项起床休息之规定，于每年一月二月及十一月十二月四个月内，均各延迟一时，即以早六时鸣钟起床，晚九时五十分鸣钟休息。

第二十三条　起床后二十分钟为盥漱时间，随即在礼堂举行朝会，鸣钟齐集，不得后时。朝会规定三十分钟，自院长以次各教职员，有诰诫勖勉于同人及学生者，于此致词，院务办公处及各部馆院，有应提示或报告于众者，于此致词。时间不足，得延长之。

第二十四条　朝会后在体育场集众，习健身拳术三十分钟。教职员有不愿参列，得预先声明。既经参列，应逐日到场。学生一律学习，不得有异。朝会延长时，即停习拳术一日。

第二十五条　习拳后二十分钟在食堂朝餐。午餐应定在正午十二时至一时之间。晚餐应定在晚五时至六时之间。凡本院职员均须与学生同席共食，教员得听其便。

第二十六条　自朝餐迄午餐，自午餐迄晚餐，应各划定三小时，自晚餐迄夜息应划定两小时，计共八小时，为主任或教员指导学生作业时间。由教务长会商各部主任，依第六章课程之规定，编制各该部功课表公表之。

第二十七条　每日晚餐后，以二十分钟为院内各庭舍洒扫清洁时间，划分区域，配定学生人数，同时行之。

第二十八条　每日晚间作业之余，夜息之前，由各部主任指导学生各作日记，并为阅订，于次日写作日记前发还之。

第二十九条　自早起迄夜息，应有一日公共生活时序表，由院务会议依据二十二条迄二十八条各规定，视节候所宜，教学所便，排定钟点公表之。

第三十条　自院长以次各教职员，有因病因事于公共生活秩序不能遵行，或于功课表排定功课缺席者，应于事前向院务办公处声明请假。

第三十一条　各部学生有因病因事于公共生活秩序不能遵行，或于功课表排定功课缺席者，应于事前向各该部主任请假，但必以下列条件为限。

一、因病者须先经医院主任或中医师诊断，认为有假息之必要。二、因事者须亲丧等特别事故，经该部主任讯问明白后之认许。

［说明］（一）农业实习生须住居农场，离院较远，又因农事忙闲不时，自难与各部学生同其秩序。（二）一般学校之寒暑假期星期例假，实为沿袭西洋人生活习惯，在教育上初无何等意义，识者固已议之。本院在养成乡村人才，于此不合农业社会之习惯应予矫正。又结业期促，亟须爱惜时光，故决为废除之规定。

第五章　部主任制

第三十二条　本院以各部主任负教育中心责任，依组织大纲第八条之规定，置农村组织训练部主任，农村师范部主任，村长训练部主任，农林警察训练部主任各一人。（一）于必要时，经院务会议议决，于部主任下增置班主任，辅助部主任执行其职务。

第三十三条　各部主任对于各该部学生之身心各方面活动，皆负有指导照管之责。凡学生精神之陶铸、学识之培益、身体之保育锻炼等，固自有学科课程分别作业、分别训练，但必得部主任之指导照管为中心乃有所系属。

第三十四条　各部主任应与各该部学生同起居共饮食，除学生课业别有教员指导，不定须参加外，皆以时常相聚处为原则。

第三十五条　各部主任对于学生之教导要能事事以身作则，人格感化之。（二）

第三十六条　各部主任对于各该部学生之性情资质思想习惯家庭环境等，须时加体察而了解之，以为设计施教之所资。又依第二十八条之规定，部主任应逐日查阅学生日记而批改之。（三）

第三十七条　各部主任对于各该部课程之订定、科目之增损、教材之选择，及教学之方法、教育上之设备等，得提出意见或计划于教务长，转送院务会议，筹议进行。其问题较小，或不涉变更成案者，得随时召开各该部部务会议商决之。

第三十八条　各部主任指导学生在本院许可范围内，成立各该部学生自治团，进行自治。凡经本院划归该部自行办理之教务庶务卫生等事，及指定之该部指导作业室、宿舍庭除等，均得在各该部主任指导监督之下自行料理之。

第三十九条　本院于学生学行成绩，第于平时考核之，不举行何种定期书面试验，统称学行成绩。亦不设为学业操行之分别，其考核之总评定，以各该部主任所评定者占半数，以各学科教员所评定之汇合平均数占半数。

第四十条　前第十一条规定农村组织训练部、农村师范部学生，以初入学三个月为试学期，于此期间，本院得就其资性体质思想行为加以甄别而去留之。其甄别方法以各该部主任所具评定报告，经院长副院长参取各教员意见覆核而定之。

［说明］（一）现在一般学校类为偏于知识一面的教育，久为世病。本院在造就乡村实地服务人才，苟不能陶铸其吃苦耐劳、奋勇牺牲而又和平谦抑之精神，而一沿时弊，其贻害于社会者将更大于寻常，又不独不足以解决乡村问题已也。此种精神陶铸非以人格感化，而遇事为剀切之指导不为功。近年广东省立第一中学校实行班主任制，颇能发生师生间真实关系，增进教育效率。又闻民国八年山西省立国民师范学校亦曾有类此之制度，甚著成绩。本院今仿其意。（二）据广东第一中学各班主任任事一年后，其所心得之点即最忌空说好话，苟犯此病则一切失败，惟有躬自厚而薄责于人，所以自勉者切，而愿与人共勉之，庶可以成功。（三）据广州第一中学班主任制试验之结果，逐日批阅学生日记，为极有关系之一点。班主任于此可增进其对于学生之了解，而因宜指导之。学生于此可时有自己身心之省察注意，至于文思之显著进步又其余事也。

第六章　课程概要

第四十一条　本院教育以养成实际作事能力为主，所有各部课程概不出（一）各种实际问题之讨论研究及其实习试做；（二）为解决或应付实际问题所必要之知识技能之指授训练；（三）实际作事之精神陶炼。（一）

第四十二条　农村组织训练部之作业课程大别为五部如次：

甲，党义之研究　概括三民主义、建国大纲、建国方略及其他等目。

乙，乡村服务人才之精神陶炼。

丙，村民自卫之常识及技能之训练概括自卫问题、研究军事训练、拳术，及其他等目。

丁，农村经济方面之问题研究　概括经济学大意、农业经济信用、生产消费各项合作、簿记、社会调查及统计、农业常识及技术、农产制造、农家副业、水利、造林，及其他等目。

戊，农村政治方面之问题研究　概括政治学大意、现行法令、乡村自治组织地方自治、户籍、土地、公安、风俗改良、卫生、筑路，及其他等目。

第四十三条　农村师范部之作业课程大别为五部如次：

甲，党义之研究　概括三民主义、建国大纲、建国方略，及其他等目。

乙，乡村服务人才之精神陶炼。

丙，村民自卫之常识及技能之训练　概括自卫问题、研究军事训练、拳术，及其他等目。

丁，农村改进之研究　概括农村经济问题、农村自治问题、各项合作、簿记、农业改良、风俗改良，及其他等目。

戊，农村小学教育之问题研究　概括教育原理、教育心理、农村小学各科教材及教法、学校行政及组织、学校教育推广、乡村教育行政，及其他等目。

第四十四条　村长训练部之作业课程大别为五部如次：

甲，党义之研究　概括三民主义、建国大纲、建国方略，及其他等目。

乙，乡村服务人才之精神陶炼。

丙，村民自卫之常识及技能之训练　概括自卫问题、研究军事训练、拳术，及其他等目。

丁，农村经济方面之问题研究。

戊，农村政治方面之问题研究　概括农村自治组织、现行法令、户籍、土地、各项登记、公安、卫生、风俗改良，及其他等目。

第四十五条　农林警察训练部之作业课程大别为五部如次：

甲，党义之研究　概括三民主义、建国大纲、建国方略，及其他等目。

乙，乡村服务人才之精神陶炼。

丙，村民自卫之常识及技能之训练　概括自卫问题、研究军事训练、拳术，及其他等目。

丁，农林知识及技能之训练　概括农艺、森林、园艺、畜产、兽医、蚕桑、病虫害等学科之大意，及其他等目。

戊，农林事业保护方法之训练　概括关于农场林野之巡查管理警戒劝导等事项，又动植物病害之预防扑灭等技术，及其他等目。

第四十六条　依前第二十六条之规定，每日午前午后晚间三段共八小时为作业时间。又二十一条之规定，无星期例假，每周以七日计，应共得作业时间五十六小时。

前项规定之作业时间，凡课程中之讨论研究，讲授阅读参考书籍、军事训练、野外操演、农事实习、参观旅行、小学试验、乡村调查，及一切乡村活动等皆属之。

第四十七条　农村组织训练部作业课程之五部，其作业时间在每周中之分配如次：

甲部　约占三小时　　乙部　约占三小时

丙部　约占十一小时　丁部　约占二十四小时

戊部　约占十五小时

第四十八条　农村师范部作业课程之五部，其作业时间在每周中之分配如次：

甲部　约占三小时　乙部　约占三小时

丙部　约占十一小时　丁部　约占十一小时

戊部　约占二十八小时

第四十九条　村长训练部作业课程之五部，其作业时间在每周中之分配如次：

甲部　约占三小时　乙部　约占六小时

丙部　约占十一小时　丁部　约占十八小时

戊部　约占十八小时

第五十条　农林警察训练部作业课程之五部，其作业时间在每周中之分配如次：

甲部　约占三小时　乙部　约占六小时

丙部　约占十一小时　丁部　约占二十小时

戊部　约占十六小时

第五十一条　各部作业类须有较长时间，甚或有不能拘定时期者，课表第就午前午后晚间三段，或其半段，配定功课，除极少数之课目外，皆不以一小时为单位。前列各条，每周占若干小时之云，但为约计之概数。（二）

第五十二条　依本院组织大纲第十四条第十五条之规定，各部主任及教员学生，应成立各该部指导作业室，依院务办公处公表之各该部课表，指导学生作业。

第五十三条　各教员指导学生作业时，得约请其他教员或该部主任，一同参予之，于必要时，并得于课表规定其参加。

［说明］（一）一般学校类偏于知识一面的教育，固为世病，而尤是病者，以讲授注入为方法，即知识亦不能真得是也，又晚世科学发达，科目愈分愈繁，炫夺耳目，而实皆出于一事物上所为多

方面之研究，各别讲习，尤有隔碍不通支离破碎之病，故学生自动之说，打破学科界限之说，遂为识者所许，而有教学做令一设计教学法，综合教学法之各种提倡，本院以造就实地服务人才为期，不能不从实际问题之具体研究入手，以开发学生应付环境解决问题之能力，而所有课程皆为综括数部之规定，亦即此意，其或有当于时贤之所倡导，然固非浮慕时下风气也。（二）大抵讨论研究实习试作之课目，最好能自由运用其时间，其讲授训练之课目，则不妨划为一小时行之，甚或半小时亦可，一日之间以三段或其半段配定功课。（三）讨论研究实习实做之课目，皆宜于部主任或其他教员之参合指导。

《村治》1 卷 10 期，1929 年 12 月 15 日。

主编本刊（《村治》）之自白

我今执笔将与读者诸君在本刊相见了；那么，我想先要有一段的自白。这段自白可分四小节来说，其目如次：

一、我是怎样一个人？

二、过去几年的烦闷，产生今日的主张。

三、最近努力所在，和主编本刊的由来。

四、我对国民党的态度。

一　我是怎样一个人？

我是怎样一个人？知道者自是知道；不知道者慢慢地亦总会知道；这似乎原不必提出向大家告白。其如社会上相识与不相识的朋友，都容易对我有一种误解；尤其是爱我而关心我的行止的朋友，因不了解我，而替我可惜或担心。那么，就颇有向大家剖说两句的必要了。

大家误解我什么？这就是误认我是一个学者，甚或说是什么"哲学家""佛学家""国学家"……这真实于两面都不合适：一面固然糟蹋了学者以及国学家；一面亦埋没了我简单纯粹的本来面目。我原是个不学的人，更且从来不存求为学者之一念。十数年来，虽亦屡任大学讲席，亦屡有著述出版，都是误打误撞出来的；自家亦莫名其妙。在民国十年第一次出版的《东西文化及其哲学》自序上，我曾申白：

在别人总以为我是好谈学问，总以为我是在这里著书立说，其实在我并不好谈学问，并没有在这里著书立说；我只是说我想要说的话。我这个人本来很笨，很呆，对于事情总爱靠实，总好认真。就从这沾滞的脾气，而有这本东西出来。我自从会用心思的年龄起，就爱寻求一条准道理，最怕听"无可无不可"这句话。所以对于事事都自己有一点主见，而自己的生活行事都牢牢把定一条意义去走。因其如此，我虽不讲学问，却是眼睛看到的，耳朵听到的，都被我收来，加过一番心思，成了自己的思想。自己愈认真，从外面收来的东西就愈多；思想就一步一步地变。愈收愈多，愈来愈变：就成功今天这样子。我自始不知道什么叫哲学，而要去讲他；是待我这样做过后，旁人告诉我说："你讲的这是哲学"，然后我才晓得。我思想的变迁，我很愿意说出来，给大家听。不过此次来不及，打算到明年三十岁，作一篇《三十自述》再去说。此刻先把变迁到现在的这一步，发表出来，就是这本书。我要作我自己的生活，我自己的性情不许我没有为我生活作主的思想。有了思想，就喜欢对人家讲；寻得一个生活，就愿意亦把他贡献给旁人。这便是我不要谈学问而结果谈到学问；我不是著书立说，而是说我想要说的话的缘故。

又在民国十五年春上，着手写《人心与人生》一书时，先写得一篇自序，亦复有类此的申白：

……明白这一层，则知我虽然初不曾有意要讲心理学，而到现在没有法子避心理学而不谈，虽然西文程度太差，科学知识太差，因而于现代学术几无所知，原无在现代学术界来说话的能力；而心难自昧，理不容屈，逼处此际，因不甘从默谢短也。《人心与人生》之所为作，凡以此而已！①

　　谈学问，在我只是不得已，非有是心。以妄谈学问之故而被人目为学者，在我只是欲逃不得；亦不过是人家呼我为牛，则牛应之，呼我为马，则马应之而已耳！区区之志固不在此。乃社会上爱我的朋友，见我近年行事似在做一种社会运动或政治活动，多有疑讶我抛开学者生涯而别取途径，担心我将卷入浊流者。亦有认此种运动必无结果，劝我不如研究学问者。更有几位有心人，认我往者从人生思想上指导社会，是根本重要的事业；乃若现在所用心的乡治或村治之事则尽可有旁的人能作，而无须乎我来作；都劝我不要轻弃自己的责任。表示这类意思的信件我接得很多，其中尽有全未谋面的。至于当面见教、问我为什么忽然改行的，更随处都遇着。于此，我倒想起我的一位知己了；——那就是胡适之先生。民国六年我游湘目睹南北战争之祸，归来便发表一篇《吾曹不出如苍生何》的文章，印成小册子到处分送散布，② 其时我在北大任课未久；适之先生亦是初从美国回来到北大。我这篇文章很得他的同情与注意。其后，事隔数年，他还提起来说，当日见了那篇文以后，即在日记上记了一句话：梁先生这个人将来定会要革命的。善哉！善哉！适之先生其知我乎！做社会运动自是我的本色，大家实无所用其疑讶。

　　更往上追述去，则民国元年我且曾一度热心社会主义，达于高潮。当时我亦作了一种《社会主义粹言》的小册子，无钱付印，从朋友处借得誊写板，自己写、自己印。印了几十份分送朋友。③

---

　　① 此时《人心与人生》一书尚未出版，仅十六年春为北京学术讲演会讲过三个月，约得原书之半。此序曾一度刊登在《晨报》副刊。后又作为附录收入《东西文化及其哲学》一书。

　　② 《吾曹不出如苍生何》一文很可以代表出我在时事感触中的心理是如何；而十二年前我的思想见解亦于此可征。——那时节盖犹在梦想欧洲近代政治制度在中国之实现也。

　　③ 《社会主义粹言》稿已不存，忆似共分七章。民国十二年游曹州，为第六中学讲演，曾述及其中"社会主义之必要"一章的大意。六中学生崔君万秋为我笔记，标题曰《槐坛讲演之一段》，初载于六中的刊物上，后载于《北京大学日刊》。

我二十岁以后之归心佛法，实由此热潮激转而折入出世一路者。

更往前追述去，则清末光绪年间，我十四五讫十八九岁，在中学堂读书时，专爱留心时事，天天讨论我们应该"革命或立宪"的问题。始而我是倾向立宪论的，后来亦跟着朋友跑革命了。辛亥年我们组织所谓京津同盟会，亦闹了些手枪炸弹的把戏。民国以后，我在家奉亲，闭户读佛书，似乎是不问时事了。然而心里仍抛不下。我前于辑印先父遗书时，作有《思亲记》一篇，其中有一段，很可见当时情形。

 ……公尤好与儿辈共语，恣之言、一无禁。吾兄既早就外傅，及长又出国游。两妹则女儿稚弱。健言者惟漱溟。公固关怀国家，溟亦好论时事。于是所语者十九在大局政治新旧风教之间。始在光宣间，父子并嗜读新会梁氏书，溟日手《新民丛报》著《国风报》一本，肆为议论，顾皆能得公旨。洎入民国，渐以生乖：公厌薄党人，而溟故袒之；公痛嫉议员并疑其制度，而溟力护国会。语必致近，诸类于是，不可枚举。时局多事，倏忽日变，则亦日夕相争，每致公不欢而罢。然意不解，则旋复理前语；理前语，则又相争。当午或为之废食；入夜或致晏寝。既寝矣，或又就榻前语不休。其间词气暴慢，至于喧声达户外者有之。悖逆无人子礼。呜呼！痛已！儿子之罪不可赎矣！

此段原文，意在述我对已往悖逆的悔痛。然而父子两人的一副呆气亦活露出来。以闭户家居的父子两人，表面上似乎任你天翻地覆亦可不管的，乃偏偏对于国事或社会问题，辨之必明，争之必力，如此关切认真！凡是能从性情脾气上了解我的人，就可知道我今日之社会运动正是"题中应有之义"；而一向不过滥厕学者之林，原非"为学问而学问"者。

我实在没有旁的，我只是好发生问题；——尤其易从实际人事上感触发生问题。有问题，就要用心思；用心思，就有自己的主见；有主见，就从而有行动发出来。外人看我像是在谈学问，其实我不过好用心思来解决我的问题而已；志不在学问也。我一向之谈哲学，谈心理学，始终是此态度；今日所谈又涉及政治与经济，仍不外此。用心思或云谈学问，只居其中的一段落，归结还在行动；来自实际固不归于实际不止也。追根寻源，全在有问题，全在问题之实际性。

二　过去几年的烦闷产生今日的主张

问题之来，要我如何能不问呢？眼前没有路走，逼到你讨一个解决，你能装聋作哑么？十年前（民国七八年间）我的心思不能不萦回在东西文化问题上，而沉思不解，必得解决而后已，只是如此。今日不能不沉思在这中国民族前途问题上，犹是如此。东西文化问题是怎样逼着中国人讨个解决，还待我在《东西文化及其哲学》的绪论中指点讲明；至于这民族前途问题之在今日，似乎无待我再讲明了罢。因为那文化问题，要抽象些，或难理会得，而此则眼前实际的水深火热之苦，数十年转陷益深，茫无涯岸，不早令人心焦了么！

"中国还会好，不会好？""中国怎样才能好？"差不多人人都会这样发问了。然而世上亦正不少作梦发呆的人，在不可望的地方抱希望，仿佛没有什么问题似的。即我自谓爱发现问题的人，其始亦何尝不作梦发呆。盖问题所在的认取，固未易言；而不知问题所在者往往容易谓无问题也。我在民国十年讲演《东西文化及其哲学》时，即尚不曾发现今日的问题。那时模糊肯定中国民族尽有他的前途，在政治和社会的改造上，物质的增进上，大致要如西洋近代或其未来模样；便是原书所谓"对西洋文化全盘承受"的一句话了。于如何能走上西洋近代政治制度的路则亦未之深思；产业如何得发达，分配问题如何解决，总觉此诚费研究，而政治果有路走，这些总不会没有办法。"假以时日，自然都有解决的一天"；由今思之，这不是作梦发呆是什么？十一年以后，方渐渐对于一向顺受无阻的西洋政治理路怀疑起来，觉得"这样办法恐怕不行"。固然，西洋近代政治制度在西洋人或中国人尽不少提出批评修正的，尤以欧战后为著；却并不与我心中疑点相应。我所疑在其根本；我不是在大体承认之下，指摘其弊病缺短，欲为之补充修改。我已不认中国人不能运用西洋政治制度是一时的现象。我疑心中国人之与近代政治制度怕是两个永远不会相联属的东西！

谁若没有梦想过西洋政治制度在中国的仿行实现，则他不注意这仿行的困难，实现的无望，自无足怪。然而我是做过这迷梦来的；十数年间，眼看着事实上是怎样的格格不入，愈去愈远；如何能轻易放过而不深求其所以然？于是，我就于旁人不留意的地方，发现了中国民族精神和西洋政治制度间的大刺谬点。① 固然，西洋近代政治制度在中国不能仿行成功，亦是因许多客观条件的缺乏或不合。然而那都不是根本的窒碍，无可设法的困难。唯独这中国古代文化之迈越西洋近代文化之处，涵育得中国民族一种较高精神，则是没办法的所在；——中国人将不能不别求其政治的途径。然则中国人将走一种什么途径呢？别求途径、能不能求得到呢？或问说：中国人其将怎样建设他的国家？其将怎样度他民族团体的生活？我又想不出。从此以后，便陷入怀疑烦闷之中！

我真是百般想，亦想不出一条道。假使中国到现在依然闭关自守，初未曾感受西来的势力影响，那大概数千年的旧辙是不会改换的；根本不发生今日的问题。其如人类的历史演化到这一步，使中国人一些逃免隐蔽不得。于是，这非开辟新途辙不可的形势，就逼来了。虽然即在感受西来影响已八十年的今天，皇帝的再出现，从种种情势上看，犹是颇有可能的；然而毕竟不行了。一切旧日迷信

---

① 此层将在《我们政治上第一个不通的路——欧洲近代民主政治的路》（见全集第五卷）一文中言之。

传说观念习惯等，在稍有知识的人已失坠毁丧无遗；同时其否认的心理却已很强地显露在意识上。——这就筑起了一大墙壁，使我们无法返回旧辙。"时代潮流所不许"，大家差不多皆会说这句话。语其内容，就是现时社会上自有其强有力的倾向，而这种倾向（帝制再兴）则殊微弱，又且背逆着那有力的倾向。社会虽是多数人构成的，而说到这"有力的倾向"则恒视乎其间少数有力分子。——此于中国这样的社会为尤然。孰为有力分子？就是较有头脑较有知识的人，和较有勇气较爱活动的人。虽然占百分之八十多的蚩蚩农工，大都厌嫉民国而想望真龙天子，却不能在社会上形成一个较强的倾向。反而由少数最先感受西来影响的有力分子，对皇帝制度的否认，断绝了帝制再兴的命运。十几年的扰乱不定，就是指示旧辙的已经脱失，新轨的未立。

新轨之不得安立、实与旧辙之不能返归，同其困难；而世人不知也。旧辙之所以不能返归，其难在少数有力分子意识上明白的积极的否认他；新轨之所以不得安立，其难乃由吾民族（兼括有力无力分子）不明露在意识上的消极的不予承认接受。多数无力分子，从其数千年迷信和习惯，对于新制度无了解不接受，这是容易知道的；而其不接受实更有在迷信与习惯之外者，则人多不留意。少数有力分子固明明为新制度之要求者，而在其意识后背隐暗处同时复为其拒却者，人尤不留意。故十数年政局之纷扰，政象之浊糟，未尝不指示我们新轨辙之消极的不被接受；而昧昧焉期望"民主"期望"法治"者，至今犹盈天下也。然而吾知其事之不可能矣！

中国人现下就夹在这有意识地否认旧辙，无意识地不接受新轨的当间。而更有难者，有意识的一面代表西来的时代精神；无意识一面代表民族固有精神；二者有无可以融通之道，固已不可知；犹且是我们似乎照顾了精神，还应须照顾到事实，——如何应付现在脚下所践处的环境世界。世界是国际资本帝国主义竞争侵略的世界；我们本身是一个为其侵略下的生产技术简拙，文化老衰的民族。不但要照顾到现在事实，似乎还应须照顾到未来变化；因为现在的这世界局面又是不能长久的，其将转变出一新局似有不容己之势。于是我们更须于此时准备着变化，含容了未来，庶乎其可。那么，这个问题就真难了！本来人类历史走到了如今日的世界可算奇诡难艰，猛烈复杂前所未有。可说整个的世界都在问题中。而中国人此日所遭际的难题，不但是他有史以来未曾遭过，而且并世中别的民族亦不曾有可比例的呢！天似乎在试验中国人能不能解答这个难题；中国人似乎很少有人能看到这个难题；我则看到，而愁闷不知所出。

在我发闷的期间，南方一种新兴的民族自救运动开始了——这就是十三年的国民党容共改组。我于这新运动的开始，虽经当时加入国民党的共产党领袖李守常先生从广东回来对我谈他们与国民党合作的意义颇详。（据他所谈，法国式的革命在中国尚未完成，因而俄国式的革命尚不到时机。他们已放弃了暴力革命劳农专政的主张，而从事于国民革命，争求国民的政治自由，如集会结社罢工等自由，以为发达工人组织的地步。并说他们劝孙先生不要一味在军事上用力，亲自打东江，而应当到内地各省作一种国民运动。这所说似乎与他们后来的行动方向不符。然在当时确乎是真的。1923年《前锋》是他们机关刊物，其中陈独秀的《中国国民革命与社会各阶级》一文发表的意思即如此）。然不久，我到山东曹州办学去了，守常亦出国赴欧，消息遂隔。迨十四年广东局面渐次统一，而党的特殊精神亦分外著露；许多朋友身预其间的，都盼望我南去。我于此时才知注意，而似不无怀疑——或者至少是无解于我的烦闷。他们召唤之不已，至于督责备致；——陈真如先生，张难先先生来信尤多。他们说我不应该关起房门，高谈哲学。盖其时方以曹州办学失败回北京，谢绝各方邀聘，与一班青年朋友闭户共读。然在我怎能去呢？自己胸中犹疑烦闷无主张，要我跟他们一齐干，还不甘心；要我劝他们莫干，更无此决断与勇气；则去又何用？却是在大局沉闷阴霾之中，忽睹此一点阳光朝气，自足使我们同情和注意。求着了解他的心是很切的。于是就从我们朋友中分出三个人——王平叔，黄艮庸，徐名鸿，——去广东见识见识，历练历练；我自己则未去。

到十五年北伐，这种新兴运动到达长江；全国震动，青年界尤为兴奋。我亦于九月南下，想到武汉会见我那朋友；——原在广东的朋友陈真如先生（铭枢）率师为到武汉的先锋队；而且新去广东那两个朋友亦随师北伐一路到了武汉。但结果则我未曾到武汉，只到了上海南京。——这就可以看出我自己之一面心焦，一面又没定见，没主张了。在上海却无意中看到国家主义派领袖曾慕韩先生。那天恰好是双十节，他们用浅红纸印刷的《醒狮》上面，发表有他们的"建国大纲"（原文标题记不清，其意若此）若干条。曾先生对我谈话甚多，一面批评国民党，一面说明他们的主张。但他虽说得天花乱坠，一样的无解于我的烦闷。换言之，我心目中的问题他们都没有。

我旋即回到北京；而以时局之变——武汉反蒋，陈先生原是卫戍武汉的，现在站不住了，——我那两朋友王平叔、黄艮庸，于十五年底十六年初，先后秘密离汉北来；于是我们复聚于北京。自他们十四年南去之后，常常要以到处所观察的报告于我。他们先在广州晤会我们的朋友李任潮（济深），伍庸伯（观淇），陈真如，张难先诸先生；旋即随同陈真如、白健生两位入湘（接洽唐生智）；又回转广州，又随师北伐，沿醴陵平江而到汀泗桥贺胜桥打吴佩孚，下武汉而卫戍武汉。每到一处，必有很多信来。这一次新鲜而剧烈的经验，当然给了他们很大变化。王平叔最先欣赏了共产党理论；徐名鸿遽尔入了共产党；只有黄艮庸不移不摇。他们彼此意见竟不能归一。这一则见出我们朋友的不切实不济事；一则见出我们的空洞没有成见。回京而后，师友重聚，更相切磋，乃各大大有所进；亦是离去空气紧张人心已呈异态的武汉，而回到宁静宽舒的北京家里——那时我们十多人住在北京西郊大有庄，所谓家里便是我们的朋友团体——顿然恢复得和平正常心理，正有不待切磋而各自觉悔者。而数年往来于胸中的民族前途问题，就此新经验后，从容省思，遂使积闷夙痗，不期而一旦开悟消释。

悟得了什么？并不曾悟得什么多少新鲜的。只是扫除了怀疑的云翳，透出了坦达的自信；于一向所怀疑而未能遽然否认者，现在断然地否认他了；于一向之所有见而未敢遽然自信者，现在断然地相信他了！否认了什么？否认了一切的西洋把戏，更不沾恋！相信了什么？相信了我们自有立国之道，更不虚怯！天下事，有时非敢于有所舍，必不能有所取；有时非有所取，亦每不敢有所舍。不能断然有所取舍，便是最大苦闷。于所舍者断然看破了；于所取者断然不予放过了；便有天清地宁，万事得理之观。——我们之所谓一旦开悟亦不过是如此罢了。

我们以前，何尝不自以为认识了西洋人，和西洋文化的一切；然于近代政治制度的西洋把戏毕竟不曾识得。后来觉察得彼此间的刺谬不合，则既否认之矣；似乎又何待今日而后乃否认西洋把戏？然实待共产党方启发了我们，对西洋人及其一切把戏的认识到最后一通透点；而后恍然，而后太息，西洋把戏之真不得而用之也！原来天下事理，先时都见得些，所差只争个透不透；谁人都会得些，所争只在咬得定咬不定。

你看：共产党的理论，多么值得玩味！有聪明有头脑的人如何不倾向他？共产党的要求，多么值得同情！青年人，有心肝的人如何不倾向他？他们活动起来，有的处奋迅发扬，有的处紧密结实；这又使青年人，有勇胆能干的人，多么逗劲而爽心快意的去干！当十二三年全国阴晦沉闷，最燥人不过的时候，如何不成了最应时的玩艺？革命总不成功，正没办法的国民党，如何能不跟着他走？（代表十三年改组后之国民党的，是国民党左派；国民党左派则是变相的共产党）十三年以来的革命潮流，便是这样由社会上有力分子所形成的有力倾向。然而自我们一度经历尝试过后，我们知其无能为矣！他与我们民族精神是大相刺谬的；有意识地倾向他之人，在其意识背后仍旧无意地拒却他；而以我们的精神实超迈于他之故，他将无成功之望。这有一个我们所信的大原则在，就是：凡高过我们固有精神的，便能替我们民族开新生机；若低下一些，便只益死机；在我们固不能由是开出新生命，即在他亦不能成功。我们所以敢于否认西洋政治制度者在此，所以敢于否认共产党的亦在此。我对于西洋近代政治制度，于迷信过多少年后，起了深重的怀疑；正在怀疑的当儿，来了共产党；自然不易再迷进去，而且存有多少怀疑的阴影。然而当那时期，谁能对这新兴的一股朝气不抱很大的期望之意和同情之心呢？迨这一层又透过来；则不独认识了共产党，实更深刻地认识了西洋人。——所认识的初无异于前，只是重新地更深刻地认出了而已。夫然后我才断然彻底地否认了一切西洋把戏，更不沾恋！

我们至此方才恍然，我们几十年愈弄愈不对的民族自救运动，都是为西洋把戏所骗（自是出于自家的迷惑颠倒，怪不得人）；殊不知西洋戏法，中国人是要不上来的。而同时在认识了西洋人的地方，亦就认识了自己，因而于所以自立之道亦就看出得差不多。所以自立之道，以前何曾不识得，只是信不及；现在所见益确，信之乃笃。更且是对于旁的方法道路断念了，则无复可以依违瞻顾者，而道路亦就有了。

本来在我们过去几年的怀疑烦闷中，亦不是没有一点正面的积极的自己所见；譬如民国十二年春间我在山东曹州中学的讲演，就已提出"农村立国"的话。这意思在我心里萌芽得颇早，然而这话则要算章行严先生说的。章先生因此而出任北京农大校长。唯至今不得闻其详（仅记得他在上海报上发表过文章，说中国是农业国，没有工商业，所以不能行代议制度而已）。当时王鸿一先生即大为注意，要去访问他，嘱我作函介绍，乃亦不曾会谈到。然我实没有鸿一先生那样积极热心。不但陈独秀先生警告我们说，这是小资产阶级欲在自己脑中改造社会的幻想，即我自己亦生怕是主观上的乌托邦，无用的长物，而不敢自信。所以十三年间，鸿一先生连合米迪刚先生创办《中华报》，请尹仲材先生为主笔，组织一研究部，要从这个意思讨论得一具体建国方案，我全不曾参加。① 不过有时鸿一先生拿他主张的，征问于我；我必尽情贡献我粗糙的感想意见而已。后来他们以讨论所得结果，出一本《建国刍言》；内容先谈原理，后提出一《中华民国治平大纲草案》。② 其中很有些伟异的识见与主张，——大纲上第一条规定了传贤民主国体，第二条规定了农村立国制，——我颇点头承认；然我总不敢信，就是这样便行。我总觉还有疑问，和应该顾虑到的许多问题，而放心不下。《建国刍言》出书时，鸿一先生要我作篇序文，我都做不出。十五年鸿一先生避居在东交民巷使馆界内，我们还时常见面谈这问题；他极力督促我作文章介绍他们的主张于社会。我曾发愤决要将我所赞成的意思表示一点，但依然做不出。可怜我原是在怀疑烦闷的时期中啊！不拿起笔来还好，拿起笔来运思，便疑从心上起，闷自胆边生，写不得几个字又搁下！③

然则究竟有些什么疑问？这些问题后来又怎样便得解决？问题自多的；如何解决下来，更就一言难尽了。这须待在本刊上慢慢一点一点向读者请教。现在姑举出其最大三问题：

一、鸿一先生的所谓"学治主义"，"传贤政体"，我相信得及那是中国民族将来政治上必由的途径；——或者就是世界上共由的途径亦说不定；然而非所论于今日，今日无论是从本身国内情势上看，或外面国际形势上看，全都不能行的。

二、我前曾说过，我们的难题，是一面须照顾得民族过去历

① 仿佛十七年尹先生的《村制学讲义》序文内，提到当日之事，亦将我名列入；实则中华报研究部的讨论会我没出席过一次。

② 《治平大纲》共十七条，每条于条文之前有一小题目；其目如次：民主传贤国体，农村立国制，村治纲目，县治与省治之实与事项，选贤与传贤，考绩制，中央行政，省行政，县行政，均田制度，因利的金融制度，公营的营业制度，工商制度，礼俗，军制，度支，附测。内容卤莽灭裂，在所不免，然亦自有难能可贵之处。

③ 鸿一先生实在是我们的急先锋。他能标揭主义；他能建立名词；他能草订制度。他每每说愿服从我的领导指挥；却是他总站在我前头！虽至今犹然。所以鸿一先生的言论，我是至今不敢替他全负责的。

史固有精神，一面还须应付眼前脚下所践处的环境世界，更一面要准备着世界的变迁，未来的文化。所谓"学治主义"所谓"农村立国"，或于固有精神，未来文化，不无相应；然而独何以处兹环境世界？易词以言之，这于对付今日国际资本帝国主义的侵略压迫，而谋其解脱，是恰不适宜的。

三、我不敢信鸿一先生他们几位从那主观的简单的理想，能解决中国的经济问题；而经济问题又是关系一切的重大问题。从这三大疑问发挥去，似乎足以否认了那些主张而有余。然而我是天性多信又多疑的人；既有所信，复有所疑，便反复深思，癙寐不去于怀，何能抛撇得？迨十五年底十六年初，（那两个朋友从武汉回来后）才大半都解决了。——其间第三问题，还要算迟至十六年秋住居广州新造细墟乡间时，才得完全解决。我今日主张的成熟，盖成熟于广东。

我所用"乡治"一名词的拈出，亦在广东时；何以不用"村治"呢？这自有些意思，将来总可谈到。彼时我与鸿一先生，一南一北，音讯不通；所以亦不得商榷。现在彼此各自用惯了，亦难改得；然这其间固没什么大计较的，所以我亦不妨从着北方朋友，就用"村治"字样。说到内容主张，则鸿一先生与我亦只是大体极相近，尚不曾归一。我在本刊所欲开陈的，自是我个人的主张。

三　我最近努力所在和主编本刊的由来

疑闷解决了，主意打定了，我便偕同王平叔、黄艮庸于十六年五月南游。先于上海会到陈真如先生。他特意陪我们到西湖南高峰上住得几日，为是好谈话。记得当时同谈的，还有熊十力先生，严立三先生（严重），张难先先生等。我们所怀的意思亦大体表露得一些。随即南去，到广州，晤会李任潮先生。——他那时以总参谋长代总司令留守后方。自民国九年底任潮先生离北京回粤，我们已六七年不见。我一见面，就问他，从他看现在中国顶要紧的事是什么？任潮先生原是"厚重少文"的一位朋友，向不多说话。他很迟重地回答我，"那最要紧是统一，建立得一有力政府"。他又慢慢地申说，从前广东是如何碎裂复杂，南路邓本殷，东江陈炯明，又是滇军杨希闵，又是桂军刘振（震）寰，以及湘军豫军等等，人民痛苦，一切事无法办得。待将他们分别打平消灭，广东统一起来，而后军令军制这才亦统一了；财政民政亦逐渐都收回到省里了；内部整理得有个样子，乃有力出师北伐。所以就这段经历而论，统一是最要紧的。现在的广东，实际上还有不十分统一之处，假使广东的统一更进步些，那我更可作些事。一省如是，全国亦复如是。我问他，怎样才得统一呢？他说，"我是军人；在我们军人而言，其责就要军人都拥护政府"。他更补说一句："这所谓政府自是党的政府，非个人的"。我冷然的说道："国家是不能统一的；党是没有前途的；凡你的希望都是做不到的"！他当下默然，许久不作声；神情间，似是不想请问所以然的样子。——我们的正经谈话就此终止。

我南游之意，实没有想去发布我的见解主张；因为那时还是十三年改组后的国民党正盛时代，岂容得异样言论？所以去时原就预备着闲居读书，慢慢等待时变，希望过一年半载或有我机会的到来。对任潮先生，因系旧日相知，不妨揭出心曲，然而亦太冒昧了。任潮先生完全是浑朴简重，实际用力作事的；他正一心不乱的相信"党"，如何听得入我这怪话？我在广州省城住得一周，即同艮庸到他乡间——离广州五十里水路，地名新造细墟——去歇暑。不期任潮先生竟于此期间，电请南京国民政府发表我为广东省政府委员。这殊非所科。我自顾不合时宜，万无轻就之理，当向恳辞，他亦就不勉强。①

自是以后，我常往来于省城和乡间；而以居乡与青年诸友共读

---

①　报纸多传我已就委员职，即广东省政府的布告曾一次列我名，实则我始终没有就职。

为多；十六年的后半年就是这样度过去了。亦就因居乡的原故，所以那年十二月间广州的赤色恐怖，幸得不罹于祸。十二月底，任潮先生由上海回来戡乱，他极盼我出乡来。他此时似乎有点回味我那初见他时所说的怪话了。我亦极愿乘机与他谈一谈；因此就住在他总部内。白天军务甚忙，每作夜谈；记得当时同谈者有刘栽甫先生。

我对任潮先生的谈话，大致是这样：中国在最近的未来，实际上将不能不是些分裂的小局面，每个小局面还都是大权集中在个人之手。此其所以然，是在超个人的"法"，或超个人的"党"都无从建造得起来（这在中国皆是绝对的造不起，非一时现象）；故尔政治上必然地落到这地步，而不可逃。在每个小局面中握有权力者，下焉的便为祸于地方，上焉的或能作些个建设事业，这都不是我期望于你的。我期望你能替中国民族在政治上、在经济上，开出一条路走来，方为最上。如何去替民族开这条路出来？则我之所谓乡治是已。

任潮先生表示接受我所期望于他的；他承认我可以在广东试办乡治。自是以后，我方始决心留粤，有时亦参预他政治的事情。

十七年春上，粤乱既定，任潮先生偕陈真如先生一同到南京去面蒋公。我特意地同他们一路到上海。因为他们在广州，一天军事政务宾客应酬太忙，不得较长时间谈成片段的话；只有这在船上的两天，没有什么外缘相扰，可以利用为我谈话的好机会。计在香港到上海的三天，我们每吃过早茶或午饭，便聚在客厅，围坐起来，由我讲说我积年之所研究的。我一边讲，真如先生便一边笔之于手册。当日同座者，李陈二公外，尚有朱骝先（家骅）先生、谢无量先生、孙希文先生等各位。

从南京回广州后，我代任潮先生担任广州政治分会建设委员会主席事。随在会中提出请开办乡治讲习所建议案，并试办计划大纲。在建委会通过后，送政治分会；政治分会议决转请中央核示。后来中央政治会议复准到粤，又由政治分会发交广东省政府照办。

我审量得时机似仍不到。即自请先到国内作乡村运动各地方考查回来再办。于是我乃于十八年二月离粤北来。先在江苏昆山参观中华职业教育社所办之乡村改进会；次到河北定县参观中国平民教育会之华北试验区；后又到山西汾阳介休等县调查村政情形。——曾有《北游所见记略》一篇，刊布在去年的《村治》月刊第 1 卷第 4 期。

当我由山西回到北京，粤局因大局之变而亦变；我即不再回粤。因借居清华园内，欲将所怀写成《中国民族之前途》一书，顾未能就。这时因鸿一先生介绍，得识梁仲华先生（耀祖）。仲华适与他的朋友彭禹庭先生（锡田）同奉河南政府委命筹办河南村治学院，就邀我帮忙。去年秋间，同到辉县百泉——指定的院址——筹商一切。筹商所得结果，大家嘱我负写定之责，因写成《河南村治学院旨趣书》《河南村治学院组织大纲》及《学则课程》等件。十二月招生，今年一月正式开学，我即为他们任教乡村自治组织等课，一直到现在。

上来所叙，便是十六年来以讫于今，我所干事情的一篇流水账。我最近心思气力之所用，就在这些地方。俗语说的好，"一心难为二用"；在最近期间我将不能作旁的事。我于旧日所谈的哲学和心理学，其热心与兴趣仍丝毫未减；然此时难于兼顾。所以去年北归后，陈百年先生要我到北大，东北大学邀我尤力，我皆割舍了。以下将叙我接办本刊的由来。

十七年我在广东时，鸿一先生曾一连打许多电报给我，催促我北来。其中有一个意思，即为要办村治月刊。那时我实不能离开广东；鸿一先生看我来不了，就先筹备出版了。十八年我北来之后，月刊同人自然督促我作文章；然我除作得一篇《北游所见记略》，结束我考查乡村运动的工作，及为河南村治学院作得一篇旨趣书外，直可说没有替月刊作文章。这其间实有一大苦处。

我眼中的乡治或村治，全然非所谓什么"当今建设事业之一"，或什么"训政时期之一种紧要工作"；我是看作中国民族自救运动四五十年来再转再变，转变到今日——亦是到最后——的一新方面。这实是与四五十年来全然不同的一新方向；——以前都是往西走，这便要往东走。我不能牵牵扯扯裹混在往西的人堆里，干我往东的事；——事原是大家的事，原要大家往东走才行，我一个人往东没有用的。如果大家于旧方向不死心断念，则我的乡治或村治即无从谈起！这时你和他说些个乡治或村治的怎样怎样办法，中什么用呀？我不开口说话则已；我说话，劈头一句，就要先打破他往西走的迷梦，指点他往西走的无路可通。然而这样的说话，在彼时是不大相宜的。鸿一先生常爱念我的八字诀："少着人力，多听天功。"不待大家先自感到无路可走，你唤他，是唤不回来的。清末民初的那个方式的革命，衰穷之极，然后开出十三年来的革命新方式；这新方式的革命，十六年后已露衰象，迫十八年而见穷象，然尚未至于极；且听待他自然衰穷无力，社会人心对他失望已极，再来说话。强摘不成熟的果子，是不可的。无话可说，即无文章可作（我向来只晓得说话，不晓得作文章）。

夫我岂不愿说话，然不能不耐心等待一时。等待到今天，已是一周年了；看看四周形势，似乎时机正已到了么？代表十三年改组后之国民党的，所谓国民党左派者，已经没有向着社会上有力分子（较有头脑较有活力的人，尤其是青年）求同情，培势力，开前途的自信，而投到北方来。——这就完完全全倒塌下来了！再无话可以讲得！亦再没有人同情于他们！大运已终，就此了结。而同时社会上，一向被十三年来的国民党所钳制的言论，亦于此不期而发出了种种呼声。像胡适之先生他们一派的"人权论"，"我们走那一条路"？[①]像章太炎先生的妙论："党国不灭，民国不兴"，"恢复临时约法，五色国旗"，像周震鳞黄一欧先生一派的《坦途周刊》上的言论，都是好例子。我们记不起的还很多。其他若报纸上零星

[①]　《新月》第2卷第10号胡先生有此文；并且说他们朋友正在讨论《我们怎样解决中国的问题》。

的表现，到处的街谈巷议，更不计数。这一以见十三年来的革命潮流落归无力；一以见社会人心别求出路的急迫。这不正是我们说话的当儿么？

尤不可不知者，此时实伏一绝大危机。中国这些年来，就没有一个能用深思的人。当此走投无路，急迫之间，一般人不是穷极思返，折回来走清末民初的旧道；便是穷极思异，激进于共产党。这情形已明明白白显出来。不但章太炎先生代表倾向旧道的例；胡周诸先生何莫非此例？一切要倡开国民会议以打倒党治的，以及其他一切民治主义者，国家主义派，难道还有什么新鲜的道儿么？左派领袖们，口口声声的"民主""民主"……不都是应于此种潮流不得不然的表示么？胡适之先生固然期望着中国为一"现代国家"的；乃陈公博先生现在亦复说出这话来！① 试问什么是"现代国家"？你如不是指苏俄、那便自然指英法美日；——这不是你所要打倒的资本主义帝国主义的国家么？国民党自清共以来，党中空气已露有退归国家主义资本主义的倾向，然左派则尚不肯这样；不图今日在左派先生亦复尔尔了！这就见出一般人想不出新鲜的来；离开了欧洲最近代潮流，又是欧洲近代潮流。近二十年来的教训，还开不出这混沌的窍！

这是个危机；然这危机还不十分可怕。可怕的是在后一点；——穷极思异，而激进于共产党。青年们对于今之所谓国民党，已失望到干净地步，不消再说；你设想他是将跟着章太炎胡适之先生走呢？还是跟着共产党走？共产党在眼前短期间内，将成一时有力倾向，殆为必然的。我们如果不能指点出一餍足人心的新方向。不能开辟一条给社会有力分子情甘努力的大道，则举国青年都要走上死路，其将成为何等的惨事啊！

以我积年之用心，既有所见，纵未便是能供给这个时代需要，担负这未有之大业的；然一肚的话，此时不拿出来，更待何

_____

① 报载陈公博在太原讲演词中有此语。

时？——这是我，自告奋勇非出头接办本刊不可的由来。

好了！我的话亦都说明了。总结几句罢：

（一）从我的生性为人，就有过去的烦闷和最近的努力；从过去的烦闷和最近的努力，到得今天，就非干这一下不可。愿各位爱我的朋友，不必可惜我抛舍了学者生涯；——我本非学者。亦不必担心我失却清高，卷入浊流；——我的行动无在不可与天下以共见。我在民国十三年由曹州回北平后，十四年，十五年，十六年，三个整年闭户没有作事（任何事都不作，大学里教钟点都不教），非冷静；今日出头对社会说话，对各方接洽，非热闹。——这凡是亲眼看见我过去几年事实的人都可晓然的。

（二）从我所要作的社会运动看去，正是一种最实在的文化运动。我的乡治主张正是切就政治问题经济问题，而为人生大道的指点。以为我舍却重要的人生问题不谈，而办些个不相干的村政村治的那位朋友可以放心。

（三）我编本刊，专意在对着青年——尤其是左倾青年——说话：这还不外我从前作《吾曹不出如苍生何》，专对好人说话的心理。

（四）我编本刊，此时最着重在转移国人盲目地往西走的方向，指点出"此路不通"，使他死心断念；所以尽有些文章，或并不直接谈乡村问题，而正是我们文章要紧的所在。先此说明，以后读者可不为怪。

四　我对于国民党的态度

我因为要说明我心中的所见或主张，自然不免要批评到旁人；其中间有涉及国民党的地方，因恐大家误解，所以我想向大家先为申明我个人对于国民党的态度。

我以为所谓国民党者，就是指孙中山先生所领导的那一种中国民族自救运动的团体。如果我所说的不错，则所谓国民党者其历史实是很长。总理遗嘱上说得明白："余致力国民革命凡四十年"。然则凡此四十年内为孙先生领导而致力革命的团体，都应当算作国民党；乃至在此四十年后，秉承孙先生遗志而继续努力的，亦应当是国民党；不应是狭义的单指十三年改组以后才叫国民党。凡不肯减缩我们国民党历史的人，都应当承认这句话。所谓国民党者，其所指既是如此，则我们更可看出，所谓国民党，实在是因时而变化不同。在兴中会的时代，他的党内组织，他在政治经济各方面的政策主张，与夫他的革命手段方法，是一个样子。在同盟会的时代，又是一个样子。并且同盟会中经几次变化，至少辛亥前是一个样子，革命成功后是一个样子。到民国二年与各小党合并为国民党时代，其变化的样子，尤其与前不同。到改组中华革命党的时代又不同。后来再改成中国国民党，到十三年一月又召集第一次全国代表大会发表改组宣言，在此时期学共而容共，自附于第三国际之列，完全另成一种途径，其变化为尤剧。十五年宁汉分裂以后，逐渐变化反共灭共，以至于绝俄；前后相较，判若两党。这种改变，其见于党的组织上，训练上，活动方法上者，以最近中央四次会议由蒋中正提出整理党务案为总结账式的宣布。可以说以前的国民党，至此案提出而告一结束；今后之国民党，由此案而别辟前途。以我推测，以后自是仍有变化，绝不拘定一种格式的。由以上历史的观察，可见国民党自始至终，是因时而有变化的，是常常在变化中的。更可见惟有变化，才是对的，常常变化，是他的本性；而执着一成不变，是不对的。变化就有前途，而执着不变即是自走死路。

此其所以然，和所含意义，并不难明白。人类的历史原是变化不已的一件事，而递演到近世来，其变化尤为急剧，往古所不能比拟。最近百十年间，更逐步加紧。好像一件物体自高处下落一样，离地愈近，速度愈加。中国社会本来是静止鲜变化的，而卷入近世世界潮流以后，乃亦急转直下，其变弥烈。因此就客观一面说，在孙先生努力革命的经过中，一时有一时的环境情势。例如在兴中会时代的环境情势与同盟会不同，同盟会的与国民党又不同，……前后种种不同，试一留意，不难考见。请问我们身处其间，能执一不变否？是即本党频频不断改组的由来了。其一切对时局的主张，和革命运动的方式随有变换，更不待言。最浅显易明的例，辛亥以前说排满，辛亥以后尚能说排满否？今日打倒军阀的口号喊的震天响，而辛亥革命时，军阀尚未发生，根本连这名词都没人说到，何能有这口号提出？即此可征一斑。再就孙先生本身一面说，则古语有之"时势造英雄"，处在此世局急变之中，自己学问阅历随时长进，其见解主张亦何能不变？自己变了，则其所以领导群伦者又何能不变？最浅近的例，当早年因奉基督教的关系，则思想上常带宗教的色彩；其后漫游欧洲的时候，则领受欧洲文化，而抱有民权思想；晚年来则又着重中国固有的文化，和民族精神，——在日本的讲演实其证验。那么，孙先生既是学问思想常以进步而变更，追随孙先生作中国民族自救运动的人，或学孙先生的人，亦应时有进步，而向前变化。以往的国民党既是一变再变而不数数变了；今后的国民党之有变化自是天经地义；——亦当一变再变而变之不已，以为中国民族辟其无尽之前途！

我认为自十三年改组以后，至蒋中正提出整理党务案的时候，只算党史的一段落。此一段落可谓受惑又受制于共产党的时期；抄袭共产党的理论，模仿共产党的方法，随着共产党走。盖自欧战停后，欧洲的最近代潮流传入吾国，马克思列宁顿成圣人。即孙先生且说我们今后革命非学俄国不可，况其他之人乎？（十二年孙先生与蒋介石信再三说这话）事已过去，是非功罪亦即勿庸计较。但若果有人一定要执着十三年改组以后的才是国民党，而以前的不是，以后的亦不是，我们便要反对。简直可以说惟十三年改组以后的才不是国民党；因为此一时代，是失掉自家精神，而濡染于共产党习气甚深的时候。自四次会议整理党务案以后，从前错误多已改正，而其习气仍有未能断然舍弃者，这是我们犹有遗恨的。我所批评多在此一面，是则所批评者并非国民党之本身，乃国民党之袭取诸他人者耳。

自南京武汉先后清共，国民党对于共产党真所谓屏诸四夷不与同中国了。自蒋介石于十七年第四中会提出整理党务案后，凡从前之学于共产党者亦多抛弃了。各领袖虽在，左派如汪精卫亦莫不再三声明，不独要清除共产党分子，并要清除共产党理论。彼共产党理论胡为而要劳我们国民党人去清除他？正谓其混迹于国民党理论内而惑乱我耳。盖自十三年后，国民党人之有小聪明者，都由此开窍，莫不以援彼入此为能事，明偷暗窃，花样繁多。果要清党，必如此庶乎算得认真彻底。然十三年改组后之国民党所以见精神者，亦正赖有共产党为灵魂，亦正赖吃得一剂共产党的兴奋药。清除又清除，不知所余尚有何物？不几为一空躯壳乎！欲不为空躯壳，是不可不急谋内容之充实，不可不急谋新精神之代兴。是无他，亟当回头认取吾民族固有精神来作吾民族之自救运动耳。——这本是孙先生民族主义的固有涵义，非常重要者。凡一切在党务上政治上经济上的问题，皆当以此为衡，而采取新方针新办法；一洗旧染于欧人俄人者之污。我所谓国民党应当要变化者盖谓此。——即是一种改造的提议。其具体的条陈容缓将别为文，与当世有心人商榷之。

关于我与党的关系，还有几句话，需在此申明的。我在国民党过去的历史上是有党籍的；——我曾参加光复前的京津同盟会，和民国初年的国民党。不过在十三年以后便无我的党籍。照我自己的解释，我依旧算国民党人，旁人如何论法，就非我所知。

本文脚注均为在《村治月刊》发表时由著者所加。《村治》1卷1期，1930年6月1日。

梁漱溟启事（为任《村治》主编事）

漱溟承《村治》月刊社聘请担任主编本刊事宜，自十九年六月一日新编第 1 卷第 1 号起负责；对于以前本刊言论或本社事务，均不负责；即在今后，对于编辑以外之事，亦不负责。专此敬布，尚希公鉴！

《村治》1 卷 1 期（封二），1930 年 6 月 1 日。

各地乡村运动消息汇志弁言

　　一切努力于乡村改进事业，或解决农民问题的，都可宽泛浑括地称之曰"乡村运动"，或"农民运动"；——类如乡村自治运动，乡村教育运动，乡村自卫运动，农业改良运动，农民合作运动，农佃减租运动等皆是。我们的"乡治"或"村治"主张，则是有特殊意义和整个建国计划的一种乡村运动。近年来，中国乡村问题（或农民问题）的重要，已得有识者的公认；因此向着这方向努力的，在各地方先后继起，不可计数。持一较宽态度说，这自都是我们的同调。他们进行的状况，成功或失败的消息，皆为我们极重要的参考资料。

　　据近来的消息，则江宁村制育才馆是失败了，湖南自治训练所是失败了，浙江地方自治专修学校亦结果不良，江浙两省农民银行及合作社亦办得不好，而倡导乡村教育的南京晓庄学校亦因故被封闭。我们很想对于这些事件，仔细调查其内容原委；除已派人前往访查外，更望各地同志就所知的赐函见告。

　　我们本刊每期都要采集一些这方面的消息，披露出来，供给读者。兹将这次所采集的，分志于后。

5 月 21 日，漱溟记。

《村治》1 卷 1 期，1930 年 6 月 1 日。

敬以请教胡适之先生

适之先生：

　　昨于《新月》2卷10号得读尊作《我们走那条路》一文，欢喜非常。看文前之"缘起"一段，知先生和一班朋友在这两年中常常聚谈中国的问题；去年讨论"中国的现状"，今年更在讨论"我们怎样解决中国的问题"？这是何等盛事！先生和先生的朋友正是我们所谓"社会上有力分子"；能于谈哲学文学之外，更直接地讨论这现实问题而有所主张，那社会上所得指点领导之益将更切实而宏大。回忆民国十一年直奉战争后，我与守常（李守常先生）同访蔡先生（蔡孑民先生）意欲就此倡起裁兵运动；其后约期在蔡家聚会，由先生提出"好人政府主义"的宣言，十七人签名发表。八九年来，不多见先生对国家问题社会问题抱何主张，作何运动，其殆即先生所说的："我们平日都不肯彻底想想究竟我们要一个怎样的社会国家，亦不肯彻底想想究竟我们走那一条路才能达到我们目的地"么？守常先生向来是肯想这个问题的，竟自因此作了中国共产党的先进；我虽百般不行，却亦肯想这问题。——这是先生可以了解我的，类如我民国七年的《吾曹不出如苍生何》极荷先生的同情与注意，类如我在北大七八年间独与守常相好，亦为先生所知道的。然我则没有和守常先生走一条路的决心与信力，更没有拦阻他走那条路的勇气与先见了；——就只为对这问题虽肯想而想不出解决的道儿来。现在旧日朋友多为这问题洒血牺牲而去（守常而外，还有守常介绍给我的高仁山安体诚两先生），留得我们后死者，担负这问题了。我愿与先生切实地彻底地讨论这问题！

先生在《我们走哪条路》文中，归结所得的方向主张，我大体甚为同意。例如先生所说的：

> 我们都是不满意于现状的人，我们都反对那懒惰的"听其自然"的心理。然而我们仔细观察中国的实际需要和中国在世界的地位，我们也不能不反对现在所谓"革命"的方法。我们很诚恳地宣言：中国今日需要的，不是那暴力专制而制造革命的革命，也不是那用暴力推翻暴力的革命，也不是那悬空捏造革命对象因而用来鼓吹革命的革命。在这一点上，我们宁可不避"反革命"之名，而不能主张这种革命。因为这种革命都只能浪费精力，煽动盲动的劣根性，扰乱社会国家的安宁，种下相残害相屠杀的根苗，而对于我们的真正敌人，反让他们逍遥自在，气焰更凶，而对于我们所应该建立的国家，反越走越远。

我于此完全同意；还有下面一段话，我亦相对地同意：

> 我们的真正敌人是贫穷，是疾病，是愚昧，是贪污，是扰乱。这五大恶魔是我们革命的真正对象，而他们都不是用暴力的革命所能打倒的。打倒这五大敌人的真正革命只有一条路，就是认清了我们的敌人，认清了我们的问题，集合全国的人才智力，充分采用世界的科学知识与方法，一步一步地作自觉的改革，在自觉的指导之下一点一滴的收不断的改革之全功。不断的改革收功之日，即是我们的目的达到之时。
>
> 这个根本态度和方法，不是懒惰的自然演进，也不是盲目的暴力革命，也不是盲目的口号标语式的革命，只是用自觉的努力作不断的改革。
>
> 这个方法是很艰难的，但是我们不承认别有简单容易的方

法。这个方法是很迂缓的，但是我们不知道有更快捷的路子。我们知道喊口号贴标语不是更快捷的路子。我们知道机关枪对打不是更快捷的路子。我们知道，暴动与屠杀不是更快捷的路子。然而我们又知道，用自觉的努力来指导改革，来促进变化，也许是最快捷的路子，也许人家需要几百年逐渐演进的改革，我们能在几十年中完全实现。

然而我于先生所由得此归结主张之前边的理论，则不能无疑。先生的主张恰与三数年来的"革命潮流"相反，这在同一问题下，为何等重大差异不同的解答！先生凭什么推翻许多聪明有识见人所共持的"大革命论"？先生凭什么建立"一步一步自觉的改革论"？如果你不能结结实实指证出革命论的错误所在；如果你不能确确明明指点出改革论的更有效而可行；你便不配否认人家，而别提新议。然而我们试就先生文章检看果何如呢？

在三数年来的革命潮流中，大家所认为第一大仇敌是国际的资本帝国主义，其次是国内的封建军阀；先生无取于是，而别提出贫穷、疾病、愚昧、贪污、扰乱，五大仇敌之说。帝国主义和军阀，何以不是我们的敌人？在先生其必有深意，正待要好好聆教；乃不意先生只轻描淡写地说得两句：

> 这五大仇敌之中，……（中略）封建势力也不在内，因为封建制度早已在二千年前崩坏了。帝国主义也不在内，因为帝国主义不能侵害那五鬼不入之国。帝国主义为什么不能侵害美国和日本？为什么偏爱光顾我们的国家？岂不是因为我们受了这五大恶魔的毁害，遂没有抵抗的能力么？故即为抵抗帝国主义起见，也应该先铲除这五大敌人。

像这样地轻率大胆，真堪惊诧！原来帝国主义之不算仇敌是这样简单明了的事；先生明见及此，何不早说？可免得冤枉死了许多人。唉！我方以革命家为轻率浅薄，乃不期先生之非难革命家者，还出革命家之下。三数年来的革命，就他本身说，可算没结果；然影响所及亦有其不可磨灭的功绩。举其一点，便是大大增进了国人对所谓世界列强和自己所处地位关系的认识与注意；大大增进了国人对于"经济"这一问题的认识与注意；——两层相连，亦可说是二而一的。近年出版界中，最流行的书报刊物，无非在提撕此点；而其最先（或较早）能为系统地具体地详细地指证说明者，则殆无逾漆树芬先生《经济侵略下之中国》一书。此书一出，而"中国问题"的意义何在，——在国际资本帝国主义的侵略压迫；"中国问题"的解决何在，——在解除不平等条约的桎梏束缚，遂若日月之昭明而不易。① 我且抄漆君原书结论于此：

（上略）为帝国主义所必要市场与投资之绝对二个条件，环顾今日世界，已多无存；是为其外围之区域日益减少，而崩坏之机迫于目前。惟我中国，土地则广袤数千万方英里，人口则拥有四万万众，对于货物与资本之需要量，对于原料品食料品之供给，大而无伦，恰为资本帝国主义欲继续其生存发达之最好的理想也。有此原因，必有结果。结果何？外国之资本帝国主义国家，遂如万马奔腾之势，以践踏于我国矣。于是为解决其市场问题，而我有百个商埠之提供；为解决其投资问题，而我有二十余亿元资本之吸收，而有数多利权之丧失；为圆滑其市场与投资地之经营起见，而我有巨大交通权之让与。我国一部之对外关系史，略具于此矣。不但此也：从政治而言，他们在我国又有治外法权领事裁判权之设定，遂在我国俨成一支配阶级；从经济而言，他们向我获有关税之束缚权，与投资之优先权，在我国遂成一剩余价值榨取之阶级。他们这一

---

① 此处"遂若"二字请读者注意；盖我意尚不然也。

种行动，实如大盗之入我室而搜我财绑我票，使我身家财产荡然无存一样，特我国民不自觉耳！同胞乎！今日国家之大病，实在于国民生活维艰，而生活维艰之所以，即在外国资本帝国主义之侵略与榨取。管子云："仓廪实而知礼节"；孟氏云："有恒产者，有恒心"；故欲解决中国之政治问题，根本上尤不可不使我国经济开发。顾我国今日之经济，从本书看来，已受资本帝国主义层层束缚，万不能有发达之势。换言之，即我们欲使我国成为万人诅咒之资本主义国家，亦事实有不能也，遑论其他！然则欲救我中国，非从经济改造不可，而欲改造我国经济，实非抵抗帝国资本主义国家不可。以个人意见，今日中国，已成为国际资本阶级联合对我之局，并常嗾使军阀以助长我之内乱。故我除一方联合世界无产阶级弱小民族以抗此共同之敌，他方内部，实行革命，使国家之公正得实现外，实无良法也。虽然，此岂易易事哉！须协我亿众之力，出以必死，奋斗之精神，建设强有力之国家始获有济！

先生果欲推翻革命论，不可不于此对方立论根据所在，好加审量。却不料适之先生在这大潮流鼓荡中，竟自没感受影响；于对方立论的根据由来，依然没有什么认识与注意。先生所说五大仇敌谁不知得，宁待先生耳提面命？所以不像先生平列举出这五样现象的，盖由认识得其症结皆在一个地方。疾病、愚昧皆与贫穷为缘，贪污则与扰乱有关；贫穷直接出于帝国主义的经济侵略，扰乱则间接由帝国主义之操纵军阀而来，故帝国主义实为症结所在。这本是今日三尺童子皆能说的滥调，诚亦未必悉中情理；然先生不加批评反驳，闭着眼只顾说自家的话，如何令人心服？尤其是论贫穷纵不能都归罪到帝国主义，而救贫之道，非发达生产不可；帝国主义扼死了我产业开发的途路，不与他为敌，其将奈何？这是我们要请教于适之先生的。我希望适之先生将三数年来对此问题最流行的主张办法先批评过；再说明先生自己的"集合全国人才智力，充分采用世界的科学知识与方法，一步一步的作自觉的改革"办法，其内容果何所谓？——如果没有具体内容，便是空发梦想！所谓最流行的主张办法，便是要走国家资本主义的路。这种论调随在可见，我们且举郭沫若先生为《经济侵略下之中国》所作序文为例：

（上略）大约是在今年三四月的时候罢，漆君有一次来访问我，我们的谈话，渐渐归纳到中国的经济问题上来。我们都承认中国的产业的状况还幼稚得很，刚好达到资本化的前门，我们都承认中国有提高产业的必要。但是我们要如何去提高呢？我们提高的手段和程序是怎样的？这在我们中国还是纷争未已的问题，我在这儿便先表示我的意见。我说：在中国状况之下，我是极力讴歌资本主义的人的反对者。我不相信在我国这种状况之下，有资本主义发达之可能。我举出我国那年纱厂的倒闭风潮来作我的论据。欧战剧烈的时候，西洋资本家暂时中止了对于远东的经营，在那时候我们的纱厂便应运而生，真是有雨后春笋之势。但是不数年间欧战一告终结，资本家的经营，渐渐恢复起来，我们中国的纱厂，便一家一家的倒闭了。这个事实，明明证明我们中国已经没有发达资本主义的可能，因为（一）我们资本敌不过国际的大资本家们，我们不能和他们自由竞争；（二）我们于发展资本主义上最重要的自国市场，已经被国际资本家占领了。我当时证据只有这一个，其实这一个，已就是顶重要的证据。资本化的初步，照例是由消费品发轫的。消费品制造中极重要的棉纱事业，已不能在我们中国发展，那还说得上生产部门中机械工业吗？

我这个显而易见的证明，在最近实得到一个极有力援助，便是上海工部局停止电力的问题了。我们为五州案，以经济的战略对付敌人，敌人亦以经济战略反攻。上海工部局对于中国各工场把电力一停，中国的各工场便同时辍业。还可见我们的生杀之权，是操在他们手里。我们的产业，随早随迟，是终竟要归他们吞灭的。我们中国小小的资产家们哟！你们就想在厝火的积薪之上，做个黄金好梦，是没有多少时候的了。要拯救中国，不能不提高实业，要提高实业，不能不积聚资本，要积聚资本，而在我们的现状之下，这积聚资本的条件，统统被他们限制完了。我们这希望简直没有几分可能性。然而为这根本上的原动力，就是帝国主义压迫我们缔结了种种不平等条约。由是他们便能够束缚我们的关税，能够设定无限制的治外法权，能够在我国自由投资，能够自由贸易与航业，于不知不觉间便把我们的市场独占了。

由这样看来，我们目前可走的路唯有一条，就是要把国际资本家从我们的市场赶出。而赶出的方法：第一是在废除不平等条约，第二是以国家之力集中资本。如把不平等条约废除后，这国际资本家，在我国便失其发展根据，不得不从我国退出；这资本如以国家之力集中，这竞争能力便增大数倍，在经济战争上，实可与之决一雌雄；是目前我国民最大之责任！除废除不平等条约与厉行国家资本主义外，实无他道，这便是我对于中国经济问题解决上所怀抱的管见。

中国国民党所以不能不联俄容共，有十三年之改组，一变其已往之性质；中国近三数年来的所谓国民革命，所以不能不学着俄国人脚步走；盖有好几方面的缘由。即就现在所谈这一面，亦有好几点。其一则事实所昭示，中国问题已不是中国人自己的问题，而是世界问题之一部；中国问题必在反抗资本帝国主义运动下始能解决；由此所以联俄，要加入第三国际，要谈世界革命。又其一则事实所昭示，中国的一切进步与建设既必待经济上有路走才行，而舍国家资本主义（再由此过渡到民生主义或共产主义）殆无复有他途可走；如此则无论为对外积极有力地又且机警地应付国际间严重形势计，或为对内统盘策划建造国家资本计，均非以一有主义有计划的革命政党，打倒割据的军阀，夺取政权，树立强有力的统一政府，必无从完成此大业；于是就要容共，要北伐，要一党专政。先生不要以为暴力革命是偶然的发狂；先生不要以为不顾人权是无理性的举动；这在革命家都是持之有故言之成理的。在没有彻底了解对方之前，是不能批评对方的；在没有批评倒对方之前，是不能另自建立异样主张的。我非持革命论者，不足以代表革命论。即欺君之书，郭君之序，亦不过三数年来革命论调之一斑，偶举以为例。最好先生破费几天功夫搜求一些他们的书籍来看看，再有以赐教，则真社会之幸也！

再次说到封建军阀。先生不承认封建制度封建势力的存在，但只引了一些教育杂志某君论文，和王阿荣陈独秀的宣言，以证明革命家自己的矛盾可笑，全不提出自己对中国社会的观察论断来，亦太嫌省事！中国社会是什么社会？封建制度或封建势力还存在不存在？这已成了今日最热闹的聚讼的问题，论文和专书出了不少，意见尚难归一。先生是喜欢作历史研究的人，对于这问题当有所指示，我们非请教不可。革命家的错误，就在对中国社会的误认；所以我们非指证说明中国社会是怎样一种结构，不足祛革命家之惑。我向不知学问，尤其不会作历史考证功夫，对此题非常感到棘困；如何能一扫群疑，昭见实事，实大有望于先生！

先生虽能否认封建的存在，但终不能否认中国今日有军阀这一回事。军阀纵非封建制度封建势力，然固不能证明他非我们的仇敌；遍查先生大文，对军阀之一物如何发付，竟无下文，真堪诧异！本来中国人今日所苦者，于先生所列举五项中，要以贫穷与扰乱为最重大。扰乱固皆军阀之所为。假定先生不以军阀为仇敌，而顾抱消灭"扰乱"之宏愿，此中必有高明意见，巧妙办法，我们亟欲闻教！想先生既欲解决中国问题，对军阀扰乱这一回事，必不会没个办法安排的；非明白切实的说出来，不足以服人，即我欲表示赞成，亦无从赞成起。

总之，我于先生反对今之所谓革命，完全同意；但我还不大明白，先生为什么要反对。先生那篇文太简略，不足以说明，或者先生想的亦尚不深刻周密。所以我非向先生请教不可。先生说的好："我们平日都不肯彻底想想究竟我们要一个怎样的社会国家，也不肯彻底想想究竟我们应该走哪一条路，才能达到我们的目的地。"我今便是指出疑点来，请先生再彻底想想，不可苟且模糊。先生亦曾谦虚地说："我们的观察和判断自然难保没有错误，但我们深信自觉的探路总胜于闭眼睛让人牵着鼻子走；我们并且希望公开的讨论我们自己探路的结果，可以使我们得着更正确的途径"。据我个人所见，先生的判断大体并不错；我尤同情于先生所谓"自觉的探路"，我只祈求先生更自觉一些，更探一探。我便是诚意地（然而是很不客气地）来参加先生所希望公开讨论的一个人，想求得一更正确的途径，先生其必许我么？

　　如果先生接受我的讨论，我将对于我所相对同意的先生所主张的那"根本态度和方法"，再提供一些意见；我将对于我所不甚同意的先生所说的那"目的地"，再表示一些意见。总之，我将继此有所请教于先生。

　　说及那"目的地"，我还可以就此说几句话。先生文中既谓，"在我们之前，应该先决定我们要到什么地方去，——我的目的地；这个问题是我们的先决问题，因为如果我们不想到那儿去，又何必探路呢？"是指示非先解决此问题不可了。乃随着举出国民党国家主义派共产党三种说法之后，没有一些研究解决，忽地翻转又谓："我们现在的任务不在讨论这三个目的地，因为这种讨论徒然引起无益的意气，而且不是一千零一夜所能打了的笔墨官司"。岂不可怪！先生怕打官司，何必提出"我们走哪条路"的问题，又何必希望公开的讨论？要公开讨论我们走哪条路的问题，就不要怕打笔墨官司才行。既于此不加讨论了，乃于后文又提出："我们要建立一个治安的、普遍繁荣的、文明的、现代的统一国家"；而说，"这是我们的目的地"。难道要解决一个问题，——而且是国家问题，社会问题，——将旁人意见，——而且是社会上有力党派的意见——搁开不理他，只顾说我的主张，就可解决了的么？

总之，我劝先生运思立言，注意照顾对方要紧。

十九·六·三·北平。

《村治》1 卷 2 期，1930 年 6 月 16 日。

中国民族自救运动之最后觉悟

一 觉悟时机到了

我在本刊第一期，《主编本刊之自白》一文中，说明我现在的见解主张，是由过去几年的烦闷开悟而得。这是我个人的开悟么？这是中国民族的开悟！中国民族以其特殊文化迷醉了他的心，萎弱了他的身体，方且神游幻境而大梦酣沉，忽地来了膂力勃强心肠狠辣的近世西洋鬼子，直寻上家门；何能不倒霉，不认输，不吃亏受罪？何能不手忙脚乱，头晕眼花？何能不东撞西突，胡跑乱钻？……然而到今天来，又何能不有这最后的觉悟！

天下事，非到得最后不易见出真相；非于事过后回转头来一望，不能将前前后后的事全盘了然于胸。我们今天固已到得这时机，真是所谓"可以悟矣"！

二 所谓近世的西洋人及西洋文化

说到西洋人，就是指其近世的而言；这好比说到印度人或中国人，就是指其古代的而言一样。今之所谓西洋人和所谓西洋文化，实在是到得近世才开出来的玩艺。

在 1800 与 1900 年间，欧洲经过一次大革命。其结果，相沿传下之封建制度，君主、贵族、特权、驿车、烛光为特征的欧洲文化归于破产。代之而起者，即今日之所谓西洋文化（western civilization）。这个文化的特征，乃是平民主义，选举制度、工厂、机器、铁路、汽车、飞机、电报、电话和电灯。（中略）是以在 1750 与 1850 年间，欧洲之进步已可比拟由石器时代而进于铜器时代。或是由铜器时代而进于铁器时代。而在此同一百年内，无论亚洲人或非洲人，仍然沿袭故旧，其所生活所作为于所思想者，实与其祖先数千年前之情形无稍差异。

世界是一个悠久而辽阔的大地，实际上已有无数年代的发展；在其历史上，并不是第一次才有各种不同的文化存在。古代希腊，埃及和巴勒斯坦文化极相悬殊，然各能平行发展，毫无抵触。即在十八世纪时，欧洲、亚洲与非洲之文化和野蛮，也是各自循其历史而发展；纵然有时交换理想、宗教或货物，且亦不免有冲突的发生；但就全体说，实在没有多大关系。但是十九世纪之新欧洲文化，则变更一切了。这个文化是一种好战喜争与支配利用的文化；而其这种威吓形态，是许多原因助成的。因机器之发明，交通运输方法大为进步，缩短了世界的空间距离。在十九世纪以前，因交通运输之困难，致各大陆与各种文化间完全孤立绝缘；虽然有征服和殖民的事实，但是多属偶然，而且没有多大影响。

这个由产业革命所发生的新西欧文化有一个特质，就是在欧洲以外完全是掠夺的。就经济方面说，必须多数市场与大宗原料。产业愈工业化，则开拓新市场与新原料来源愈为必须。因此发生了对于亚洲、非洲、澳洲与南美洲的经济侵略。这便是在各洲民族感觉新文化压迫力的第一方法。临于亚洲与非洲方面的这种压迫具有其特别形式，使十九世纪之帝国主义迥异于前世纪之政治侵略，或文化竞争。因交通运输上机器之发明，给欧洲人以绝大权力，使能开拓远方土地以达其工商业之目的。至如工业机器之发明与新式工业之兴起，则已完全变动了世界自然力的均衡（blance of physical power in the world）。在十九世纪以前，各大陆文化平行发展，此一文化并无压服彼一文化之优势。亚洲军队为争此优势，常能与欧洲军队接战；非洲人亦能恃其毒箭、湖泽、丛林与蚊虫以求自卫，而与肩荷枪弹腰带水瓶之欧洲人相抵抗，但是这种情形不久就完全改变了。亚洲人之生活及战术与其十二世纪时之祖先无异者，顿觉其已陷于新式枪炮、军舰、飞机、铁路各种利器之重围中；更有为彼所未见且不识者，即所谓近代国家内新式工业之有组织的权力（the organized power of modern industry in a modern state）在。这样一来，无论亚洲人，或非洲人，都没有抵抗欧洲人意志的力量了。

所谓"近代国家内新式工业之有组织的权力"一语，实足显明十九世纪帝国主义与欧洲对世界关系上之另一特质。在由产业革命所发生，并由盲目经济势力所引诱，以谋操纵亚非两洲市场与出产之制造家、商业家和资本家的背后，更站立了一个由法国革命与拿破仑战争所产生之富国强兵的国家主义的近代国家。这种国家的政府权力常有意或无意的，直接或间接的，被其资本家利用以侵略其他洲土民族，而达到自私自利的目的，这事实极为显著，其影响至足惊异。曾有一次迅速而极凶恶之世界征服为人类历史上所罕见者。在 1815 与 1914 年间，亚洲、非洲与澳洲几全部皆直接或间接屈服于欧洲国家威力之下。

这是英国学者乌尔弗（Leoneard Woolf）近著《帝国主义与文化》书中一段导言，所说虽是普通，而话甚简捷。我于此，不愿用我自己的笔墨，来叙述西洋人和西洋文化；一则是自己在学问上的自信力不够；二则是恐怕人家对我亦信不及。我只从这里面指出请大家注意之点，则我的意思即尽足表达了。我请大家注意这三点：

一、西洋人是新兴的民族；西洋文化是从近代开出来的新玩艺；

二、西洋文化是以如飞的进步，于很短期间开发出来的；

三、西洋文化具有如是特异地强霸征服力及虎狼吞噬性。这三点亦都是普通常说到的，然我为促大家注意，更引乌尔弗书的一段，不厌求详地证明他。

法国革命，拿破仑战争与产业革命把欧洲的社会结构完全变更了。散居村落的农民因以改变而为工商业的城市居民。这些十九世纪工业化的国家较之十八世纪的农业国家远没有自给自足的可能，所以不能不发展一种组织完密而复杂的国际商业制度。我们可说这个时代是机器，工厂、股份公司、资本主义，工业商业及财政国际化的时代。这是关于经济方面的情形，再看政治方面，这确是由君主政体或贵族政治转向所谓德谟克拉西政治的一个过渡时期。在这个过渡期间，各工业国家的政治权力转移到新兴中间阶级（new middle class）的手里；尤其是这个阶级里面有势力的分子如财政家，工业制造家与商人操纵了政权；所有政府机关是完全仰承这个阶级的意旨。而这个时期文化的特色便是工商业的权威，公私财富的累积，物质事物的先占，理性和科学的心理态度，物质昌盛的理想与自由平等的思潮。

我们由新文化的几种特色看去，就知道其影响绝对不仅限于欧洲，而必然的趋势是要向外扩展冲压到亚非两洲的民族与文化，随着新运输方法的进步，经济势力更强迫此新文化扩张其经济关系到更为广阔的范围，新兴城市的居民必须由国外输入食物才足以自给，新式制造工业必须有热带出产的原料供给；而机器廉价出产品的发达，更有搜掠世界矿产的必要。这样一来，其结果便有国际贸易的大扩张。同时向欧洲工业制造家原料供给地的各洲，也更加重要成了销纳欧洲工业出产品的市场。而且因为欧洲各国保护关税主义的盛行，不易开拓市场，是以欧洲工业制造家更觉有在亚非两洲多觅新安全市场的必要。

这个经济冲动不可避免的结果，便是欧洲工商业化的新文化和亚非两洲民族的短兵相接。而第一次接触实在是经济的。非洲，印度，锡兰，中国与日本开始认识西方文化，是由于商人及贸易公司的关系，当然在这新文化的后面也就感觉了欧洲国家的威力。因为文化所包含的，一半是实质的事物如火车、飞机、军舰和枪炮，一半是人们内心的信仰和欲望。说到这里，我们似乎相信人们头脑中的理想很能决定他们的历史及其文化的命运。如十九世纪欧洲人的头脑中有些事情思索着，就必然的先之以商人在亚非两洲的试探，继之以欧洲国家的干涉。我们知道"经济竞争"（economic competition）在十九世纪的欧洲是一个基本理想。税率与保护关税政策是这个竞争里面的武器，厉行保护关税是给工业制造家和商人一个很大打击。所以亚洲与非洲的富源和市场还未及完全开发的时候，就变成了这个国际经济竞争的对象。在这个竞争里面，各国的商人与资本家自然要请求本国政府的援助。欧洲列强利用这个时机，一面可以夺取并统治国外的领地，一方为其商人和工业制造家开拓了良好的市场与原料来源。这样一来，便是剑及履及的旗帜随着商业走，商业跟着旗帜跑了。

影响帝国主义历史的另一种思想，便是可以代表十九世纪文化一种特色的国家主义的爱国心（nationalistic patriotism）。欧洲的国家主义很早就变成了一种宗教，以国家为其尊崇的物象。不久帝国的理想和国家主义者爱国理想发生了密切关系。一个帝国比较一个欧洲国家大，乃是一个更大的国家；而一个更大的国家比较一个小的国家在国家主义者的心目中是一个更大的偶像。所以欧洲商人对于国外市场的竞争就随着爱国者对于国家光荣竞争的心理而更加奋进了；因为在亚洲或非洲获得了一块土地，在一方面是经济的获利，而在他方面又是爱国者的天职。

既是这样，所以附着经济竞争，实用效率，开拓、武力和国家主义各种理想的西方文化，便直接袭击了亚洲与非洲。但是除此以外西方文化还带了一类由法国革命所得来的理想。这便是德谟克拉西，自由，平等，博爱和人道主义。这些理想对于帝国主义后半历史有极大影响，就是激起了殖民地或被压迫民族的反帝国主义运动。

以上我们只是由欧洲的观点来考察这个问题。然亚非两洲的形势也是这个问题的一个部分。当新文化在欧洲开出这样茂盛之花的时候，亚洲人与非洲人仍然是在他们固有历史所遗留下来的情形之下过生活。如果我们稍为考察中国，日本及印度的情形，就知道这些民族依然生活在一种组织牢固的村落社会；这种社会是古代文化的产物，而这种文化的特色是安静的，宗教的，形式的，与西方文化截然不同。这些东方民族已经发展了他们本身精巧形式的政府制度，社会阶级，国民传说、伦理标准，人生哲学、文学艺术和雕刻。至如非洲方面虽然大都是原始民族，但是他们渐渐有了特殊形式的社会和政府制度。（中略）

我们知道挟着西方新文化而与亚非两洲相接触的原始冲动是经济的。凡是替帝国主义作先驱的欧洲工业制造家和商人，他们来到亚洲与非洲都是有一定经济目的，就是贩卖棉花或棉布而收买锡铁，橡皮，茶叶，或咖啡。但是在西方文化的复杂经济制度之下进行这种业务，必须使亚非两洲的整个经济制度适合或同化于欧洲经济制度而后可。这种同化工作已经由欧洲工业制造家、商人、财政家或欧洲政府在其威力、指挥和利益之下积极推行。在这个过程里面，殖民地人民的生活完全改变，固有文化的基础多被破坏，而给他们感触最大的，就是坐视异国政府用威力来强制推行一切外来的事物。

我们相信以前世界上一定没有像这样剧烈的事情发现过。

我再请大家注意认识的，便是西洋文化里面，资本主义的经济，新兴中间阶级的民主政治，近代的民族国家之"三位一体"。继此又可认识出其富于组织性，而同时亦即是富于机械性。乌尔弗书中亦说：

> 我们试将今日欧洲的政府，工业，商业财政各种精密制度和十八世纪的简单制度比较，就可知道近代文化和过去文化的差别所在，各种制度的精细与复杂确是近代文化的要害之点：如果除掉了这个精细与复杂要素，我们就立刻转到了前世纪的生活状况与文化形式。

所谓精密复杂就是组织性，亦就是机械性，其文化的强霸征服力和虎狼吞噬性，实藉着这组织性机械性而益现威力，并成为不可勒止的狂奔之势。凡走上这条文化路径的民族无论在欧在美抑在东方如日本，都成为世界强国，所谓"帕玩"（Power）者是。就从这个名字，其意可思了。其实这一个字所含的意味，亦就可将西洋全部文明形容得活现，所以有人说西洋文明即可称之为"帕玩"之文明（日本人金子马治尝为此说）。

要而言之，近代的西洋文化实是人类的一幕怪剧。这幕怪剧至今尚未演完；我们上边所举，更未足尽其万一。我们还应当要举说他侵略非洲、印度时演出怎样贪婪残酷；——注意，这是与个人贪婪残酷不同的、文化之贪婪残酷。我们还应当要举说他在民族社会内演出怎样强悍猛烈的大规模阶级斗争，——例如1925年的英国大罢工。我们还应当要举说他在国际间演出怎样明争暗斗以讫1914年空前的世界大战之爆发。我们还应当要指出他在最近未来又将演第二次世界大战。我们还应当要推论他——这幕怪剧——将演到什么地步而结局。自一面言之，这幕剧亦殊见精彩，值得欣赏；然而不免野气的很，粗恶的很。

三 中世的西洋社会和他们的文明程度

现在我们自不免要追问：这幕热闹剧是怎样发生的呢？那须回头看近世以前的——中世纪的——西洋社会和他们的文明程度。

中世纪的西洋社会是所谓"封建制度"（Feudalism）的。此封建制度在北欧、西欧、南欧各地方不能都一模一样；更且是其中有些情形，已不易确考，各历史学家、社会学家的说法亦都不一样。但我们如不晓得这封建制度，则中古千余年间之欧洲史即茫然无从说起。他大概是这样：那时社会都是靠农业，而土地则都分属于君主，大小诸侯、僧侣寺院、骑士等所有；其从事生产的农民，或曰农奴，则附于土地之上而亦各有所归属。于是社会中显然成为两大阶级；一面是领有土地者之贵族僧侣；一面是占绝对大多数而服役的农奴。各领主于其采邑（Manor）大多是形成一个一个的村庄；领主宅第居于中央；农奴绕居其四周；其外围，即为耕地；又外为林地；又外为公用牧场之草地。农奴为领主耕耘，服定期及临时劳役，节日纳贡，尤要在绝对服从。据说：①

一、农奴不经领主的承认，不能离开他的采邑，而到别个采邑。

二、农奴应依照领主所命令的方法与分量而从事任何的勤务。

三、当领主认为有收回之必要时，农奴应将其一切之人与物权奉还领主。

农奴不能有任何权利；他的不动产不用说，就是动产亦完全属领主所有。② 又亚西来教授说：从 Glanyill 时代到爱德华四世时（十五世纪）的法理论上，都说农奴绝对不应有任何的所有权。此外，

---

① W. Page：The End of Villainage in England，今此据《中世欧洲经济史》（民智书局译本）。

② Maine：Early and Custom，今据同前书。

农奴还要常受种种琐细的干涉与束缚。例如：不得领主许可，不能结婚（有处领主还享有所谓初夜权）；不得领主许可，不能卖牛；女子出嫁到外方，要课其父母一定赔偿金，等等。

在这时，统治权是随着土地所有权的。领主在他的采邑中，有些职员小吏督管或料理种种事务。更其要紧的，则有"采邑法庭"，其裁判官便是领主的管事人充任。据说：①

　　每个"采邑国家"的管理，差不多都由同一原则组成的。国家机关是与封主（领主）的经济管理机关合在一起的。

　　封主个人的佣仆，也好似国家的官吏一样。如马舍管理员，封主的寝室侍从，文件保管员以及酒室等，一面替他们主人照料门户和经济，同时又为国家管理机关的指导者，料理军队财政法庭和行政等事务。愈大的独立的封主，实际上亦愈少为佣仆，而多为国家的高官。

所谓政事或行政就是这样。政治大权操握在贵族领主手中，而贵族多是不读书没教育，世代作威福，不晓得什么政治的。

采邑的经济，是专为满足私自的地方需要，不为销售而生产。他是自给自足的，完全闭锁的经济；因为每一个采邑都是离开其他采邑而可独立的；差不多不取任何东西于外方，亦不为外方生产任何东西。除非当时封建地主想要贵重的武器，或丝织的长套、金石嵌的装饰品等，才须转向外来的商人。

近代资本主义社会，就是从这样封建制度社会开出来的。货币盛行，工商业发达起来，交换经济打破了闭锁经济，封建制度才站不住，而资本主义代兴。故尔封建制度的毁灭，以经济进步为主因，而人为的革命助成之。其毁灭时期，在欧洲各处遂亦迟早不同；英国是在十七世纪，大概从伊丽莎白女王时起，到"三十年

---

① 《世界社会史纲》132 页，平凡书局译本。

大战"时代（1558—1648 年）；法国是在十八世纪，1789 年大革命时，国会乃议决废除农奴制度；德奥又在法国之后，如普鲁士在十九世纪初叶者是；俄国则直待至十九世纪，1861 年才有解放农奴的命令，而且实际问题还并没解决。

我叙说这些个干什么？我意在请大家注意认识几点：

一、在中世西洋社会，是一阶级这样绝对地压制并剥削他阶级；自非惹起大反抗，大冲决而翻过来不可。

二、社会中似这般绝对地压制与剥削，普遍地存在着，显出文化很低的征候。（无论从施者或从受者那面看）

三、似此野蛮低下的西洋社会，实距今不甚远的事；——一二百年前的西洋人，其文明程度便是如此可怜。

请大家先记取这三点。我们将再检看中世纪西洋人的文明程度。于此，则就要看他们的宗教。这不但因为中世纪千余年间，是整个的宗教时代；更为宗教是那时文化中心之所寄，文明程度之最高点，我们先看宗教在当时的势力：①

　　教会为欧洲中古最重要之机关；中古史而无教会，则将空无一物矣。

　　中古教会与近世教会——无论新教或旧教——绝不相同。言其著者，可得四端：

　　第一，中古时代无论何人均属于教会，正如今日无论何人均属于国家同。所有西部欧洲无异一宗教上之大组织，无论何人，不得叛离，否则以大逆不道论。不忠于教会者，不信教义者，即叛上帝，可以死刑处之。

　　第二，中古教会与今日教会之端赖教徒自由输款以资维持者不同。中古教会于广拥领土及其他种种金钱外，并享有教税曰 Tithe 者。凡教徒均有纳税之义，正与吾人捐输国税同。

---

① 何炳松编译：《中古欧洲史》，127 页。

第三，中古教会不若今日教会之仅为宗教机关而已，教会虽维持教堂，执行职务，提倡宗教生活，然尤有进焉。盖教会实无异国家，既有法律又有法庭，并有监狱，有定人终身监禁之罪之权。

第四，中古教会不但执行国家之职务而且有国家之组织。当时教士及教堂与近世新教不同，无一不属于罗马教皇。为教皇者有立法及管理各国教士之权。西部欧洲教会以拉丁文为统一之文字，凡各地教会之文书往来，莫不以此为准。

教皇既统治西部欧洲一带之教会，政务殷繁，可以想见，则设官分职之事尚矣。凡教皇内阁阁员及其他官吏合而为"教皇之朝廷"（Curia）。

此外为主教者，并有管理主教教区中一切领土及财产之权。而且为主教者每有政治上之职务。如在德国，每为君主之重臣。最后，为主教者每同时并为封建之诸侯而负有封建之义务。彼可有附庸及再封之附庸，而同时又为君主或诸侯之附庸。吾人使读当日主教之公文书，几不辨主教之究为教士或为诸侯也。总之，当时主教义务之繁重，正与教会本身无异。

教会最低之区域为牧师。教会之面积虽大小不一，教徒之人数虽多寡不等，然皆有一定之界限。凡教徒之忏悔、浸礼、婚礼等仪节，均由牧师执行之。牧师之礼拜堂，为村落生活之中心，而牧师则为村民之指导者。

这在中国人看来，未有不诧怪者，为什么宗教僧侣要称王作帝，负起政治上责任来？又为什么能取得这大势力？这就为他们对于他们以外的人——无论下层阶级或国王贵族——实为最智慧最有知识教育，为文化之所寄的原故，希腊罗马的文化，经那北方过来的野蛮民族侵入破坏之后，秩序大乱，文物荡然；而先时由东方传

过来的希伯来宗教教士则能为之保存一些。历史家说明当时的情形云：①

> 西罗马帝国政府虽为蛮族所倾覆，而蛮族卒为基督教会所征服。当罗马官吏逃亡之日，正基督教士折服蛮族之时。昔日之文明及秩序，全赖教士之维持；拉丁文之不绝，教会之力也；教育之不尽亡，亦教士之力也。
>
> 教会之代行政府职权，并非僭夺，因当时实无强有力之政府足以维持秩序，保护人民，则教会之得势，理有固然。凡民间契约，遗嘱及婚姻诸事，莫不受教会之节制，孤儿寡妇之保护，人民教育之维持，均唯教会之是赖。此教会势力之所以日增，而政治大权之所以入于教士之手也。

据说西罗马帝国瓦解以来六七百年间，教士而外，直无通学问者；所以在十三世纪时，凡罗马人欲自承为教士者，只须诵书一行以证明之。因为这样，所以"各国政府之公文布告，端赖教士之手笔；教士与修道士无异君主之秘书，每有列席政务会议俨同国务大臣者，事实上，行政之责任亦多由教士负之"。②

基督教士既然成了彼时社会最高明的先生，则我们只须看当时那基督教高明到如何程度，则中世西洋人的文明程度可知矣。但我们要叙说旧日基督教的迷信可笑，顽固可怜，和十六世纪教会的腐败罪恶，实不胜说，我们只须看为宗教起的惨杀恶战，绵亘与蔓延，无穷无已，便足令中国人咋舌！"宗教改革"运动起后：

> 英王 Henry 曾亲身审判信奉 Zwingli 主张之新教徒，并引据圣经以证明基督之血与肉，果然存在于仪节之中，乃定以死

---

① 何炳松编译：《中古欧洲史》，22 页及 28 页。
② 何炳松编译：《中古欧洲史》，134 页。

刑而用火焚杀之。1539 年国会又通过法案曰"六条"者；宣言基督之血与肉果然存在于行圣餐礼时所用之面包与酒中；凡胆敢公然怀疑者，则以火焚之，至于其他五条，则凡违背者，初次处以监禁及藉没财产之刑，第二次则缢杀之。

女王 Mary 在位之最后四年，虐杀反对旧教者前后达二百七十七人；多用火焚烧而死。

Charles 第五曾下令严禁人民信奉路德等派之新教。据 1550 年所定法律，凡异端不悔过者则活焚之；悔改者亦复男子斩首，女子受火焚之刑。在 Netherlands 地方人之被杀者至少当有五万人。

1545 年法国王下令杀死新教徒 Waldensian 派之农民三千人。

1572 年 8 月 23 日之晚，法王发令杀死巴黎之新教徒不下二千人。消息既传，四方响应，新教徒被杀者至少又达万人。①

我们更不必多举了；其发生之长期内乱与国际战争亦不必说他。为什么他们多用火焚活人呢？因为不愿令他流血；流血便不合教会法律了。这便是当时的宗教之程度！中国历史何尝没有惨杀的事；然而像这样愚谬凶顽的大规模举动则没有。中国社会何尝没有迷信；然而像这样浅稚的愚迷，容在社会之下层或妇女有之而已。一是代表一社会文明最高点的上层，一是社会里程度低陋的下层，二者固不得同论。

我们于此可以明白，像前面所叙那蛮不讲人理的农奴制度所以能行，正为那时人是这般愚蠢的原故。我记起民国十七年夏间，有一日陪同卫西琴先生去访朱骝先先生。卫先生原是德国人，而朱先生则亦留德多年。因为谈乡村小学教育问题，卫先生极称中国乡下

---

① 何炳松编译：《中古欧洲史》，277—281 页。

人之聪明可教，而极不主张官府去厉行所谓义务教育。他说德国国家厉行的义务教育，于许多乡间全无好结果。朱先生赞同他的话；因而说出一件他亲自遇见的事。他说，他曾由德国某地移居某地（此地是一矿区）；照例到警察那里去登记注册；适先有一廿余岁女子亦在办这手续，乃见那女子竟不能书写自己的姓名。他始而颇诧讶，后才明白官办义务教育之无实，和德国乡下人生来的蠢笨。于是他们两位就齐声叹息。中国乡下人资质怎样胜过德人，因为中国乡下人是没曾受过一点伤；而德国乡下人则将从那酷虐的农奴制度下解放不过两代，千数百年的压制锢蔽，受害太深，脑筋不开化。当时听过他们的话后，使我益深深省识得所谓封建制度和中世纪西洋人的粗蠢愚昧。

历史家称欧洲中古之世为黑暗时代（Dark Age），盖有由然。

四　由中世到近世的转折关键何在

在今日说起来，似乎再没有文明过西洋人的了。即在仿佛百般看不起西洋人的我，亦不能不承认他在人类文化方方面面都有其空前伟大的贡献。二百年前尚那样野蛮，何以忽地二百年后一转而这样文明呢？前此似乎一无可取，现在何以忽地有这么多的成就出来呢？这个转折关键何在？这个转折关键，如我从来所认识，是在人生态度的改变。

我在《东西文化及其哲学》上，说明中国、西洋、印度三方文化之不同，是由于他们人生态度的各异。近世的西洋人，舍弃他中世纪禁欲清修求升天国的心理，而重新认取古希腊人于现世求满足的态度，向前要求去；于是就产出近世的西洋文化。此我十年前之所认识的，至今没变，而历久愈新，愈益深刻。这论调亦非独创自我，西洋历史家哲学家盖多言之，中国人亦有取而申言之者，我不过更加咬定，更体会得其神理其意义。读者最好取前书一为审看，今不暇多说，我们只能说两句。

我们先说欧洲中世的人生态度。欧洲中世的人生态度，是否定现世人生的，是禁欲主义；其所祈求乃在死后之天国。这是基督教教给他们的。基督教以为人生与罪恶俱来，而灵魂不灭当求赎于死后。历史家说：

> 古代希腊人与罗马人之观念，对于死后不甚注意，无非求今生之快乐；基督教则主灵魂不灭死后赏罚之说，其主义乃与此绝异，特重人生之死后。因之当时人多舍此生之职业及快乐，专心于来生之预备。闭户自修之不足，并自饿自冻或自笞以冀入道，以为如此或可免此生或来世之责罚。中古时代之著作家类皆修道士中人，故当时以修道士之生活为最高尚。①

相传中世教会以现世之快乐为魔；故有教士旅行瑞士，以其山水之美不敢仰视，恐被诱惑者。在这态度下，当然那为人生而用的一切器物、制度，学术如何开得出来？一世文化之创新，不能不靠那一世聪明才智之士；聪明才智之士倾向在此，还有什么可说呢？同时我们亦可看出，那封建制度所得以维持存在，是靠多数人的愚蠢；多数人的愚蠢所得以维持存在那么久，是靠为一世文化所寄的出世宗教。

然而人心岂能终于这样抑郁闭塞呢？无论锢蔽得多久，总有冲决的一天。果不其然，当中世之末，近世之初，有"文艺复兴""宗教改革"两件大事；而西洋人的人生态度，就于此根本大变了；——完全转过一个大相反的方向来。所谓"文艺复兴"便是当时的人因为借着讲究古希腊的文艺，引发了希腊的思想，使那种与东来宗教绝异的希腊式人生态度复兴起来。即我在前边揭出的；"舍弃他中世纪禁欲清修求升天国的心理，而重新认取古希腊人于

---

① 何炳松编译：《中古欧洲史》，26 页。

现世求满足的态度，向前要求去”，是也。他把一副朝向着天的面孔，又回转到这地上人类世界来了。所谓“宗教改革”则我在《东西文化及其哲学》上，说的明白：

> 所谓“宗教改革”虽在当时去改革的人或想恢复初时宗教之旧，但其结果不能为希伯来思想助势，却为第一路向帮忙，与希腊潮流相表里。因为他是人们的觉醒；对于无理的教训，他要自己判断；对于腐败的威权，他要反抗不受；这实在是同于第一路向的。他不知不觉中，也把厌绝现世，倾向来世的格调改去了不少。譬如在以前布教的人不得婚娶，而现在改了可以婚娶。差不多后来的耶稣教性质，逐渐变化，简直全成了第一路向的好帮手，无复第三路向之意味。勉励鼓舞人们的生活，使他们将希腊文明的旧绪，往前开展创造起来，成功今日的样子。①

蒋百里先生在其《欧洲文艺复兴史导言》中，亦说的好：

> 要之，“文艺复兴”实为人类精神之春雷。一震之下，万卉齐开；佳谷生矣，莠稗亦随之以出。一方则感情理智极其崇高；一方则嗜欲机诈极其狞恶，此固不必为历史讳者也。惟综合其繁变纷纭之结果，则有二事可以扼其纲：一曰人之发现；一曰世界之发现。（The great achievement of the Renaissance were the discovery of world and the discovery of man）人之发现云者，即人类自觉之谓。中世教权时代，则人与世界之间，间之以神；而人与神之间，间之以教会；此即教皇所以藏身之固也。有文艺复兴而人与世界乃直接交涉。有宗教改革而人与神乃直接交涉。人也者，非神之罪人。尤非教

---

① 《东西文化及其哲学》，第三章“答案讲明的第三步”一节。

会之奴隶；我有耳目不能绝聪明；我有头脑不能绝思想；我有良心不能绝判断！此当时复古派所以名为人文派（Humanism）也。

好了！炸弹爆发了！那北方森林中的野蛮民族，一副精强的体力，新鲜的血轮，将出得山来，就遇着闭智塞聪禁欲藏精的宗教，紧紧地圈收锢蔽，一直郁蕴积蓄到千年之久，现在迸裂发作起来了！而文艺复兴便是他的导火线。这一发就不可收。什么"宗教改革""工业革命""民主革命"，非美亚澳四大洲的侵略，地球上有色人种的征服，世界大战，"社会革命"……所谓近世西洋文化的怪剧，就是这样以奔放式而演出来的。而同时亦就是因这要求现世人生幸福的态度之确立，一世之人心思才力都集于这方向而用去；于是一切为人生利用的学术器物制度，才日新而月异，月异而岁不同，令人目眩地开辟出来。① 你问他为什么忽地一转而为世界顶文明的民族？就是为此。你问他为什么忽地有这么多成就出来？就是为此。

我曾于《东西文化及其哲学》上，指说近世西洋人所为人类文化之空前伟大贡献，综其要有三：征服自然的物质文明、科学的学问、德谟克拉塞的精神是已，而审是三者无不成功于此新人生态度之上，因一一为之说明，读者可取来参看，此不多及。现在要请大家注意者，仍在此态度：

第一，要注意这态度为重新认取的，与无意中走上去的大不相同；——他有意识取舍理智判断的活动。

① 蒋梦麟先生在《新教育》（第五号）有《改变人生的态度》一文，述丹麦哲学家霍夫丁氏之言，极论文艺复兴为人生态度之改变之意。以为人生态度不同，则用力方向以异，而文化之有无开创成就系焉。其开首数语极扼要：我生在这个世界，对于我的生活，必有一个态度；我的能力就从那方面用。人类有自觉心后，就生这个态度；这个态度的变迁，人类用力的方向亦就变迁。

第二，要注意这态度，盖从头起就先认识了"自己"，认识了"我"，而自为肯定；如从昏瞀模糊中开眼看看自己站身所在一般；所谓"人类的觉醒"，其根本就在这一点。（闻蒋百里先生译有《近世"我"之自觉史》一书正可资参考）

第三，要注意这态度，就从"我"出发，为"我"而向前要求去，一切眼前面的人与物，都成了他要求、利用、敌对、征服之对象；人与自然之间，人与人之间，皆分隔对立起来；浑然的宇宙，打成两截。

总括起来，又有可言者。一即这时的人，理智的活动太强太盛。这是他一切成功之母；科学由此而开出；社会的组织性机械性由此而进入；西洋文化所以有其特异的征服世界的威力全在此。一即个人主义太强太盛。这亦是他一切成功之母，德谟克拉塞的风气由此而开出；经济上的无政府状态，资本主义，帝国主义由此而进入；西洋文化所以有其特异的虎狼吞噬性盖在此。

五　中国人则怎样

中国人则怎样？中国人与西洋人是大不同的！而有些人则以为中国人只是不及西洋人，不认为是"不同"。却是谁不知道这"不及"呢？但我则以为是因其"不同"，而后"不及"的；——如果让我更确切地说，则正因其"过"，而后"不及"的。

谁不知道这不及呢？以烛光和电灯比较，以骡车帆船和飞机火轮比较，一则未进，一则进步很远，还用说么？不独物质生活如此；社会方面，学术方面，精神方面，我早都比较过是不及的了。然而请不要这样简单罢！自世界有学问的人看去，中国之为不可解的迷也久矣！"亚洲的生产""东洋的社会"不是在马克思亦不得不以例外而看待么？马克思不是只可以亚洲的政治历史来证经济的停顿，而不能解明其经济所以停顿的原因么？① 中国社会到底是什么社会"？"封建制度还存在不存在"？不是绞尽了中外大小"马学家"的脑汁，亦没有定论么？② 奥本海末尔（Oppenheimer）作《国家论》，将世界上历史上一切国家都估定而说明得；却不是独指中国国家的特别例外么？我是见闻极陋的人，而我偶然翻书所遇着这以中国历史中国社会为古怪神秘难解之谜的言论，在东西学者简直不可胜举；我亦没留心记数，更不须多数说以自壮。凡不肯粗心浮气以自蔽自昧的人，自己尽可留心去看好了。

　　我只指出两大古怪点，请你注意，不要昧心欺人，随便解释，或装作看不见：一是那历久不变的社会，停滞不进的文化；一是那几乎没有宗教的人生。这两大问题，如果你要加解释，请你莫忙开口，先多取前人议论来研究看！如你又要说话，我仍请你莫开口，再沉想沉想看！你真要说话了，我何敢拦；然而我希望宽待一时！这是于你有益的！

　　这中国社会的历久不变，文化的停滞不进，原为谈社会史者谈文化者所公认，更无须申言以明之；然仍不妨说两句。我们说中国不及西洋，然中国的开化固远在近世的西洋人以前。当近世的西洋人在森林中度其野蛮生活之时，中国已有高明的学术美盛的文化开出来千余年了。四千年前，中国已有文化；其与并时而开放过文化

---

　　① 顾孟余先生《社会阶级论中几个根本问题》文中有云：亚洲的政治历史实在是马克思一个难题。他曾说，"这种旧者死去新者复生的，然而在形式上永远不变的自足社会，这种简单的生产机体，是了解亚洲社会永久不变的神秘的钥匙。这个很特别的亚洲社会中，不断的表演国家的兴亡朝代的更易。至于这社会的经济要素的构造，是不受政治风潮影响的"。马克思的意思，是要用亚洲的政治历史，说明经济停顿，社会亦随着停顿，这个道理，由一方面讲，固然不错；但是我们于此自然而然要提出一问题，为什么亚洲社会的经济停顿？其原因究在那里？

　　② 此问题已成国内论坛聚讼之点；多少论文和成本著作都出来了。始而是中国共产党领着国民党喊打倒封建制度的口号，而国民党有学问人如顾孟余先生便先来否认中国封建制度的存在，惹起多少辩论，乃至今则共产党如陈独秀派亦出而否认了！据说俄国干部派与反对派剧烈政争，曾以中国问题为争点；而所以争则原于对中国社会认识之不同。干部派认中国是半封建的；杜罗斯基则认封建早没，资产已立。《三民》半月刊（第4卷第67期）宇心君《俄国党争与中国革命》一文，可参看。

之花的民族，无不零落消亡；只有他一条老命生活到今日，文化未曾中断，民族未曾灭亡，他在这三四千年中，不但活着而已！中间且不断有文化的盛彩。历史上只见他一次再次同化了外族，而没有谁从文化上能征服他的事。我们随手摘取一本《世界社会史》上的话：①

　　中国的文明，好像一个平静的大湖，停滞不动。这样的文明，自然不难吸收同化那经由土耳其斯坦而间接输入的印度文化的精髓——佛教。

　　当古代西洋文明没落以后，于中世纪的黑暗时代，历史的本流处于干涸状态的期间，中国文明的大湖反而现出了最汪洋的全盛时代。

　　那在第四世纪北方侵入来的所谓五胡蛮族，不久也被这湖水所吞没而同化了。这些蛮族，在北方建立了十六个几乎完全与中国文明相融合的国家，在晋朝灭亡后，约有一世纪半南北朝时代的战乱之间，与南方诸国相竞争相混合。到了第六世纪末叶，中国又渐渐统一于隋朝了。

　　其后三百余年间隋唐两朝的治世，使中国成为当时的世界中最安定的文明国，达到繁荣的绝顶。那破坏于秦而复兴于汉的儒学，在这期间大为发达，产出绚烂流丽的诗文；又发明木版印刷术，因之唐朝的宫廷有了藏着几万册典籍的图书馆。那佛教，也因为与印度直接交通，输入名僧经书，以致迅速地普及起来；各流各门的钟楼伽蓝，耸立于一切深山冷谷之内；幽稚庄严的佛书，佛像，把当时美术的显著的进步流传于今日。然而就社会全体来说，并没有产生什么本质的进步，和根本的变化。他们的经济生活，依旧一点没有脱离古代以来的旧套，在土壤肥沃的大平原里保守着那祖先传来的农业生产力所生的

───────────

①　上田茂树著（施复亮译）：《世界社会史》，46、48页。

社会制度；中国人便安然的在这种静稳和幸福的范围内过活。商业与货币，虽然已经有了相当的发展，但决没有像古代希腊那样在社会内获得重要的地位。市场上物物交换，还流行得很广。这里并没有农奴制度，连兵农的封建的阶级差别，也不甚明确。万物宽裕而且悠长的这个巨大的社会，却妨碍了那奔放不羁的冒险的活跃和独创的发展。

在唐朝末年，虽有了与阿拉伯的海上贸易者通商，与沙拉星文明接触，及基督教的输入等历史事件，也不能成为什么动因和刺戟，连以前北方蛮族侵入在这沉滞的人类大湖里所掀起的那样表面的波纹也没有。

长期的安逸和倦怠，在支配者的宫廷里，产生了阴谋，紊乱和虐政。一般民众，只是糊里糊涂地期待天命的变革，"真命天子"的出世，即欢迎新的较善的支配者出来代替。但这只是改变支配地位和国号的政治上的大事件，决不是像上述那种生产力的发展阶段相异的社会集团间的阶级或民族战争一样，引起社会的本质的变革。

到了成吉斯汗的孙子忽必烈汗，遂夺取中国的南部，把宋朝灭亡，建设了连结欧、亚两洲的一大蒙古帝国；这诚然是流入东洋史上中国文明的大湖里的外来蛮族的最大的浊浪。然而就是这个浊浪，也仅仅浮动于这悠久的大湖的水面上，并没有像侵入罗马的日尔曼人那样掀起了根本倾覆湖床的怒涛；不过一百年光景，在十四世纪的中叶，又被中国的原住民族明朝所灭亡了。

中国民族在今日好比七十老翁，而西洋人只是十七八岁小伙。如果简单地说，中国社会中国文化不及西洋进步；那就如说七十老翁身体心理的发育开展太慢，慢至不及十七八岁的孩子阶段！社会生命或不可以个体生命相拟；然而这一类"进步太慢，落后不及"的流俗浅见，则非纠正不可。

普通人总以为人类文化可以看作一条路线，西洋人进步的快，路走出去的远；而中国人迟钝不进化；比人家少走一大半路。所以说"产业落后"，"文化落后"，落后！落后！一切落后！然而我早说过了："……我可以断言，假使西洋文化不同我们接触，中国是完全闭关与外间不通风的；就是再走三百年，五百年，一千年亦断不会有这些轮船火车、飞行艇、科学方法和德谟克拉西产生出来"。[①] 他将永此终古，岂止落后而已！质言之，他非是迟慢落后；他是停滞在某一状态而不能进。束缚经济进步的土地封建制度，像欧洲直存在到十七八世纪的，在中国则西历纪元前二百多年已见破坏了；而却是迄今二千多年亦不见中国产业发达起来。这明明是停滞在一特殊状态；万万不能说作进行迟慢。大概许多有眼光的学者都看出是停滞问题，而不是迟慢的问题。但一般人模糊无辨别力，多将停滞与迟慢混说不分；这于学术上，可以贻误很大。

现在我请求读者大家赐予十二分的注意！我们在前面指出西洋文化是以如飞的进步，于很短期间开发出来的；现在我们又知道中国文化是入于停滞状态既千余年；我们就应当怪问：他为什么飞？而他为什么停？这一飞，一停，岂是偶然的么？谁若没脑筋，谁可不发此问；如果不是没脑筋的，他就要大大怪问不解，非得到惬心贵当的解答不能放过！

其次，我将请大家看历史上中国文化，第二大古怪处——几乎没有宗教的人生。

今日国内论坛上，第一热闹事，即封建制度尚存在于中国社会否的聚讼；一面令我们觉得此讨论追究的不可少；一面又令我们觉得此讨论追究的好笑。中国社会到底是什么社会？这是非弄清楚不可的，在这工作中，从经济的社会史眼光以为观察研究必不可少；而且是基本的，必须先作。那封建制度尚存在否，便成了当前不可避的问题。为什么又好笑呢？当为此研究时，实先有中国社会之历

[①]　《东西文化及其哲学》，第三章，"中国文化的略说"一节。

史的发展和西洋走一条路线的一大假定；——因现在这经济的社会
史眼光是由西洋社会养成而锻炼的。然而这一大假定不免是好笑的
笑谈！大约亦必须本此假定而研究下去，然后自见其好笑，乃能取
消此假定。然在聪明点的人，知于大关目处注意，则亦何待如此；
只消从大体上一看，便明白二者不可相拟。偏有人执着地说：①

> 只要是一个人体，他的发展无论红黄黑白大抵相同。由人
> 所组织成的社会亦正是一样。中国人有一句口头禅，说是
> "我们的国情不同"。这种民族的偏见差不多各个民族都有。
> 然而中国人不是神，不是猴子，中国人所组成的社会不应该有
> 什么不同。

"中国人所组成的社会不应该有什么不同"！好了！中国社会方在
未进状态，不敢与西洋现代社会比；比中世吧。请你看中国像欧洲
中世那样的宗教制度、教会组织在那里？欧洲那时可说是完全在宗
教下组成的一社会；中国历史上曾有这样的社会吗？欧洲那时几乎
除了"教祸""宗教战争"就没有历史；然而像这样的记载似不容
易在中国历史上找出一二页！这类最容易触起人注意的大关目，都
看不见，他尚何说。

　　然我欲大家注意者，尚不在组织制度之间。有眼光的人早应当
诧讶；中国人何竟不需要宗教？——从历史上就不需要?！——从
其二千多年前历史上就不需要?！中国社会之"几乎没有宗教的人
生"，是比无论什么问题都值得诧怪疑问的。罗素论中国历史相传
的文化，最重大之特殊点有三：一是文字以符号构成，不用字母拼
音；二是以孔子之伦理为标准而无宗教；三是治国者为由考试而起
之士人，非世袭之贵族；实则其余二者远不如"无宗教"之可异。
自西洋文化之东来，欲以西洋政治代替过中国政治，以西洋经济代

---

① 郭沫若著《〈中国古代社会研究〉自序》。

替中国经济，以西洋文学代替中国文学，……种种运动都曾盛起而
未有已；独少欲以西洋宗教代替过中国无宗教的盛大运动。此因中
国有智慧的人无此兴味；且以在西洋亦已过时之故。然由此不发生
比较讨论，而中国无宗教之可异，乃不为人所腾说，则是一件可惜
的事。

　　人类生活难道定须宗教么？宗教又是什么？照我的解释，所谓
宗教者都是从超绝人类知识处立他的根据，而以人类情志上之安慰
勖勉为事者。① 人生极不易得安稳；安之之道乃每于超绝知识处求
得之；为是作用者便是宗教。人类对他果需切至何程度，只能于其
作用发生后见之。我们知道人类文化上之有宗教，是各洲土各种族
普遍存在的重大事实。文化每以宗教开端；文化每依宗教为中心，
非有较高文化，不能形成一大民族；而其文化之统一，民族生命之
久远，每都靠一个大宗教在维持。从过去历史上看是如此。这就尽
足客观地取证其有自然的必要。我们又知道，宗教在人类文化上见
衰势，乃由挽近人事有下列四点变动而来：一，富于理智批评的精
神，于不合理性者难容认；二，科学发达，知识取玄想迷信而代
之；三，人类征服自然的威力增进，意态转强；四，生活竞争激
烈，疲于对外，一切混过。然而历史上的中国人固不具此条件。于
是我们不能不问：二三千年前历史上的中国人果何以独异于他族而
得逃于此"自然的必要"？果何所依恃而能使宗教不光顾到中国
来？此讵非怪事？谁能说中国人没有迷信，然而中国人没有一大迷
信——整个系统的宗教信仰。谁能说中国人没有宗教行为；然而中
国人没有一大规模的宗教行为——国家制度团体组织的宗教活动。
似此零星散见的迷信，无大活动力的宗教行为，实不足以当偌大民
族统一文化中心之任。（亦显然地不在此，而别有在。）以若大民
族，若大地域，各方风土人情之异，语音之多隔，交通之不便所以
维持树立其文化的统一者，其必有为彼一民族社会所共信共喻共涵

----

① 《东西文化及其哲学》第四章，"宗教问题之研究"一节。

育生息之一精神中心在；唯以此中心，而后文化推广得出，民族生命扩延得久，异族迭入而先后同化不为碍。然此中心在那样古代社会，照例必然是一个大宗教无疑的。却不谓二千年前中国人之所为乃竟不然——他并没有这样一个大宗教；讵非怪事耶？

　　我们为什么不说"中国没有宗教"；而说，中国"几乎没有宗教"？这是几层意思。"几乎怎样"，意即谓不是"干脆怎样"。中国如我所说，原是一种暧昧不明的文化；他就没有干脆的事。此其故，待后说明。一般人就因不明此理，总爱陷于无益的聚讼纷争；如争什么"中国是封建社会"，"中国不是封建社会"等类。其实从其"几乎是"言之，则几乎是；从其"几乎不是"以为言，则亦不是也。彼固隐然有其积极面目在；但你若不能发见其积极面目，则未有不徘徊疑惑者。或致不得已从其负面（消极方面）而强下断语，如说："只有在与'前资本主义的'同其意义而应用时，我们可以把中国社会的构造唤作封建制度。"① 照此例推之，则亦可说："从其前于科学发达而言，则中国可以说作有宗教"；岂非笑话！是否封建，有无宗教，本不干脆；倘更有意为之曲解，则更没办法矣。然你能从大端上发见其积极面目，固将知其不是也。

　　替代一个大宗教，而为中国社会文化中心的，是孔子之教化。有人即以孔子之教化为宗教；这就弄乱了宗教固有的范型。孔子的教化全然不从超绝知识处立足，因此没有独断（Dogma），迷信及出世倾向；何可判为宗教？不过孔子的教化，实与世界其他伟大宗教同样的对于人生具有等量的安慰勖勉作用；他又有类似宗教的仪式；——这亦是我们只说中国几乎没有宗教，而不径直说没有宗教的一层意思。孔子之非宗教，虽有类似宗教的仪式亦非宗教，这在

_____

① 　E. Yarga 著《中国革命的诸根本问题》一文中有此语；此语实不通。此岂非说，以其不白故谓之黑乎？

冯友兰先生《儒家对于婚丧祭礼之理论》一文中，说得很明。① 这篇文全从儒家固有理论，来指点儒家所有许多礼文仪式，只是诗是艺术而不是宗教。他们一面既妙能慰安情感，极其曲尽深到；一面复极见其所为开明通达，不背理性。我们摘取他总括的几句话于此：

> 近人桑载延纳（Santayana）主张宗教亦宜放弃其迷信与独断，而自比于诗。但依儒家对于其所拥护之丧礼与祭礼之解释与理论，则儒家早已将古时之宗教，修正为诗。古时所已有之丧祭礼，或为宗教的仪式，其中或包含不少之迷信与独断。但儒家以述为作，加以澄清，与之以新意义，使之由宗教而变为诗，斯乃儒家之大贡献也。

此下他就丧葬祭各礼，一样一样指点说明，皆饶有诗或艺术的趣味，持一种"诗"的态度。他并且指说，不但祭祀祖先如此，对任何祭祀亦持此态度。儒家固自说：

> 祭者，志意思慕之情也。忠信爱敬之至矣；礼节文貌之盛矣。苟非圣人，莫之能知也。圣人明知之，君子安行之，官人以为守，百姓以成俗；其在君子以为人道也；其在百姓以为鬼事也。
>
> 日月食而救之，天旱而雩，卜巫然后决大事，非以为求得也，以文之也。故君子以为文，而百姓以为神。

儒家所为种种的礼，皆在自尽其心，成其所以为人，没有什么要求得的对象。像一般宗教所以宰制社会人心的，是靠着他的"罪""福"观念；——尤其是从超绝于知识的另外一世界而来的罪与

---

① 冯君此文见燕京大学《燕京学报》第三期。

福，存在于另外一世界之罪与福。而孔子对人之请祷，则曰，"丘之祷也久矣"！对人之问媚奥媚灶，则曰，"不然，获罪于天无所祷也"！又如说，"非其鬼而祭之，谄也"；"敬鬼神而远之"；"未知生，焉知死；未能事人，焉能事鬼"。其全不想借着人类对另外一世界的希望与恐怖，来支配宰制人心，是很明的。这样如何算得宗教？

现在我们可以说到本题了。中国没有一个大宗教，孔子不是宗教，都已分明；则历史上中国社会人生是靠什么维持的？这"几乎没有宗教的人生"，怎样度日过活来？这非求得一个答复不可。当那古代没有科学，知识未充富，理智未条达，征服自然的能力不大而自然的威力方凌于人类之上，谁个民族社会不靠宗教为多数人精神之所寄托而慰安，所由约束而维持？乃中国人有什么本领，能超居例外？宗教在古代是个"乘虚而入"的东西；何独于中国古代社会，宗教乃不能入？这些问题，谁若没脑筋谁可不想到；如果不是没脑筋的，他就要大大怪问不解，非得到惬心贵当的解答，不能放过！

六　解一解中国的谜

中国的谜（古怪可疑之点）本来随处可以发见；只怕不留心，留心多着哩！我今姑举上边两大疑问而止。凡欲了解中国人和中国文化的，从此入手去求了解，便可豁然。这好比那大门上的锁窍；得此窍即可开此锁而开门看见一切。我一面指出锁窍，请大家有心人各自试探研究；我一面将再贡献一把钥匙，备大家试探时的参考采用；同时我亦借此说明，我前所言中国之于西洋是因"不同"而后"不及"，因"过"而后"不及"的所以然。

我这把钥匙还是在《东西文化及其哲学》所提出的：

人类生活中，所遇到的问题有三不同；人类生活人，所秉持的态度（即所以应付问题者）有三不同；因而人类文化有三期次第不同。

第一问题是人对于"物"的问题，为当前之碍者即眼前面之自然界；——此其性质上为我所可得到满足者。

第二问题是人对于"人"的问题，为当前之碍者在所谓"他心"；——此其性质上为得到满足与否不由我决定者。

第三问题是人对于"自己"的问题，为当前之碍者乃还在自己生命本身；——此其性质上为绝对不能满足者。

第一态度是两眼常向前看，笔直向前要求去，从对方下手改造客观境地以解决问题，而得满足于外者。

第二态度是两眼常转回来看自家这里，反求诸己，尽其在我，调和融洽我与对方之间，或超越彼此之对待，以变换主观自适于这种境地为问题之解决，而得满足于内者。

第三态度——此态度绝异于前二者；他是以取消问题为问题之解决，以根本不生要求为最上之满足。

问题及态度，各有浅深前后之序；又在什么问题之下，有其最适相当的什么态度。虽人之感触问题，采取态度，初不必依其次第，亦不必适相当；而依其次第适当以进者，实为合乎天然顺序，得其常理。人类当第一问题之下，持第一态度走去，即成就得其第一期文化；而自然引入第二问题，转到第二态度，成就其第二期文化；又自然引入第三问题，转到第三态度，成就其第三期文化。

此其所由树立，盖从人类过去历史文化反复参证而得。古希腊人之人生盖类属第一态度，其文化即发于此；古中国人之人生盖类属第二态度，其文化即发于此；古印度人之人生盖属第三态度，其文化即发于此。总之，所谓世界三大系文化者，盖皆有其三不同之人生态度为根本。然综观人类文化至于今日，实尚在第一问题之下；而古之人唯希腊态度适相当，又不久中断；中国印度则均失序不合，其所成就既别有在。近世之西洋人乃重新认取第一态度而固持之，遂开人类文化新纪元，大有成就；迄于最近未来，殆将完成所谓第一期文化。① 在最近未来第一期文化完成；第二个问题自然引入。人类必将重新认取第二态度；而完成所谓第二期文化。如是第三问题又自然引入；第三态度又将重新认取；而完成所谓第三期文化。此余前书大意，欲得其详，必审原书。

如果让我解一解中国的谜——顷才提出的两大古怪问题，则我仍将用我从来用以解开一切文化之谜的钥匙来解。

历史上的中国社会为什么不需要宗教？我的回答是：中国因为走入人生第二态度故不需要宗教了！既没有一个大宗教，则其一大社会之人生所由安慰而勖勉，所由维持而进行，又靠什么？我的回答是：他所靠的是代表人生第二态度所谓孔子一派的思想学问礼俗制度。

近二三百年来西洋人为什么飞？而近千余年来中国人为什么停？我的回答是：从中古欧洲史看去，他既郁蕴有非冲决奔放不可之势，一旦得人生思想之新解放，恰不啻由代表第一态度之人生观使这冲决奔放得一根据，得一公认；而恰好在人生第一问题下正需切这第一态度，以开发其第一期文化，种种恰好凑合，集全力以奔注于一点，如鱼得水，如虎生翼，安得不飞跃起来！中国文化的所以停滞，因其不持第一态度，就根本地冷怠了在第一问题上之进展；而处于第一问题尚未解决之下，以基础条件之不备，环境之不合，其发于第二态度之文化亦只能达于可能的最高度而止，这样交相牵掣，就陷于绝境，苟外缘之不变，即永无新机杼之可开出；不停滞，又何待？其历久不变的社会，即此中重要现象之一，尽其社会构造之特殊，虽出于第二态度之人为调制，而究必以其在第一个问题上所得几许成就为下层基础，今在第一个问题上既无复进展，则社会其何由变？

---

① 请参看《东西文化及其哲学》，第五章"因经济改正而致文化变迁"一节。

　　关于答案的前提说明，既有前书，非此所及。所以我们就从解明答案说起。

　　宗教这样东西饥不可为食，渴不可为饮，而人类偏喜欢接受他，果何所谓呢？这就因为人们的生活多是靠着希望来维持，而他是能维持希望的。人常是有所希望要求，就借着希望的满足而慰安；对着前面希望的接近而鼓舞；因希望之不断而忍耐勉励。失望与绝望于他是太难堪。然而怎能没有失望与绝望呢？恐怕所希望要求者不得满足是常，得满足或是例外哩！这样一览而尽，狭小迫促的世界，谁能受得？于是人们自然就要超越知识界限，打破理性酷冷，辟出一超绝神秘的世界来，使他的希望要求范围更拓广，内容更丰富，意味更深长，尤其是结果更渺茫不定。一般之所谓宗教就从这里产生；一般宗教，莫不以其罪福观念，为宰制支配人心之具，而祈祷禳祓成了必不可少的宗教行为，亦就为此。① 如果我们这个解说不大错，则我们倘无所希冀要求于外，宗教即无从安立。这无所希冀要求于外的人生态度非他，即我所谓人生第二态度者是。历史上的中国人所以既不具挽近西洋致宗教于衰微的四条件，（如前第五段所陈），而能独若无所需于宗教，而宗教亦于中国古代社会独若不能入者，只是因周孔的特别聪明教化，大大修正了或变化了当人类文化初期所不容少的有所希冀要求于外的态度，而走入人生第二态度的缘故。

　　说到中国的人生，俗常都以为孔子的教化实支配了二三千年的中国人，而西洋人对于中国之所知，更只于孔子的伦理而止；其实孔子的教化久已不得而见之，所赍留于后者不过是些孔子的语言道理，其影响到人生的势力是很勉强的，真正中国的人生之开辟一定前乎孔子，而周公当为其中最有力之成功者。周公并没有多少道理给人；——他给人以整个的人生。他使你无所得而畅快，不是使你

――――――――――

　　① 此良未能概括所有宗教，较高宗教或面目不改，而内容意义变异；更高宗教则或面目内容全变；然一般之宗教则固如此也。

有所得而满足；他使你忘物忘我忘一切，不使你分别物我而逐求。怎样能有这大本领？这就在他的"礼乐"。自非礼乐，谁能以道理扭转得那古代社会的人生！自非礼乐，谁能以道理替换得那宗教！中国文化之精英，第一是周公礼乐，其次乃是孔子道理。（孔子只是对于文武周公所创造的中国文化，大有所悟的一个人。）礼乐之亡甚早甚早，即真正的中国人生湮失已久已久。周秦之际已是王道衰，霸道起，两相争持之候（孙中山先生尝以王道霸道分别中西文化颇洽）；汉代去古未远，收拾余烬，仅存糟粕，仍可支持，至魏晋而衰竭，不复能维持矣，印度文化之佛教由是以入；唐代佛教盛行，中国人生（内容兼面目）于此呈一变例，由此异化之刺激而使固有路子稍得寻回，则宋人是已；然内容虽见活气，外面缺憾实多；明代继有发明，而其味转漓；有清三百年虽有颜李不世英豪，惜与墨子同为缺乏中国人的聪明者，自不足以继往开来；而大体上中国的人生远从两千年（汉）近从八百年（宋）递演至此，外面已僵化成一硬壳（体合人情的伦理渐成不顾人情的礼教），内容腐坏酵发臭味（儒释道三合化为文昌帝君教，读书人咸奉之，贪禄希荣迷信鬼神）；自欧化东来予一新颖而剧烈之刺激，近数十年乃一面为硬壳之破裂崩坏，一面为腐臭之宣播扬达；苟非残生将次断命，便是换骨脱胎之候。盖不独于今日为西洋所丑化了的中国人不足以见所谓中国人生，即倒退六七十年欧化未入中国之时，固已陵夷衰败至最后一步，不成样子；——几乎从无宗教复返于有宗教。乃不谓罗素于民九来中国住得一年，对中国人生犹复称美不置；他一而再，再而三地说：①

　　吾人文化之特长为科学方法；中国人之特长的人生究竟之正当概念（a just conception of the ends of life）。

　　中国人所发明人生之道，实行之者数千年；苟为全世界所

---

① 罗素：《中国之问题》，中华书局译本，191、195、4、186 页。

采纳，则全世界当较今日为乐。

　　吾人深信自己之文化与人生之道，远胜于他族；然苟遇一民族如中国者，以为吾人对彼最慈善之举莫若使彼尽效吾人之所为，此则大过矣。以予观之，平均之中国人虽甚贫穷，但较平均之英国人更快乐。

　　其在中国，人生之乐无往而不在，斯中国之文化为予所赞美之一大原因也。

　　好动之西洋人处如此之社会，几失其常度，而不知向日所为之目的何在。及夫为时渐久，乃知中国人生之美满可贵；故居中国最久之外人即为最爱中国之外人。

素称冷静客观的罗素亦许独于此有偏见而扢扬太过，然总不能毫无故实。这就为中国人虽丧失他祖先的俊伟精神，而数千年之濡染浸淫，无论如何总还有一点不同处。中国的人生无他，只是自得——从自己努力上自得——而已；此即其东别于印度，而西异于西洋者。此"自得"二字可以上贯周孔精神，而下逮数千年中国社会无知无识匹夫匹妇之态度，虽有真伪高下浅深久暂千百其层次而无所不包；此实为一种"艺术的人生"，而我所谓人生第二态度，其所以几于措宗教于不用者，盖为此。

　　前引冯友兰先生论文，谓中国儒家将古代宗教修正为诗，盖正是以礼乐代宗教耳。在初时，非周公礼乐不能替换得宗教；然二三千年来为此一大民族社会文化中心之寄者，则孔子道理也。我们前说，"以偌大民族、偌大地域，各方风土人情之异，语言之多隔，交通之不便，所以维持树立其文化的统一者，其必有为彼一民族社会所共信共喻共涵育生息之一精神中心在；唯以此中心，而后文化推广得出，民族生命扩延得久，异族迭入而先后同化不为碍"，正谓"极高明而道中庸"的孔子之遗教。此中心在那样古代社会照例必然是一个大宗教——中国原来是需要宗教的，但为有了孔子就不需要他。这好比太阳底下不用灯；有灯亦不亮一样。孔子的教训总是指点人回头看自己，在自家本身上用力；唤起人的自省（理性）与自求（意志）。这与宗教之教人舍其自信而信他，弃其自力而靠他力，恰好相反；亦明明是人类心理发育开展上一高一下两个阶段。却是人们一经这样教训，要再返于那下阶段就难了。所以虽礼崩乐亡，而中国人总不翻回去请出一个宗教来，——不再用灯，散碎的宗教迷信不绝于社会间而总起不来，——灯总不亮。中国人自经孔子的教训，就在社会上蔚呈一大异彩，以道德易宗教；或更深切确凿地说，以是非观念易罪福观念。

　　罗素在他著的《中国之问题》中，曾深深叹异中国人没有"罪（sin）"的观念；又说："在中国'宗教上的怀疑'并不引起其相当的'道德上之怀疑'，有如欧洲所习见者"。[1] 中国人向来要凭良心讲理的，谚所谓"有理讲倒人"，"什么亦大不过理去"，皆足以见。凡我们之有所不敢为者，自恶于不合理，知其"非"也，欧洲人则惧于触犯神和宗教教条，认为是一种"罪"。这个分别很大。一是诉诸自己理性而主张之；一是以宗教教条替代自己理性而茫无主张。在中国社会虽然道德上传统观念时或很有权威，足以压迫理性，然此唯后来硬壳已成时有之，非古人原初精神。孔孟原初精神，如所谓"是非之心，人皆有之"，"理义之悦我心，犹刍豢之悦我口"；"君子不安故不为，汝安则为之"；皆彻底以诉诸自己理性判断为最后准归。欧洲社会只是有宗教，以宗教为道德，中国社会才真有道德。这个关系很大，必须一为申论：

　　一是因诉诸自己理性，而抽象理解力大进，不复沾滞于具体的特殊名象仪式关系等。中国人最喜说，"宗教虽多，道理则一"的话，诚然是模糊侊侗的好笑。然亦正见其不注意表面名色仪式等，而注意各宗教背后抽象道理。这实是进了一阶段。

　　一是因反省而有自己抑制及对他人宽容的态度。欧洲人信一宗教为真，则以其余宗教为必假；由其宗教上之不宽容（religious in-

---

　　① 罗素：《中国之问题》，35、189 页。

tolerance）彼此仇视，致有遍欧洲千余年之教祸；中国人实无此偏见隘量与暴气。罗素云："中国人之宽容，恐非未至中国之欧人所及料；吾人今自以为宽容，不过较之祖先更宽容耳。"又云："道德上之品性为中国所特长，……如此品性之中，予以'心平气和'（pacific temper）最为可贵，所谓'心平气和'者。以公理而非以武力解决是已。"① 这实比欧人进高一阶段。

一是因大家彼此都要讲理，而又有其一社会所共信共喻之理（孔子道理），又有平和从容以讲理的品性，故社会自然能有秩序，不假他力来维持。旧日中国社会之维持，第一不是靠教会的宗教，第二不是靠国家的法律；——或者只可说是靠道德习惯。辜汤生先生尝讥西洋社会不是靠僧侣拿上帝来威吓人，便是靠军警拿法律来拘管人，② 而西洋人自己亦说："中国国家就靠着这千万的知足安乐的人民维持，而欧洲的国家没有不是靠武力来维持的"。③ 好像宰制中国人的是公理，而宰制西洋人的是强权。我们勿须客气地说，这实比欧人要高一阶段。

一是因讲理之风既开，人心之最高倾向乃唯在理。理是最能打动中国人心的东西。他实最有服善之勇气与稚量。虽然无论哪个民族哪个社会于其不相习的道理都不易接受，中国亦何能独外，然而恐怕没有再比中国人接受这样快，冲突扞格这样少的，因为他脑中的障蔽最少。科学与德谟克拉塞，中国人皆以理之所在而倾向之。中国人之革命率以趋赴真理之态度出之；其革命势力之造成乃全在

---

① 罗素：《中国之问题》，194、211 页。

② 辜鸿铭先生以英德文写著《春秋大义》一书以示西人，其中有云：西洋之教人为善，不畏之以上帝，则畏之以法律，离斯二者虽兄弟比邻不能安处也。逮夫僧侣日多，食之者众，民不堪其重负，遂因三十年之战倾覆僧侣之势力而以法律代上帝之权威。于是继僧侣而兴者则为军警焉。军警之坐食累民其害且过于僧侣，结果又以酿成今日之战。经此大战之后，欧人必谋所以弃此军警，亦如昔之摒弃僧侣者然。顾摒弃军警之后其所赖以维持人间之平和秩序者将复迎前摒弃之僧侣乎？抑将更事他求乎？为欧人计惟有欢迎吾中国人之精神，惟有欢迎孔子之道。（原书未见，此就李守常先生《东西文明之根本异点》一文所引录者转录之。）

③ 德国 F. Miiller - Lyer 著《社会进化史》，陶孟和译，第62页。

知识分子，对于一道理之迷信与热诚的鼓荡。他并没有经济上的必然性，却含有道德的意味，这个关系中国革命性质问题甚大，当别为文讨论之；此刻我们只指出请大家注意，中国近三十年一切改革或革命大抵出于所谓"先觉之士"主观上的要求，而很少是出于这社会里面事实上客观的要求。以前一切的贻误全由于此，但今后却仍无法舍此路而不由。

古时的中国人心思之开明远过于西洋，简直是不可同日而语，——西洋人唯入近世乃趋于开明耳。然我欲请大家注意者尚不在此。孔子使人心开明，宗教不起，而代之以道德，是固然已；但人类是何等难对付的东西，岂是"人心开明，宗教不起"，就算行了么？人心开明，正可以嗜欲放纵；宗教不起，正可以肆无忌惮，文化毁灭，民族衰亡，并不难由此而致（希腊罗马之往事殆即如此）。开明不难，开明而能维持其开明实难。这似就是靠道德了！却是老生常谈的道德教训就能行了么？开明是孔子的长处之易见者，而其真正的长处乃在开明的背后更深的所在。苟不能于此有所识得，即不为识得孔子，亦不能识得中国人生和中国文化。

人类是何等难对付的东西！古代所谓"圣贤英雄"莫不以愚蔽他，为好对付的；孔子乃独去其障蔽，使他心思开明，而后对付他，这是何等的大胆！这其中又是何等手段！一般人之对付犹非难，聪明人之对付实难。聪明人都是好怪的，你不显出些神奇高妙新鲜希罕的玩艺收罗不住他。孔子乃独以老生常谈，浅近平庸的东西摆在你眼前，说在你耳边，仿佛都是让人看了不起劲，听了要睡觉的，而他却不怕你不要。这是何等的大胆！这其中又是何等手段！大胆是空有的么？手段是随便就有的么？自非有极高的眼光极深的见解，将人类是怎样一个东西，人生是怎么一回事，完全洞彻了然于胸，其何能如此！呜乎，圣矣！这真可以俯视一切！（孔子不俯视一切，我替他俯视一切；孔子亦无大胆，无手段，抑本无对付人类之意，我替孔子作说明，不得不为是引人注意的说词耳。）

生物进化到人类，实开一异境。一切生物，均限于"有对"之中，而人类则以"有对"超进于"无对"。——他一面还是站脚在"有对"，而实又已超"有对"而入"无对"了。这就是说，一切生物，无法超离其"个体对外性"，——或简云"对外性"，因有时或为个体之集团故。他总要一面有所利用凭借，一面有所对待反抗，这是他辗转逃不出之局；而人类则可以超乎此。人类唯以超有对，故能有超利害的是非心，故有道德。人类唯以超有对，故能有真的自得，故生活非定靠希望来维持，更不必靠宗教来维持希望。人类唯以超有对，故能洞开重门，融释物我，通乎宇宙万物为一体。我们今日乃深有味乎中国人之言；"仁者人也"，"仁者与物无对"。除非中国人数千年白活了，于人类文化无所发明，无所贡献则已，如其有之，则我敢断言，便是他首先认识了人类之所以为人，——认识了人的无对。有此认识者非唯孔子，然孔子实承前而启后，凡数千年中国人生中国文化所为与西洋大异其趣者，要唯以中国古人有此一点认识，前后相承，勉力趋赴，影响所被演成前所谓人生第二态度之所致耳。人生第二态度之于"无对"或即之，或违之，"虽不能至，心向往之"，百变不离其宗。然人生第一态度则正是人之"有对性"所表现发挥。中国人之精神与西洋人之精神，各有其在人性上之根据；然西洋人盖自人与一切生物所同具之点出发；中国人则自人性中所以异乎一切生物之点出发。此问题太大太大，他日当为《人心与人生》一书专论之。

孔子就因为把握得人类生命更深处作根据，而开出无穷无尽可发挥的前途，所以不必对付人，而人自对付了，——人类自要归了他的辙。看似他收罗不住聪明人，而不知多少过量英豪钻进去就出不来。看似他了无深义，令人不起劲，而其实有无穷至味，足以使你"不知手之舞之，足之蹈之"。他是"极高明而道中庸"，你不要以为他平平常常就完了；——他比任何神奇者更神奇，他比任新妙者更新妙。罗素在他书上说："孔子之功何在，予实不知；读其书，大都注意于小端之礼节，教人以在各种之时会，处己之方法。"① 泰戈尔对我谈，他诧异像孔子这样全非宗教而只是一种的人事教训，为什么亦能在社会上有根深蒂固伟大而长久的势力？② 他们只见其处处剀切人事的许多教训，而没发见他整个精神，一贯之道；外面的"中庸"看见了，内里的"高明"没看见。当然要对于他的价值和势力，生疑发闷而不解。其实假使孔子只中庸而不高明，只有许多教训和礼制而没有整个精神，一贯之道，中国的事倒好办了；——他不足以范围聪明人，聪明人很可以另开他路。中国人所为深入于人生第二态度，南北东西一道同风，数千年而不变，聪明才智之士悉向此途中之学问或事业用去（唯唐宋佛教禅宗收去聪明英豪不少），有如印度人之深入第三态度，聪明才智悉用于宗教者，以孔子大启其门，深示之路，后之人采之不尽，用之不竭，遂一入而不能出也。不然，则局于第二态度不可能，而人生第一态度或有可能已。唯人生第一态度隐昧开不出，就耽误了中国人！

　　你看科学为什么偏出于宗教障蔽最强的欧洲，而为什么中国人心思开明，无为之障蔽者，却竟尔数千年亦没有科学产生出来？这是什么缘故，你能回答么？这就为两眼向外看（第一态度）与两眼转回来看自己（第二态度）之不同而已。两眼向外看则所遇为静的物质，为空间（其实化宇宙为物质，化宇宙为空间耳；曰遇物质遇空间，特顺俗言之。）为理智分析区划所最洽便适用之地。回来看自己则所遇为动的生命，为时间，③ 为理智分析区划所最不

----

① 罗素：《中国之问题》，186 页。

② 泰戈尔来北京，徐志摩先生劝我与他为一度之谈话，我原意欲有请教于他者，不期乃专答了他之问。此段谈话将来须另为文叙述之。大致是因杨震文先生以孔子为宗教之一，泰戈尔则不承认孔子为宗教，引出他对孔子不解的凤疑，而我答，当时多劳徐志摩先生为我翻译。

③ 为近三十年西洋哲学上之一新意义的"时间"，非俗常所说者。俗常所说为分段的时间，盖以空间的法式移用而来。此为西洋哲学接近东方哲学之一大变迁，非此处所及说。

便适用之地。西洋天才英伟之伦，心思聪明向外用去，自就产生了
物质科学和科学方法，更以科学方法普遍适用于一切。中国天才英
伟之伦，心思聪明反用诸其身，其何从而产生物质科学和纯乎理智
把戏的科学方法邪？其所成就盖早与西洋殊途；然而没有科学，就
耽误了中国人。（老庄思想及道教、佛教或属第二态度或属第三态
度，亦以此同为耽误中国人者，顾究非中国人生之正宗主脉，关系
影响不如是重大。）

孔子不单耽误了中国的科学，并且耽误了中国的德谟克拉西。
礼乐亡失，中国人所受用者为孔子之遗教；然此可粗判为思想学问
及礼俗制度之二大部。思想学问仅为少数人所得享；礼俗制度乃普
及于全社会。礼俗制度之时代性地域性极重，本不同乎思想之有个
人性；以礼俗制度属诸孔子非诬则妄。然中国之有"伦理"，孔子
似极有力，此伦理又为数千年礼俗制度之中心骨干，无甚大之变
化。于是孔子乃有其任何哲学家、教育家、政治家对于人群所不能
有之伟大而长久的势力。（此种伟大而长久的势力唯大宗教有之，
然孔子固非宗教，此泰戈尔所以疑也。）中国人如果像罗素所说那
样安乐幸福，亦唯此伦理之赐；中国人如果像前两年的时髦话有所
谓"吃人礼教"，近两年的时髦话有所谓"封建遗毒"，亦唯此伦
理之赐。

伦理者，盖示人之人生必为关系的；个人生活为不完全之人
生。男或女，孑然一身，只好算半个人；必两性关系成立，全整人
生乃于是造端；继之以有父子，又继之以有兄弟。——此即所谓
家。家而外，又从社会关系而有君臣朋友。人生实存于此各种关系
之上，而家乃天然基本关系。故所谓伦理者，要以家庭伦理——天
伦——为根本所重；谓人必亲其所亲也。人互喜以所亲者之喜，其
喜弥扬；人互悲以所亲者之悲，悲而不伤。外则相和答，内则相体
念，心理共鸣，神形相依以为慰，所谓亲也。人生之美满非他，即
此各种关系之无缺憾。反之，人生之大不幸非他，亦即此各种关系
之缺憾。鳏、寡、孤、独，人生之最苦，谓曰"无告"；疾苦穷难

不得就所亲而诉之也。此其情盖与西洋风气不孤而孤之（亲子异居，有父母而如无父母），不独而独之（有子女而如无子女），不期于相守而期于相离，又乐为婚姻关系之不固定者，适异矣！家为中国人生活之源泉，又为其归宿地。人生极难安稳得住，有家维系之乃安。人生恒乐不抵苦，有家其情斯畅乃乐。"家"之于中国人，慰安而劝勉之，其相当于宗教矣。① 故中国社会以家构成，而西洋人昔则以每个人直接宗教，近则以每个人直接国家。我们或者可以戏称西洋人生为单式的，中国人生为复式的。（以经济上农业工业之殊，解释中西人之有家无家，仅为片面理由。）

现在我有请大家特别注意的，中国人不期于此引入我所谓人生第二问题是也。伦理复式的人生，使得中国人触处发生对人的问题，——如何处夫妇，如何处父母子女，如何处兄弟乃至堂兄弟，如何处婆媳姑娌姑嫂，如何处祖孙伯叔侄子乃至族众，如何处母党妻党亲戚尊卑，如何处邻里乡党长幼，如何处君臣师弟东家伙伴一切朋友，……如是种种。总之，伦理关系罩住了中国人，大有无所逃于天地之间之概；故如何将此各种关系处得好乃为第一问题。于是当人类文化初期，本在人对物的问题之下，其人对人问题尚不迫切地到达人面前的，乃不期而到了中国人头上，迎面即是，无从闪躲。而此所谓人生第二问题者乃与第一问题绝异其性质的，如我前所开陈——

第一问题是人对于"物"的问题，为当前之碍者即眼前面之自然界，——此其性质上为我所可得到满足者。

第二问题是人对于"人"的问题，为当前之碍者在所谓

---

① 王鸿一先生尝有如何解决三世两性问题之说，据其所见，则中国人正是以家庭伦理代宗教。三世者，过去、现在、未来；两性者，男女两性。禽兽但有现在，人类则更有过去观念、未来观念。宗教为解决三世问题者，是即其天堂净土，地狱轮回之说也。中国人则以祖先、本身、儿孙，所谓一家之三世为三世；过去信仰寄于祖先父母，现在安慰寄于两性和合，未来希望寄于儿孙。较之宗教的解决为明通切实云云。

"他心"，——此其性质上为得到满足与否不由我决定者。

宇宙本来在"我"——每一生命为一中心，环之之宇宙皆其所得而宰制；但他人身体在内，他心不在内；以他心为别一生命，别一"我"也。我们对他人身体有绝对制服力（性质上如此），对于他心无绝对制服力（性质上如此）。所谓"性质上为我可得到满足者"，得到满足与否亦不决定，但性质上为我可得到满足者；我不但有力于决定此问题，且其力为绝对的，以对方之"物"静故也。所谓"性质上为满足与否不由我决定者"，我固可有力于决定此问题，但其力只为相对的。如何结果尚待他来决定，而不由我，以对方之"心"动故也。由是而吾人对付问题之态度乃不得不异：对付人生第一问题，宜用人生第一态度，而对付人生第二问题，乃不能不用人生第二态度。——一往直前的办法，强硬征服的办法，专于向外用力者于此皆用不上。我们此时实只有"反求诸己"，"尽其在我"而已。例如不得于父母者，只有两眼转回来看自家这里由何失爱，而在自己身上用力，结果如何不得期必，唯知尽其在我，此为最确实有效可得父母之爱的方法。其他一切关系均不出此例。盖关系虽种种不同，事实上所发生问题更复杂万状，然所求无非彼此感情之融和，他心与我心之相顺。此和与顺，强力求之，则势益乖；巧思取之，则情益离；凡一切心思力气向外用者皆非其道。于是事实上训练出来的结果，乃不得不以第二态度易第一态度矣。然继此更有可言者。

伦理关系之弄得好，本在双方各尽其道；然此各尽其道只许第三人言之，当事之双方则只许先问自己尽其道否，——此先为永远无尽之先。故由此大家公认只许责己不许责人。伦理上之双方多有尊卑长幼主客轻重不同之势，虽曰各尽其道，而责重则在一方，亦人情所恒有。故孝弟之训多于慈友之勉。伦理关系期于合而不期于离；有时合之不能，离之不可，则相忍为国，以无办法为办法。事实上其真出于离，或真能行合之道者既不多，则归于两相忍隐耐受者其在十之八九。故由此养成国民的妥协性与麻痹性。凡此或为道理之推论，或为事实之所演，皆第二态度之余义。试问以如此态度，在上之威权其何由推翻？谁都知道，"德莫克拉塞"是由西洋人对于在上者之压迫起而抗争以得之者；所谓平等与自由，实出于各自争求个人本性权利而不肯放松，以成之均势及互为不侵犯之承认。然而从数千年伦理生活所训练出的人生态度，所陶养的国民性，你怎能想象他亦会有这么一天开出这些玩艺来呢？

　　然而德谟克拉塞之不得出现于中国，尚有更有力之原因在，即中国社会组织制度之特殊性是，中国制度之特殊不一而足，此处所指盖在其与西洋对照有全然相异之形势——西洋制度完全造成一种逼人对外求解决的形势，而中国则异是；中国制度完全开出你自己求前途的机会。欧洲中世的封建制度，我们已于本篇第三段《中世的西洋社会和他们的文明程度》叙说过了。西洋近世的资本制度的大概，则人都知道。他们这一古一今的两大制度，虽然外表上不同的很，然而骨子里有其一致的精神。在封建社会里，一个农奴生下来，他的命运前途就决定了，——就要如前所叙的那样为奴。全部农奴的命运实在操握在封建领主手里；然而那封建领主方面的命运呢？其实亦握在全部农奴手里，——农奴若造反起来，他们亦就身家覆亡。于是全社会造成一种形势：你的命握在我手，我的命握在你手；我非打倒你没出路，你非制住我，没活命。总而言之，非向外冲去，别没有造自己命运，开自己前途的可能。在资本社会里，其形势亦复如此。一个人生在无产阶级家里，他的命运亦就规定下了，——就是要作一辈子工。全部劳动阶级的命运都在资本家手里握住。然而资本家方面呢？如果劳动阶级起来推翻资本制度，夺取生产机关，他们亦就覆亡。劳动阶级非向前干，无法开拓自己的命运，资本家亦只有严阵以待，不敢放松一步。形势逼着人对外求解决，对外用力，这就是前后两大制度的一致精神。然而中国制度其所形成的趋势，恰好与此相反，他正是叫你向里用力。在中国社会中，一个人不拘生在士农工商什么人家里，其命运都无一定。

虽然亦有有凭借与无凭借之等差不同，然而凭借是靠不住的。俗语说的好："全看本人要强不要强。"读书人可以"致身通显"，农工商业亦都可以"起家"，虽有身份不同，而升转流通并没有一定不可逾越的界别。从前人读书机会之容易，非处现在社会者所能想象，没有一点人为的或天然的限制，只要你有心要读，总可以读成。至于为农为工为商，亦一切由你，都无所不可。而从中国的考试制度，一读书人能否中秀才，中举人，中进士，点翰林，……就全看你能否寒灯苦读，再则看你自己资质如何。如果你资质聪明又苦读，而还是不能"中"，那只有怨自己无福命，——所谓"祖上无阴功"，"坟地无风水"，……种种都由此而来。总之，只有自责，或归之于不可知之数，不能怨人；就便怨人似亦没有起来推翻考试制度的必要。——力气无可向外用之处。你只能循环于自立志，自努力，自鼓舞，自责怨，自得，自叹，……一切都是"自"之中。心思力气转回来，转回去，只能在你本身上用。尤其是读书人走不通时，要归于修德行，更是醇正的向里用力。还是所谓"反求诸己"，"尽其在我"，只有那条路。说到农业工业商业的人，白手起家不算新鲜之事。土地人人可买，生产要素非常简单，既鲜特权，又无专利。遗产平分，土地资财转瞬由聚而散。大家彼此都无可凭恃而赌命运于身手。大抵勤俭谨慎以得之，奢逸放纵以失之；信实稳重，积久而通；巧取豪夺，败不旋踵。得失成败皆有坦平大道，人人所共见，人人所共信，简直是天才的试验场，品性的甄别地。偶有数穷，归之渺冥，无可怨人。大家都在这社会组织制度下各自努力前途去了，谁来推翻他？

尤可注意的是中国的皇帝，他是当真的"孤家寡人"，与欧洲封建社会大小领主共成一阶级，以与农民相对的形势大不同。除了极少数皇亲贵戚以外，没有与他共利害的人，而政权在官吏不在贵族，又失所以扶同拥护之具，官吏虽得有政权，是暂而非常，随时可以罢官归田，而他生长民间，所与往还因依之亲戚族众邻里乡党朋友一切之人，又皆在士农工商之四民，其心理观念实际利害，自与他们站在一边。于是皇帝乃一个人高高在上，以临于天下万众，这实在危险之极！所以他的命运亦要他自己兢兢业业好生维持。此时他不能与天下人为敌，只能与天下人为友，得人心则昌，失人心则亡。他亦与四民一样有其前途得失成败之大道，其道乃在更小心地勉励着向里用力，约束自己不要昏心暴气任意胡为。有所谓"讲官"者，常以经史上历代兴亡之鉴告诉他而警戒他，有所谓"谏官"者，常从眼前事实上提醒他而谏阻他，总都是帮助他如何向里用力，庶乎运祚其可久。于是举国上下每个人都自有其命运，须要你"好自为之"，而无障碍其前途的死对头，非拼不可（虽偶有例外，然大体如是，原则如是，谁亦不能否认）。这社会是何等巧妙的结构！真成了一个"自天子以至于庶人壹是皆以修身为本"之局！

　　照此制度所形成的形势，的确是使天子与庶人皆以修身为本，但天子与庶人能不能以修身为本，却仍是问题。换言之，照此制度的确使人有走人生第二态度之必要，但人能不能应于此必要而走去，固未易言。这里至少有两层问题。一层是人生落于第一态度则容易，进于第二态度则较难。人眼向前看，自是开初一步，及至转回来看自家，已是进了一层，人力向外用去，自是开初一步；及至转回向里用力，乃更大进了一层。反省，节制，自家策勉，所需于心理上之努力者实甚大，而不反省，不节制，不自策勉，乃极容易不成问题之事。一层是人生第二态度固于此时有必要，而第一态度于此时亦同有其必要。盖从人与人的关系以为言，此时固以第二态度为必要，而第一态度殆无所用之，——此其异于西洋社会者，然从人与物的关系以为言，则此时固以第一态度为必要，而第二态度又殊不适用，——此其不异于西洋社会者。两个必要交阵于前，两个态度乃迭为起伏交战于衷，数千年的中国人生所为时形其两相牵掣自为矛盾者此也。由上两层困难，第二态度虽为中国人所勉自振拔以赴之者而有时失坠，数千年的中国社会所为一治一乱交替而叠见者此也。

天子而能应于此制度形势上的必要，而尽其兢兢业业以自维持其运祚之道，四民亦各在其道上努力开拓他们各自的前途，本来谁亦不碍谁的事，哪里会有问题？于是制度见其妙用，关系良好，就成了"治世"。——此治世有西洋中世社会或近世社会所不能比的宽舒自由安静幸福。天子而不能应此必要以兢兢业业，而流于懈散的第一态度（这差不多有其一定时机的，此不详说），或民间出了枭雄野心家大发展其雄阔的第一态度（这亦差不多有其一定时机，此不详说）。那便天子碍了庶人的事，庶人碍了天子的事，而问题发生，于是制度失其妙用，关系破裂，就成了"乱世"。——此乱世迫害杂来，纷扰乱糟，不同于民主革命或社会革命有一定要求方向及阶级营垒。治乱问题就存于天子与庶人彼此向里用力，抑向外用力之间。由此数千年得一大教训就是消极为治。虽然孟子尝倡导行仁政，而经验的结果，大家都颇知道还是不必有政治的好，——国家政府不必作事为好。有人说一句妙语："近代的英国人，以国家为'必要之恶'，中国人自数千年之古昔，已把国家当作'不必要之恶'了。"① 政治虽不必要，但教化则为必要；此所谓教化并不含有一个信仰，只是教人人向里用力。② 人人向里用力，各奔前程，则一切事他们都自谋了，正无烦政府代谋也。——这正是最好的"中国政治"。如此天子及代表天子之官与庶民之间，乃疏远而成一种无交涉状态，免得相碍相冲突，而庶乎得较久之相安，真有所谓"无为而治"之概。（王荆公不明此理，所以为呆子。）

此万国所无之国家制度，已臻妙境，寻不出复有何人必要来推翻他，但有效用之继续，而无根本之变革；⋯⋯但循环于一治一乱而无革命。其不能有革命是铁的；其不能有德谟克拉西之产生是铁的。中国人虽自古有比任何国民更多之自由，③ 而直至于今，人权

---

① 长谷川如是闲作《现代国家与中国革命》有是语，见《东西学者之中国革命论》，152 页。

② 中国的法律政治都含有教化，而《圣谕广训》一类之物，更为其具体表现。

③ 孙中山先生尝说西洋人以前是没有自由，而中国人以前是自由太多。

仍树不起保障，亦不能比于任何国民。这个古怪矛盾似乎不可解的现象，于此可得其解。其自由非自由也，人人以向外用力为戒而收回之，大家各得宽放舒散耳，人权保障必须有不可犯之强力，即人人向外要求形成之气势，此则于中国历史上永不能望见其开启之机者也。

利害祸福本相倚伏，今若问创为此制以赐福于中国人者谁，或始作俑者谁，则孔子脱不了干系，——亦止于有干系。此巧妙之结构制度果从何产生，本不易言，大体上不能不认其人为调制者多，而物的方面影响者少。所谓人为调制似乎有三点可言者：

一为伦理复式人生之推演。伦理关系本始于家庭，乃更推广于社会生活国家生活。君与臣，官与民，比于父母儿女之关系，东家伙计，师傅徒弟，社会上一切朋友同侪，比于兄弟或父子之关系。伦理上任何一方皆有其应尽之义；伦理关系即表示一种义务关系。一个人似不为其自己而存在，乃仿佛互为他人而存在者。此固不能取人类所恒有之"自己本位主义"而代之，然两种心理一申一抑之间，其为变化固不少矣。由是一切从"自己本位主义"而来之压迫对方剥削对方的事实，虽仍不能免，而影响变化亦不少矣。迫害对方之西洋制度所为不见于中国，而中国制度迫害性所为最少者其在此乎。此制度之伦理化固出于人为。

一为人生第二态度之应用。从中国制度看去，调和性非常之重；此似为第二态度应用之结果。第二态度之应用，本为屈己让人，故"让"字遂为中国人之一大精神，与西洋人由第一态度而来之"争"的精神，正相映对。而其结果见于事实者，一则为互让，一则为交争。遇有问题，即互相让步调和折衷以为解决，殆成中国人之不二法门，世界所共知。[①] 又中国人自古有其一部"调和哲学"，为大智慧者与庸众所共熟审而习用。由此哲学之所指示，

---

① 罗素于中国人之喜欢互相让步曾再三言之。

则"凡事不可太过"，而调和实为最妥当最能长久不败之道，所谓"亢龙有悔，盈不可久""人道恶盈而好谦""有余不敢尽"……此类教训深中于人心，其影响于临事之措置者甚大。于制度之订定，更务为顾全各方，力求平稳妥贴，期望长久，乃果然这种制度就长久起来，一直二千多年犹不能见其寿命之边涯。而审此思想实唯好反省的中国人擅长之，一往直前的西洋人所无有，故亦为第二态度之应用。溯其注意调和之始，固又属人为。

一为讲理的精神之表现。从中国制度看去，国家有超乎社会中任何一方而立于第三者地位之公平性，此似为中国人讲理的精神之表现。奥本海末尔（Franz Oppenheimer）著《国家论》，谓一切国家皆成立于一阶级压迫并剥削其他一阶级之上，然其演进之趋势，则最后将脱却阶级性而成为"自由市民团体"。此"自由市民团体"所为异于前此之国家者，赖有一种官吏制度为"公共利益的公正无私的守护者"，而近代国家中之官吏制度则其萌芽也。官吏制度实为近代国家之一个崭新的要素；——假使无此新要素之加入，近代国家将无以异于前此之旧型。盖近代国家虽仍为一阶级（资本阶级）压迫并剥削他一阶级（无产阶级），但间之以官僚政府，不同于封建国家以领主贵族直接行之。此由国家金库为给养之官僚制度——立宪国家之君主实亦在内的一个官吏——为两阶级间有第三者出现之渐，将来社会阶级不存在，将更进至无所偏党。他曾说中国国家为最近于自由市民团体者。其以中国官僚制度出现最早，且大体上无阶级剥削关系存在于社会之故么？① 中国是不是近于他所谓自由市民团体不敢说，但比欧洲今昔国家均见公平意味讲理气息则似可相许。所谓"天子一位"，"世卿非礼"，皆其自古要讲理的口气，而社会间太不公平，说不过去的事，中国人实怯为之。

---

① 顾孟余先生极戒人滥用"阶级"一词。他以为"阶级"的特征，在生产工具生产工作分属社会之两部分人，一部分人据有生产工具，而他部分人专任生产工作，造成剥削和被剥削的关系，如欧洲中世封建社会的阶级或其近世资本社会的阶级者是。由此中国社会，在他看来大体是职业社会而不是阶级社会。见其在《前进》杂志所写各文之中。

假使非由此表见，而有人为之调制，则何能破世界历史上国家之常例，而奥本海末尔所为期之于世界未来者，独于中国先见其影？

好了！我们因为说明中国人如何没有宗教，而靠孔子遗下的思想学问礼俗制度而生活，不知不觉将中国之不能有科学，不能有德谟克拉西，乃至文化之停滞不进，社会之历久不变亦牵连说及，——因为这都是受孔子之影响的。我们截止于此，总束两句。

吾人不知中国人其由人生第二态度引发而且形成其第二问题欤（指伦理及其他礼俗制度），抑从人生第二问题的形成而牖启其第二态度欤；其数千年的生活往复此二者之间，相牵相引，辗转益深，不可复出，以致耽误人类第一期文化则事实也。吾人每语及东方文化——无论中国或印度——必举其古者以为言；盖东方的文化和哲学诚有一成不变，历久如一之观，所有几千年后的东西还是几千年前那一套，一切今人所有都是古人之遗，一切后人所作都是古人之余。此与西洋文化和学术，花样逐日翻新，一切都是后来居上者，适异其道，虽戏称之曰"演绎式的文化"亦无所不可。是何为其然？是盖自中国文化上之特别地无宗教与印度之只有宗教为文化上畸形发达者既显示其非循夫自然之常矣。又何为而有此"非常"？吾不欲举斯宾格勒（Oswald Spengler）人生创造历史都是突然而来之说；今亦不暇述我的"一切皆缘而无因"之说，更不暇批评冒充科学的唯物史观。[①] 这样向上追问去，便入于玄学范围（自由论或机械论），须待专论也。我只请大家留意此"非常"，认识此"非常"，而知历史如中国者，正未可以西洋历史进行之一路线概之。西洋历史进行之一路线，盖以"向外用力"的第一态度，于人生"对物"的第一

① 斯宾格勒（Spenger），德国近年一奇伟之思想家，从其特殊文化史眼光，著《欧洲之沉沦》一书，震耸全欧。他反对一切机械的历史观，而谓人生创造历史皆突然而来，非肤浅的因果观念所能解释。我的《一切皆缘而无因》之说，《东西文化及其哲学》曾一略见，将来于《人心与人生》一书中详之。唯物史观喜《客观立言》，其精神略近科学。若能谨严自守，就事论事，未尝不有几分科学价值；若跑进玄学里面硬有所主张，不问诚伪，皆属玄学，不得再自号科学。

问题下演出者也。他这样最能解决第一问题，其一切社会进步，均随其第一问题之逐步解决而进步，照第一问题之形式而解决。明白言之，其社会上层建筑之政治法律风俗道德为被推进的，以机械规律而进步，以物理形式而解决，殆亦有如唯物史观家所说者。本来人类文化之初，莫不在第一问题压迫之下，第一态度即以自然必要而无问何洲土何种族而皆然；其文化演进之序，自有类似从同之点，而一与其对物问题之进展相应。此实为使唯物史观家相信他们的所见可以普遍适用之故。然不虞中国历史上之伦理及一切相缘而来之礼俗制度，是从人生第二态度照着第二问题来解决，来建造的。明白言之，此虽亦不能不有其一定经济条件，然非被经济进步所推动者，实出于人为调制，意识地照顾于事先。于是竟倒转过来而从社会上层牵制了他的下层之进步发展，自陷于绝境！

关于西洋文化中国文化在近世一飞一停，西洋社会中国社会一变一不变的问题，自以产业革命（industrial revolution）之或见或不见为其最重要关目。虽西洋人飞，中国之停，皆有其存乎产业革命之前者，然其产业革命或见或不见，则其社会文化或大变化或不变化之所以分也。产业革命与工业资本主义殆相连之一事，故其问题亦即中国何为而不进于工业资本主义？论者于此辄比照西洋往事而为解释。或以为中国不是海上国家如英国，从其自然地理上不能有殖民地之扩大；① 或以为西洋于经济上不能自足，而中国能自足，无向前发展之必要；② 或以为中国无大量资本之聚积与自由出

---

① 中国手工业何以不能往前发展到近代工业？决不由于中国没有强力的政权与自然科学，而主要的是因为中国商业资本太狭，及中国不能有殖民地的扩大。（拉狄克：《中国革命运动史》，克仁译本，28 页）而中国所以没有扩大殖民地是由自然地理条件，详言之，中国不是海上国家如英国。（见《新生命》3 卷 5 号《托洛斯基派之中国社会论》，第 6 页）

② 何以欧洲人要找寻东方贸易有这样的热烈？这显然可以看出他们经济力之不足。（中略）中国历史上每一期扩大的经济区域都可以使那时这种社会满足，于是代替封建社会的商业农业结合而成的小资产阶级社会遂这样长久地存在下来。这只可供环境主义的解释。（梁园东著：《中国问题之回顾与展望》，196 页）

卖劳动力之多数劳动者；[①] 或以为中国封建制度虽已破坏，而犹有
所谓封建思想封建势力，桎梏着资本主义不能作进一步的发展。[②]
诸如此类，大抵都归于无此需要，或某条件之未备，或某障碍为之
抑阻。这是何等浅薄没力气的话！人类只有主观方面的不贪，绝没
有客观的满足不需要之事。以十六七世纪欧洲人向外发展的渴热强
烈寻求，回证他们经济的不能自足；以中国安于其农业上的生产方
法和商业的贸迁流通，回证他们的可以自足，何其无意味！全不理
会那时欧洲人冒险进取精神和他的贪欲——这是从他人生态度和郁
蕴的力气而来；全不理会中国人精神又另从一途发挥去，和他的淡
泊寡求。从自然地理上解说西洋中国产业革命之见不见，工业资本
之成不成，如果中国在自然地理上的差异居然会到这程度，则论者
原初想将产业革命工业资本说成人类文化上普遍一定的阶段，却恐
说成是局于欧洲一隅所特有的现象了。说封建制度虽已破坏，犹有
封建势力抑阻着经济进步，不知制度既破坏者抑阻力强大，还是有
制度存在者抑阻力强大？有制度在抑阻不了西洋人，而制度破坏却
抑阻了中国人，这是什么道理？假定其犹有所谓封建思想势力，亦
只有主观的无力，容他残存，不好说作客观的有力、阻我进步。客
观的阻碍可以说没有的。你只看见他所为生产主于自给自足，大体
上只是地域经济未进于国民经济耳。你只看见他商业资本早见于数
千年之前，而自然经济犹滞于数千年之后，为大可异耳。你绝寻不
见客观上有什么闭锁障阻他往前进的大形势存在着。欧洲中世封建
下的土地支配制度，手工业的基尔特组织，所为经济上之闭锁抑

---

① 见朱新繁：《中国革命与中国社会各阶级》56 页。
② 顾孟余先生分析中国社会而为之结语云：这个构造可以叫做一个 "为封建思想
所支配的初期资本主义"；思想是封建的，保存这个思想的有圣经贤传；经济与社会倒
是初期资本主义的。陶希圣先生则更诘以圣经贤传是什么势力保存着的，而为之说云：
士大夫阶级的势力表现于政治则为官僚政治，对战斗团体的依赖性及对生产庶民的抑制
性是官僚政治的特征；表现于社会上人与人的关系则为隶属关系；表现于思想则为等级
思想。这种社会实具有封建社会的重要象征。工商业资本主义在这种势力桎梏下没有发
展的可能。这种势力只有叫做 "封建势力"。

阻，中国初未有之，而中国却总是不前进，是其故必有在矣。我非能断言诸此推论——绝无影响关系，然举轻末不足数者，大言之以为原因在是殊无聊，而一般人之耳目或不免为所蔽，不可以无辨。

我们首先要一眼看明，这是陷入顿滞一处盘旋不进的绝境，而后"进行迟慢"与"客观阻碍"等说乃一切刊落不必更提；其次很容易看出，其往昔成就大有过人之处，其全体表现自有积极精神，则知其既向别途以进；产业革命之不见，工业资本之不成，固有由矣。更次乃见其所遗之一途固为所遗而不进，其向别途以进者亦卒有所限而止于其可能之度，而同时又还以此所牵，不能复回向于彼一途。彼此交相牵掣，是即绝境所由陷，而后产业革命之不见，工业资本之不成，乃决定矣。倘更能参伍错综比较寻绎，以发现世界各系文化之所以异趣，与人类文化转变之前途，则知中国文化者盖人类文化之早熟，如我往常所说者。① 好比一个人的心理发育本当与其身体发育相应，或即谓心理当随身体的发育而发育亦无不可。而中国则仿佛一个聪明的孩子，身体发育未全，而智慧早开了；即由其智慧之早开，转而抑阻其身体的发育，复由其身体发育之不健全，而智慧遂亦不得发育圆满良好。质言之，中国不是幼稚而是成熟；虽云成熟，而形态间又时显露幼稚，即我前说的"非循夫自然之常"是已。

循夫自然之常理者，必先完成人类第一期文化，乃开始第二期文化。所谓人类第一期文化之完成，以人对物的问题得解决为度，——恩格斯有几句话将这界划说得很清楚：

　　社会掌握生产手段的时候，商品生产已取消，同时生产物对于生产者的支配亦已取消。在社会的生产内部，以计划的意识的组织而代浑沌的无政府状态。个人的生存竞争亦随着停

---

① 　参看《东西文化及其哲学》，第五章，"世界文化三期重现说"一节及"我们现在应持的态度"一节。

止。接着，人类在某种意义上决定地与动物的王国分离，由动物的生存条件进至真正人类的生存条件。围绕着人类，而在今日已是支配着人类的外界，于此时乃服从于人类的支配与统制，而人类对自然乃开始为意识的真实的主人。①

人类必自此以后，乃逼近于人生第二问题（人对人的问题），而引生第二态度，入于第二期文化。② 顾不料数千年前之中国，当农业略有进步商业资本初见之时，去此界度尚远，而已迈进于第二态度第二问题之途，向内而不向外，勤于作人而淡于逐物，人对物的问题进展之机于是以歇。此其中重要可指之点，殆在商业资本虽有，而始终不成其为商业资本主义以演动于社会，产业革命乃无由促成。产业革命工业资本之不成，社会组织结构自无由变。虽数千年中国人之所为，忽于物理，明于人事，而人事之变卒所不能尽；而由物理之忽，科学及科学方法不能产生，学术发达上乃大有缺憾与局限；所谓向别途以进者亦止于其可能之度，即谓此。此时亦更不能返于向外逐物之第一态度，以牵于既进之精神而不许也。进退两所不能，是其所以盘旋一处，永不见新机杼之开出的由来。大抵一切不能前进之事，莫不有此一种交相牵掣的形势在内，——只有此交相牵掣其为力乃最大也。中国文化之所以停滞不进，社会之所以历久不变，前就礼俗制度本身言之，特言其一义，语其真因乃在此。

　　我们重说几句结束这一段。中国数千年文化，与其说为迟慢落后，不如说误入歧途。凡以中国为未进于科学者，昧矣！谬矣！中国已不能进于科学。凡以中国为未进于德谟克拉西者，昧矣！谬矣！中国已不能进于德谟克拉西。同样之理，其以中国为未进于资

---

　　① 参看千香译《社会进化的铁则》，74 页。
　　② 参看《东西文化及其哲学》，第五章有关段落（见本全集第一卷，493—524 页——编者）。

本主义者，昧矣，谬矣！中国已不能进于资本主义。不能理会及此，辄以为前乎资本主义社会，而称之以封建云云者，此犹以前乎科学而判中国为宗教，实大不通之论，极可笑之谈，为学术上所不许。中国之于西洋，有所不及则诚然矣；然是因其不同而不及；或更确切言之，正唯其过而后不及。时至今日吾侪盖已察之熟而辨之审矣。

七　我们一向的错误

我以 1893 年生，其时中国人不幸的命运，早已到来好几十年，而一天紧似一天了。其次年，便是中日甲午之战，中国人的大倒霉，更由此开始。而我们许多先知先觉，所领导的中国民族自救运动，亦于此加紧的、猛烈的进行了（康梁一派变法维新运动，孙先生的革命运动，均自此猛进）。我真是应着民族不幸的命运而出世的一个人啊！出世到今天（1930）已是三十七年，所谓命运的不幸，已非止门庭衰败，而到了家人奄奄待毙的地步。民族自救运动就我亲眼见的，前后亦换了不知多少方式，卖了不知多少力气，牺牲不知多少性命，而屡试无效，愈弄愈糟，看看方法已穷，大家都焦闷不知所出。究竟我们怎么会到得这步天地？事到今日，不能不回头发一深问。

这自然是我们数千年文化所演的结果。我既曾说过：

譬如西洋人那样，他可以沿着第一条路走去，自然就转入第二路，再走去，转入第三路，即无中国文明或印度文明的输入，他自也能将他们开辟出来。若中国则绝不能，因为他态度殆无由生变动，别样文化即无由发生也。从此简直就没有办法，不痛不痒真是一个无可指名的大病。及至变局骤至，就大受其苦，剧痛起来。他处在第一问题之下的世界，而于第一路没有走得几步，凡所应成就者都没有成就出来；一旦世界交通，和旁人接触，那得不相形见绌？而况碰到的西洋人偏是专走第一路大有成就的，自然更禁不起他的威棱，只有节节失败，忍辱茹痛，听其蹂躏，仅得不死。国际上受这种种欺凌已经痛苦不堪，而尤其危险的，西洋人从这条路上大获成功的是物质的财，他就挟着他大资本和其经济的手段，从经济上永远制服了中国人，为他服役，不能翻身，都不一定。至于自己眼前身受的国内军阀之蹂躏，生命财产无半点保障，遑论什么自由？生计更穷得要死，试去一看下层社会简直地狱不如，而水旱频仍，天灾一来，全没对付，甘受其虐。这是顶惨切的三端，其余种种太多，不须细数。然试就所有这些病痛而推其缘故，何莫非得明明自己文化所贻害，只缘一步走错，弄到这般天地！还有一般无识的人硬要抵赖不认，说不是自己文化不好，只被后人弄糟了，而叹惜致恨于古圣人的道理未得畅行其道。其实一民族之有今日结果的情景，全由他自己以往文化使然；西洋人之有今日全由于他的文化，印度人之有今日全由于他的文化，中国人之有今日全由我们自己文化而莫从抵赖；也正为古圣人的道理行得几分，所以才致这样，倒不必恨惜。（此几分是天然限定的，即前云"有所限"是也）。①

中国的失败自然是文化的失败，西洋的胜利自然亦是他文化的胜利。我们前曾说过西洋便是一种强力，② 现在要补说一句，中国文化的特征正是弱而无力。

文化随人产生，人随文化陶养。岂唯中国文化非失败不可，中国人亦是天然要受欺侮的。罗素在他所著《中国之问题》上说："欧洲的人生是以竞争（strife）、侵略（exploitation）、变更不已

---

①　《东西文化及其哲学》，第五章，"我们现在应持的态度"一节。
②　本文第二节之末引日本人金子马治说西洋为帕玩（power）之文明，又本文第四节之末尾指出西洋文化有其特异征服世界的威力在人心向外，科学发达，而社会以进于组织性机械性。反之，中国文化所以弱在人心向内科学杜闭而社会特别散漫。

（restless change）、不知足（discontent）与破坏（destruction）为要道；而中国人则反是"。又说："中国人之性质，一言以蔽之，曰与尼采（Niestzsche）之道相反而已：不幸此性质不利于战争，然实为无上之美德"。又说："世有'不屑战争'（too proud to fight）之国家乎？中国是已。中国人之天然态度，宽容友爱，以礼待人，亦望人以礼答之"。① 大概一种特异处，单看不易见，两相对照，便易看得出；自家看不出，人家却易见。东西人诸如此类的说法，实不胜征举；要皆所见略同，而都不明其所以然。试寻绎我前边的话，便自明晓。近世的西洋人是新兴民族而又曾被宗教关闭过，绝似小孩子关在书房，一旦放学，准他任情玩耍，自尔欢奔乱跳、淘气冒险打架破坏。（先时颇可喜爱，久而闹的太凶，就不免讨厌，而且损伤亦太多。）而中国民族则正好像年纪大，更事多，态度自宽和，举动自稳重了。理会得此层，更须加意理会：

一则是从人类与一切生物所同的"有对性"出发的人生第一态度；

一则是向往人类所以异乎一切生物的"无对性"的人生第二态度。

西洋人自近世以来，大发挥其人类的"有对"精神，真是淋漓尽致！（此句话无贬无褒，即褒即贬。）这在今日风气将变之会，回看当年是尤其清楚的。今日无论在经济上、法律上、政治上，一切学术思想，都从个人本位主义翻转到社会本位思想，更易感觉那近世来个人主义之强盛，而弥漫一切。本来一部近世史，就是一部个人主义活动史，就是人的自我觉醒开其端。从认识了我，肯定了自己，而向前要求现世幸福，本性权利；后来更得着"以'开明的利己心'为出发"的哲学论据，"以'自由竞争'为法则"的社

---

① 罗素：《中国之问题》，中译本，11、74、192 页。

会公认，于是大演其个体对外竞争的话剧；所有征服自然的物质文明，打倒特权阶级的民治制度，一切有形无形，好的坏的东西，便都是由此开发出来。大概好一面，便是打倒排除许多自然障碍，人为障碍；不好一面，便是不免有己无人，恃强残弱——例如资本主义，帝国主义，此为两眼向前看，力气往外用，必有的结果，原不足怪。然在我们正为太不具备他这种精神了，正为与他恰相反了，所以一旦相遇，当然对付不了他。自鸦片之役以来，所有我们近八十多年间的事，就是为这种强力（西洋文化）强人（西洋人）所欺凌，侵略，颠倒、迷扰的痛苦史。我常说，现在眼前的种种，身受的种种，实不必气恼着急，叹息发闷，更不用呼冤喊痛；你若看清中国这一套老骨董是怎样，再明白西洋那一套新玩艺是什么，试想他们相遇以后该当如何，则今日的事正一点一毫都有其来历，无足异者。从来中国民族在文化上的自大，很快地为西洋之实际的优胜打击无存，顿尔一变为虚怯之极。方当受欺吃苦，民族命运危殆之时，我民族志士仁人，先知先觉，未有不急起以图自救者；而内审外观，事事见绌，不能不震惊歆羡于他，所以自救之道，自无外学他。始而所学在其具，继所趋求在其道，自曾文正李文忠以讫共产党，虽再转再变，不可同语，而抛开自家根本固有精神，向外以逐求自家前途，则实为一向的大错误，无能外之者。所谓"屡试无效，愈弄愈糟"者，其病正坐此。由是他加于我之欺凌侵略，犹属可计，——漆树芬先生一部《经济侵略下之中国》计之甚悉，推阐甚明，——而我颠倒迷扰以自贻伊戚者，乃真不可胜计！吾人今日所食之果，与其说为欧洲人日本人所加于我者，宁曰吾人所自造。此由今以溯观近四十年间事，不难见也。

近四十年间民族自救运动，总算起来，可大别为一个前期，一个后期。此前期后期者，非果我所自成分段则然，特以西洋近事有此转变，思想有此迁易，其所以为我刺激者，前后分殊，于是我亦被动的截然有二期。所谓欧洲之变易者何也？其始也制造帝国主义，其继也则打倒帝国主义，以是成其近世潮流，与最近代潮流焉。感受着欧洲近世潮流——其最有力之刺激则近在眼前之东邻日本——而讲富强，办新政，以至于革命共和，虽其间尽多不同，而总之结晶在一"近代国家"的目标。此即所谓前期运动。感受着欧洲最近潮流——其最显著时期，即在欧战一停之后，其最有力之刺激则西邻之俄国——而谈思想主义，采取直接行动（五四，六三以来各运动），以至于国民党改组容共，十五年北伐，纵其间不尽一致，而总之背后有一反资本主义，反帝国主义的空气。此即所谓后期运动。于前期种一有力之因，则练新军是也；辛亥革命由之以成功。然十余年军阀互闹之局，非食其赐乎？于后期种一有力之因，则培养共产党是也；十五年北伐赖以成功。然两湖粤赣其他各省焚杀之惨，不知多少有才能有志好青年为之葬送，非食其赐乎？又有贯乎前期后期而种一深且远之因，则全不对题的教育制度是也。今日社会现象种种皆成问题，非食其赐乎？任举一事，何莫非自己铸错？

又试观廿年间，凡今之所谓祸国殃民亟要铲除打倒者，皆昨之沐受西洋教育或得西洋风气最先，为民族自救的维新运动革命运动而兴起之新兴势力首领人物，初非传统势力老旧人物。已往之研究系北洋派固皆此例，而眼前之南京政府不尤其显著乎！近二三十年间事正为维新革命先进后进自己捣乱自己否认之一部滑稽史。其关乎私人恩怨，喜怒为用者此不说，且言其一时所谓公是公非者。始则相尚以讲求富强，乃不期一转而唱打倒资本主义帝国主义矣！始则艳称人家的商战以为美事，今则一转而咒骂经济侵略以为恶德。模仿日本之后，菲薄日本；依傍苏俄之后，怨诋苏俄；昨日之所是，今日之所非；今日寇仇，昨日恩亲。所谓"不惜以今日之我与昨日之我挑战者"，自己之颠倒迷扰，曾无定识，固自白之矣；改过虽勇，宁抵得贻误之已大。自救运动正是祸国运动，时至今日吾愿有真心肝的好汉子一齐放声大哭，干脆自承；即不自承，而事实不已证明之乎！

何为而颠倒迷扰如此？则震撼于外力，诱慕于外物，一切落于被动而失其自觉与自主故也。是又何为其然？则以有清一代实中国文明外面光华内里空虚之候。吾前既言之矣："中国的人生远从两千年近从八百年递演至此，外面已僵化成一硬壳，内容腐坏酵发臭味，……盖不独于今日为西洋所丑化了中国人不足以见所谓中国人生，即倒退六七十年欧化未入中国之时，固已陵夷至最后一步，不成样子"，民族精神浸浸消涸，自不胜外来新颖剧烈的刺激。虚骄自大之气。瞬即打破，对西洋国家乃不胜其景慕。我们一向民族自救运动之最大错误，就在想要中国亦成功一个"近代国家"，很像样的站立在现今的世界上。这不但数十年前，一般人的讲富强是如此，便试问，今日大家的心理，果真明断不存此想，又有几人呢？原只有十三年后容共期间的空气，稍为不然，然而现在又随着反共潮流，而消散了那股盛气，模糊了那刚刚萌露的方针；"近代国家"，仍是多数人理想的梦！曾不知近代国家是怎样一个东西。他的政治背后，有他的经济；他的政治与经济出于他的人生态度，百余年间，一气呵成。我国数千年赓续活动之根本精神，固与之大异其趣，而高出其上，其何能舍故步以相袭？至于数千年既演成的事实社会，条件不合，又不待论。乃一切不顾，唯亟亟于摹取追踪，于是：

> 乍见其强在武力，则摹取之；乍见其强在学校，则摹取之；乍见其强在政治制度，则摹取之。乃其余事，凡见为欧人之以致富强者，罔不摹取之。举资本主义的经济组织之产物，悉以置办于此村落社会而欲范之为近代国家。近代国家未之能似，而村落社会之毁其几矣！①

迨所求既不得达，正在穷极思异，而欧洲潮流丕变，俄国布尔塞维克之成功尤耸动一世；于是我们亦掉转头来又唱打倒资本主义

_____

① 引自《河南村治学院旨趣书》。

帝国主义。最近五年间，表面上为国民党领导着，精神上为共产党领导着的革命高潮，遂应运以实现。所谓共产党其物者，从其所以解决政治问题社会问题的方向来看，则诚然一变于欧洲之故，而从其所由出发的人生态度来看，则正是从来西洋人根本精神赤裸裸地表现，最彻底地发挥。沿着"功利主义""自由竞争"的理想，而出现的资本主义社会，演到大家都受不了的时候，自然要从个人本位主义翻转到社会本位思想；然当社会本位的经济将现未现之时，则正是经济抬到最高位，人们视线所集中，摆开阵营大事决斗之际。以"唯利是视"解释人类行为，以经济一事说明社会一切现象的"唯物史观"，就成了人们的指针。而共产党便是最擅长以战阵攻取之略，巧用之人群社会的。人类"有对性"的发挥，固非此不算到家，而西洋人所要的把戏，这亦就为其极轨。乃不谓夙讲理义是非，最耻言利，夙爱礼让和平，最恶相争的中国民族，亦抛丧他祖宗高尚伟大精神，跟着人家跑，而不复知耻。盖自光绪年间讲富强，已开其渐，今亦不过更达于赤裸裸耳。无论前期后期运动，一言以蔽之，总皆一反吾民族王道仁义之风，而趋于西洋霸道功利之途（孙中山先生在日本讲演，对中西文化作此分判）。然讲功利，则利未见，而固有之农业反以毁，民生日以蹙，讲强硬，尚武力，则武力之施，强硬之果，不中于人而中于己。凡今日之"穷且乱"，正由三十余年间唯尚"利与力"而来；一言可以尽之矣。

呜呼！数十年间，颠倒迷扰的可怜，亦可怜极矣！时至今日，其可以知返矣！一民族真生命之所寄，寄于其根本精神，抛开了自家根本精神，便断送了自家前途。自家前途，自家新生命，全在循固有精神而求进，而向上，不能离开向外以求，不能退坠降格以求。只有发挥自己特长，站在自家原来立脚地上以奋斗，离开不得这里一步。譬如一个忠厚老实者，一个精明强干的漂亮人物，你受欺负是一定的，相形之下，觉着人家种种可羡是一定的，然而你索性老实到家，发挥你忠厚的精神，不要学乖弄巧。你要学，学不来，并失忠厚。所谓邯郸学步，并失故步，匍匐而归，真为善譬。今之救国不得其方者，还要出洋考查，真是可笑已极！古人说的好："归而求之有余师"，如再不赶紧回头，认取自家精神，寻取自家的路走，则真不知颠倒扰乱到何时为止矣！

　　然而，错自是一向都错了，但天然不能不有此错。譬如他以拳来，我自然要以足当〔挡〕；他手中握着利刃，我自然亦要急觅个家伙。以御他为自救之道，以学他为御他之道，此盖必有之反应，未假思索者。仿佛机械的反射运动一样，未有自觉的意识。在今日不可不悟昨非，而却不容责当日之错——当日无论是谁，亦要错的了。即因错误而生出的灾祸痛苦，似亦并不冤枉。好比流行传染病，要不传染已是不行的，倒不如小染其病，而得一个免疫性，到今日可算是种种的病都传染到了。如果不是体不胜病，则今后吾民族其必有回苏之望乎！

八　我们今后的新趋向

　　无论前期运动后期运动，我们皆见其始盛、继衰、终穷，由极有力的高潮退落归于无力。自其加于社会的结果言之，始而都像是好消息，继而影响远近，实际地感受到了，似利弊互见，希望未绝；最后则祸害酿成，社会上的痛苦乃有长足的进步。前所谓"愈弄愈糟"者，盖真痛心绝望之言。方其造端经始，亦非没人看到其将酿乱贻祸，预断其错误失败；然个人的先见可以有（究不能彻见真切），社会则是没有先见的。当一世之人心思耳目方有所蔽之时，要扭转得这社会倾向，实有绝对地不可能。远从世界来的剧变，将这数千年历史长久不变的庞大社会卷入旋涡，而扰动发生的大转大变，其波折往复非有偶然；我们已往的错误或者——皆是铁的。然即今事后，有些人犹不能悟，于兹后期运动途穷之际，或则复返于清末民初的旧梦，或则激进于共产党，总之囿于西洋把戏的圈而不能出，则未免太笨！且由此而民族自救运动的新趋向为其所蔽，不得大开展，则是我们所为不能已于言者。

……

现在只想对于至今执迷不醒的通蔽，说一句话。此所指之通蔽，便是他们大家总以为：我的药方还没吃下去，不能怪我的药方不对。有此一段谬误心理横亘在衷，所以总不死心，总不服气，更不往旁处去想。在法治梦想家，便谓：法治何曾在中国实行一天来？都是不照法去行，毁法弃法，所以才致今日之乱。在作党治梦的先生亦是责某某毁党弃党，全不按照党治路去走；如果没有个人独裁，没有小组织，没有新军阀的割据，则党治实行，三民主义的建设岂不早见？夫谓法治未行，党治未行，我亦何能否认，抑且亦半点都不想否认。我想这正是药不对症的证验。政治上的路向不是有形的药水，你可以眼看他吞下去，再验他效果的。要问一条政治的路向是否合我们之用，就全看其用得上，用不上，以为断，而更无其他可以为验者。中国民族既曾往这条路向（法治或党治）上努力来，即可于其努力之无成，进行之多乖，而判知其不对症。其所以始终未见实行者，正以其实行不去也；若实行得去，便已对症，早任何话不必说矣。谓必实行后，再看其对症不对症者，此不通之论也。更细审之，并不是谁毁法弃法，谁毁党弃党，而实在是方方面面自大端以讫末节，皆见出法或党无可树立得起之机；所谓实行不去，正非推论之词，固有可征。乃以归罪某某所为，未免太看重个人；天下事固不如是偶然也。——试以这两层研思之，其或可以省悟乎？

不管你怎样执迷，民族觉悟的时机是已到了。自近年以经济上将资本帝国主义揭穿，一切欧化的国家——或云近代国家，是一个什么东西，亦既明白矣。"欧化不必良，欧人不足法"，是后期运动在中国人意识上开出的一大进步，[①] 此时还要复返于前期运动，真是所谓思想落伍，谁则能从公等之后者？清末民初旧梦之又作，

---

① 参看《河南村治学院旨趣书》。

不过是后期运动落归无力之时，观念上的一时回溯耳。自最近两年于革命热潮过后，沉下来讨论中国革命问题，乃补作中国社会之历史的研究一段工夫；今后之革命运动将非复感情冲动的产物，而不能不取决于理性。此时还要激进于共产党，谁则能从公等之后者？这不过是短于智慧而富革命性的朋友，于后期运动穷促之际，显出的一时急迫神情耳；后期运动讵以是而为进一步的开展哉！要知今日已是西洋化的中国民族自救运动之终局。前期运动过去了，后期运动过去了，再不能有第三期。就中国一面言之，一向懵懂糊涂，既没认清他人，又不了解自己者，由事实之推演而逐步进于认识与自觉。中国人学西洋，学到这一步，亦就完了，更没什么可学的了；不觉悟，亦会要觉悟了！今后除非中国民族更无前途，即亦没什么自救运动再发动起来，如其有之，此新运动之趋向，将不能不从"民族自觉"出发。

所谓从民族自觉而有的新趋向，其大异于前者，乃在向世界未来文化开辟以趋，而超脱乎一民族生命保存问题。此何以故？以吾民族之不能争强斗胜于眼前的世界，早从过去历史上天然决定了，而同时吾民族实负有开辟世界未来文化之使命，亦为历史所决定；所谓民族自觉者，觉此也。以吾民族精神早超过一般生物之自己保存性，而进于人类所有之宝爱理义过于宝爱生命之性；吾人今日正当宝爱此民族精神，而不以宝爱民族生命者易之；不然者，苟为生命之保存而不惜吾民族固有精神委于尘土，则顽钝无耻，岂复得为中国人哉！所谓民族自觉者，觉此也。中国人其果如此而不知耻也，则是其生机已绝矣！复向何处有前途？中国人其果知耻而至死不易吾精神也，则是其所以生者方劲然以在，何忧前途无活命？中国人其果审于世界文化转变之机已届，正有待吾人之开其先路，而毅然负起其历史的使命，则民族前途之恢张，固又于此日之志气卜之矣。所谓民族自觉者，觉此也。

呜呼！中国人虽不识此义，而西洋高明之士则有识之者矣！罗素于其所著《中国之问题》开首即云：

中国今日所起之问题，可有经济上政治上文化上之区别。三者互有连带关系，不能为单独之讨论。惟余个人，为中国计，为世界计，以文化上之问题为最重要，苟此能解决，则凡所以达此目的之政治或经济制度，无论何种，余皆愿承认而不悔。①

此其意盖宝爱中国文化上之精神，宁牺牲其他，不愿稍损及此也。又有云：

由华盛领会议之结果观之，远东问题欲得一乐观之答复，较前更形困难，而国家主义军国主义苟不大发达于中国，中国能否独立？此问题也，尤难答复。余不愿提倡国家主义军国主义。但爱国之中国人苟以不提倡何以图存为问，恐无辞以对。余研究至今，仅能得一答复。中国实为世界最忍耐之国家，历史之永久，远非他国可比，他国终不能灭之；即多待亦不妨也。②

此实为最有深情与高识之言，细味之，可为坠涕。更于其书结末处，谆谆焉郑重言之不已：

余于本书，屡次说明中国人有较吾人高尚之处；苟在此处，以保存国家独立之故，而降级至吾人之程度，则为彼计，为吾人计皆非得策。

中国政治独立所以重要者，非以其自身为最终之目的，乃以为中国旧时之美德与西洋技艺联合之一种新文化非是莫由发

---

① 参看罗素《中国之问题（中译本）1 页。
② 同前，8 页。

生也。苟此目的不能达，则中国政治之独立几无价值可言。

　　苟中国之改良家……而开创一种较现今更良之经济制度，则中国对世界可谓实行其适当之职务，而于吾人失望之时代，与人类以全新之希望。余欲以此新希望，唤起中国之新少年。此希望非不能实现者。唯其能实现也，故中国当受爱人类者极高之推崇。①

呜呼！贤矣，罗素！伟矣，罗素！即此言其当受吾人极高之推崇。如我向者之所测，世界未来文化正是中国文化之复兴；罗素之言，果"非不能实现者"，我能信之。② 我匪独信之也，抑又深识其所以然之故，而窃有见乎其达于实现之途术，——是即我所谓村治或乡治是已。我将于本刊陈其议，约分为五篇文字，继此陆续发表，其目如次：

　　一、村治在解决中国政治问题上的意义。

　　二、村治在解决中国经济问题上的意义。

　　三、村治在解决中国文化问题上的意义。

　　四、村治在解决中国教育及其他问题上的意义。

　　五、倡行村治的方法。

　　罗素以政治经济文化三问题中，必先文化问题，其言虽是，其计则左。中国问题原来是浑整之一个问题，其曰三问题者，分别自三面看之耳。此问题中，苟其一面得通，其他皆通；不然，则一切皆不通。中国之政治问题经济问题，天然的不能外于其固有文化所演成之社会事实，所陶养之民族精神，而得解决；此不必虑，亦不待言者。吾人但于此政治经济之实际问题上，求其如何作得通，则文化问题殆有不必别作研究者。倘先悬一不损文化之限定，而文化为物最虚渺，则一切讨论皆将窒碍，陷于捉空，问题或转不得解决

————————

① 罗素：《中国之问题》（中译本）241、253 页。

② 参看《东西文化及其哲学》第五章（见本全集第一卷——编者）。

矣！我之研究中国问题，初未尝注意有所谓文化问题者，而实从政治经济具体问题之研索，乃转而引出比较抽象的文化问题之注意，此愿为朋友告者也。

我们于是恍然，中国人今日之痛苦，乃大有意义。使吾人倒返于百年以前之中国社会，或无今日之痛苦；然而正是文化上生不得生，死不得死，"无可指名的大病"，更无一毫办法。西洋文化之撞进门来，虽加我重创，乃适以启我超出绝境之机，其为惠于吾族者大矣！凡今日一切问题皆若不得解决者，正以见问题之深且大，意义不寻常，而极勉吾人之为更大努力，以开此人类文化之新局也。呜呼！吾人其当如何以负荷此使命！

九　附　志

我为此文方竟，乃得见汪精卫先生的《两种模型心理之瓦解》一文，殊有可以互资参证处，不胜欣喜！用摘取其文附志于此。

汪先生文云：

> 孙先生致力国民革命，凡四十年，而三民主义尚未能实现，探其原因，由于两种模型心理为之障碍。
>
> 第一种模型便是十八世纪自由主义之制度。（中略）试观自甲午以来，从事于政治的改造者约分为二派：其一是主张君主立宪，便是以普日为其模型；其二是主张民主立宪，便是以美法为其模型。（中略）举例来说，如最近所谓"人权论"者，亦属于此一派的。（中略）这一种以十八世纪之自由主义的宪法为无上模型的心理，便如一座砖台塌下来，虽然还有不少残砖剩瓦，然其为坍台，已无可辩护了。
>
> 当这种模型心理坍台的时候，第二种模型心理继之而起，萌芽于民国九、十年间，至十五六年间而极炽烈。

（中略）换句话说，即是一般青年心目中的中国改造，已换了一个模型，不是法美式而是苏俄式。这一种模型心理至十五六年间，到了沸点，亦就从此下降，至于今日，已降至冰点，更无再有上升的希望了。

这话说得何等响亮干脆！让我们更无进一步的话可说。还有汪先生结束的话，亦非常好：

两种模型心理瓦解之后，一般青年最大烦闷，是关于中国之改造，到底采取那一种模型才好呢？在青年心中，失了回答的勇气。（中略）要除去青年的烦闷，惟有供给青年以一种合理的适用的改造中国的模型。刚才说过孙先生关于改造中国，已有整个计划，见于三民主义，及种种方案。这些计划，在原则上，已经建立起来，只在条理上，还有待于一般同志的充实研究。举个例来说，"耕者有其田"是一个原则，而实行的方法，则有待于诸同志之研究，这是孙先生于 13 年 8 月 23 日农民运动讲习所指示于一般同志的。以此为例，其他可推。（中略）必如是，始可为整个的模型。因为整个的模型，必须中国人自己制造出来，决不能求之于外国；外国之所有，仅足为整个模型之参考材料而已。

我们想要说的话亦不过如是，差不多不必更赞一词。或补充一句解释的话：所谓"整个模型必须中国人自己制造出来，不能求之外国"者，此不单有自然地理的关系，而民族历史的关系乃更重大。从数千年绝殊于西洋的民族历史演下来，一种绝殊于西洋的社会组织构造，和社会风气、民族特性，乃是使我们没法步趋于人家的历史，模拟乎人家的社会，而不能继续我们自己的历史，以创造我们自己的社会的根本缘故。

我但祝望这两种模型心理果真如汪先生所说的瓦解，大家一齐断念于他。我但祝愿中国必须自创模型的认识，在大家心目中日盖深刻，则吾民族自救运动的新方向，其必可大开展无疑也。

《村治》，1卷，2、3、4期，1930年6月16日，7月1日，7月16日。

答张廷健先生书

张先生：

顷承吕振羽先生，介绍先生的这篇论文给我看。吕先生并且说，他认为这是很能平心静气地讨论的。我读过后，对先生所立三义完全赞同，无异议。文中后半，似承先生对我及王鸿一先生有所劝告；——因我好标举"民族精神"这名词，而鸿一先生则爱谈他的"伦理化"。这是十分感激的。我在《村治》第一期，只算发表得一篇自序；民族精神的特点如何，当然没有来〔得〕及谈到，而只是空空洞洞的几句话。但幸好我这个人是呆笨认真的一个人；你便让我空空洞洞不着实，我都不会。我非把捉得实际问题争点，我便不会用思，不会说话。请先生注意，我非守旧之人。我因呆笨认真之故，常常陷我于苦思之中；而思想上亦就幸免传统的影响，因袭的势力。"民族精神"这回事，在我脑筋里本没有的，"东方文化"这大而无当的名词，我本是厌听的。我皆以发见实际问题争点，碰到钉子以后，苦思而得之；原初都是不接受的。十几年前，我就因其这样的愚笨不能早悟达，使我先父伤心，弃我而去。我于十四年所为《思亲记》上说：

> ……溟自元年以来，谬慕释氏。语及人生大道，必归宗天竺，策数世间治理，则矜尚远西；于祖国风教大原，先民德礼之化，顾不知留意，尤大伤公之心。读公晚年笔墨，暨辞世遗言，恒觉有抑郁孤怀，一世不得同心，无可诉语者；以漱溟日夕趋侍于公，向尝得公欢，而卒昧谬不率教，不能得公之心也，呜呼！痛已！儿子之罪，罪弥天地已！逮后，始复有悟于

故土文化之微，而有志焉；又狂妄轻率言之，无有一当，则公之见背既三年矣，顾可赎哉！顾可赎哉！

有一次梁任公先生对清华大学研究院学生，介绍我，说我有家学。我即声明，我本无学，尤其没有家学。先父在时，我正归心佛法，和胶执西洋政治思想；等到我倾向于故土文化中国思想时候，先父已过去两三年了。然而当那民国十年前后，即讲《东西文化及其哲学》时，我还没有提到过"民族精神"这句话；——这句话实是我近几年更有所见，而后拈出的。这名词绝不空，不泛；慢慢当向张先生及读者诸君请教。

关于先生所立三义，我还有两句话贡献。此三义自属平妥，然而这问题原是非常大的问题，非这样短篇论文所能解决。希望先生从学问上（不从常识上）将此三义很精严地建立起来，则于青年思想之启发必极有益。否则，亦是无甚效的，闻振羽先生说，先生是研究心理学的，那正好请先生从心理学谈这问题。有许多自命为科学的心理学者，对此类问题不敢深入，怕进了这哲学范围。我则以为心理学家不当避而不谈；不知先生以为何如？

1930·6·8·梁漱溟

附：

张廷健先生来论所立三义

一、物质经济之发达，不能直接产生道德；
二、物质经济之发达，为修养道德之基础或条件；
三、经济生活，应以道德指导之或规定之。

《村治》月刊，1 卷 2 期，1930 年 6 月 16 日。

冯著《从合作主义以创造
中国新经济制度》题序

　　我常常说，中国民族自救运动到最近三五年来是（此）一次
革命，有大进于昔者："知注意于经济而于此求自救之方，一也；
知欧化不必良，欧人不足法，不为资本主义，不为近代国家，二
也"。（见《河南村治学院旨趣书》）事到今日，革命的结果与革命
的初意正相反，已无烦再说；然而这三五年工夫亦有不白费处，就
是在民族自救运动上有大大的启发，"知注意于经济而于此求自救
之方"。我们可以说，谁对于中国经济问题拿不出办法来，谁不必
谈中国政治问题；若还想着"政治上轨道"，再谋经济发展，早已
是不值一笑的笑谈。根本上，谁不注意经济问题，就不会了解现在
的一切问题。然而一说到解决中国经济问题的办法，大家心目中总
不出国家资本主义一途。这又病在不明白中国民族从来在政治上的
特殊性；——非常特殊地没有政治，不像国家。而这个计划的前
提，必在建树起强大的国家权力；——这无论从物质基础讲，或从
心理习惯讲，都不可能。想学着隔壁人家（苏俄）那个方法（党
治）来行，尤其是不顾事实的妄想。于是这国家资本主义一途，
在我们又断了希望。——关于这些问题，我们都有专篇文字讨论，
现在不去说他。我们以为现在只有有办法地借着地方政权来促进农
业的社会化一条路。我们以为中国的工业问题，只能于此而得解
决，我们以为中国经济上的生产和分配两面问题只能于此并时而解
决。而农业的社会化呢，只有取径于"合作"。

"合作"虽始而不过是资本主义经济下消费者的一种自救方策，或救济农民的方策。然而发挥起来亦正是一种主义；本此主义以为建设，正可成一种制度。例如丹麦或即可称为合作制度的国家。中国产业的开发与发达，不能不从农业入手，而且以他为主要，是铁的；则其必取径于"合作"亦是铁的。我尝怀此见解，而不期近年得遇冯梯霞先生所见适多相同。冯先生本是农业科学家，又以农业经济的研究，而取得博士学位；回国五六年来，复多从事乡村运动，于中国内地乡村社会，既具有一种观察和经验。据他自己说，他已完全认定中国必须从合作主义来建造中国的新经济制度。他现在这篇文字即在申明他的主张。我虽尚不曾得见他的全文，然夙闻其议论，故极愿为之介绍；我想这于解决中国经济问题上必有所贡献。

十九年六月廿四日漱溟识。

《中国民族自救运动之最后觉悟》，《村治》月刊，1932 年 9 月版，第 255—256 页。

"建设新社会才算革命" 答晴中君

　　昨接友人黄艮庸自粤中来信云："读《村治》一期《主编本刊之自白》一篇，是吾师一向的精神态度，全体甚好；唯微觉仍有几分客气，此即生对吾师未放心处。青年易为气所动；稍一不慎恐人人以意气相高，而恻怛悲悯之怀无从以见，然恻怛悲悯之怀乃村治运动之真骨髓；吾师其以为有当于万一否?"黄君之言深切吾病，读之不胜警惕。然黄君所见犹为《自白》一篇耳；使见此答晴中君稿及前期通讯各篇，其必更为吾惴惧嗟惜！余一向以矜气浅衷，改化不易，既贻朋友忧；今出与一般社会接，对社会立言，感应捷于影响，犹不知戒，则于今日天下拂乱强戾之气将适以益之，其何能以回众人察理向善之心？吾诚过矣！用志于此，愿改吾过，并以谢当世之君子焉！十九年六月二十七日漱溟记。

　　我向来文笔迟钝，故《村治》第二期已届出版日期，尚未发稿。而师大社会学会即于此期间，要我讲演，再三辞谢不获，顺手抓了眼前一个题目，说两句话。我讲演向无讲稿。只有《新晨报》所载吴培申君的记录，是我曾于半小时内过目点窜数字者；此外各报所载，我皆未过目，漏略甚多。我于讲演记录稿向不负责任，今吴君所记，经我过目一次，所以仍可负相当责任。但外间批评殊不能引起我答辩的兴味；又因我将有整篇文字整个主张，陆续问世，现在无就此一部分的话，重行申论的必要；所以很想不答。后见晴中君一文，态度颇见真诚，我不好不理会，因写此篇。

我那题目何以说顺手抓来的呢？一则我正于数日前写一封公开的信给胡适之先生，请教他怎能置帝国主义与军阀于不问，二则适之先生恰来平又讲演他的五大仇敌说，三则我两年来要写的《中国民族之前途》一节，讨论中国革命问题，其中一小部分是说，"革命对象难"；所以我那天专就此点，来指给大家看这不是一个容易的问题，此外并不想说旁的话。当讲时，一开首我即声明，"中国怎样才能好"非今天所能回答。讲完照例有结尾的两句话，我便说："好好研究问题，仔细想一想，是于救国有必要的。"我怀抱主张之未曾提出，何等明白！乃尚有人将我与胡先生并列为目前两大救国说，而加以批评，未免太不懂人话！

我因为胡先生《我们走哪条路》一文，反对以暴易暴的盲目革命，是我所同意的，而他对于帝国主义与军阀的忽略没有认识，并且完全不想办法，则令我深所不解，不能不向他请教。例如，他文中只反问一句：为什么帝国主义偏爱光顾我们的国家，岂不是因为我们受了五大恶魔毁害，遂没有抵抗能力？便轻轻将帝国主义撇开不提；他文中只说封建制度早已崩坏，便不再提军阀之事；（看《新月》2卷10号胡氏原文）这都是可骇怪的。故我叹息一般革命家已轻率浅薄，而非难革命家者，还出革命家之下。我一面请他注意认识革命家有其深确的理论根据；一面更请他先将一般最流行的主张办法先批评过，再指明自己主张如何更有效而可行。我一再地说：

> 如果你不能结结实实指证出革命论的错误所在；如果你不能确确明明指点出改革论的更有效而可行；你便不配否认人家，而别提新议。

我希望适之先生将三数年来对此问题最流行的主张办法先批评过；再说明先生自己的"集合全国人才智力，充分采用世界的科学知识与方法，一步一步的作自觉的改革"办法，其内容果何所谓？——如果没有具体内容，便是空发梦想！

中国国民党所以不能不联俄容共，有十三年之改组，一变其已往之性质；中国近三数年的所谓国民革命，所以不能不学着俄国人脚步走，盖有好几方面的缘由。即就现在所谈这一方面，亦有好几点。其一则事实所诏示，中国问题已不是中国人自己的问题，而是世界问题之一部；中国问题必在反抗资本帝国主义运动下始能解决；由此所以要联俄，要加入第三国际，要谈世界革命。又其一则事实所诏示，中国的一切进步与建设既必待经济上有路走才行，而舍国家资本主义（再由此过渡到民生主义或共产主义）殆无复有他途可走；如此则无论为对外积极有力地又且机警地应付国际间严重形势计，或为对内统盘策划建造国家资本计，均非以有主义有计划的革命政党，打倒割据的军阀，夺取政权，树立强有力统一政府，必无从完成此大业；于是就要容共，要北伐，要一党专政。先生不要以暴力革命是偶然的发狂；先生不要以为不顾人权，是无理性的举动；这在革命家都是持之有故，言之成理的。在没有彻底了解对方之前，是不能批评对方的；在没有批评倒对方之前，是不能另自建立异样主张的。

军阀纵非封建制度封建势力，然固不能证明他非我们仇敌；遍查先生大文，对军阀之一物如何发付，竟无下文，真堪诧异。本来中国人今日所苦者，于先生所举五项中，要以贫穷与扰乱为最重大。扰乱固皆军阀之所为，假定先生不以军阀为仇敌，而顾抱消灭"扰乱"之宏愿，此中必有高明意见，巧妙办法，我们亟欲闻教！想先生既欲解决中国问题，对军阀扰乱这回事，必不会没个办法安排的；非明白切实的说出来，不足以服人，即我欲表示赞成，亦无从赞成起。（见《村治》第二期通讯）

那天讲演既非与胡先生对谈，不能说这许多话。然而从我指

"中国人对资本帝国主义之认识，及其与自身之关系，中国所处地位之认识，和对于经济问题之注意与认识"，为三五年革命运动不可磨灭之成功；则我对中国问题中帝国主义与军阀，抱何意见态度，已都概括无遗；何须再多说？从我说："很明白帝国主义是我们的仇敌，却不是一下子革命可革了的"；又说军阀"不能以拳打脚踢的简单方法去对付"；都可见我初不放松他们，而是要觅求更切实而有效的办法。乃尚有人写些无关痛痒的批评，以为我放过帝国主义与军阀不管，便义愤填膺起来；这等稚态，可发一笑，何足与论天下事！

晴中君虽亦不免此稚气，然有稍胜于此者。他文中共分三段来指驳我。第一段，他说：

> 梁先生只看到不安旧秩序起来推翻的直观的事实。而没有看见"生产关系与生产力演进到矛盾地步"，才会感到旧社会秩序的不安，也没有看见推翻旧社会建设新社会才算革命，所以他只知道书本上告给他的对于直接握政治权力者的革命，……剥削者正不必显明的非为国中政权属有者不可，生产关系与生产力的矛盾也正不必非限在一国之内不可；则革命的对象，当然不能非限在国内不可。

什么生产关系与生产力矛盾便要革命的老调，实无烦晴中君为我申告；这句话于解释中国革命上是不是适用，亦正有问题。请晴中君亦不必以马克思当圣经！不过"推翻旧社会建设新社会才算革命"这话谁都承认，不成问题。我即从此意义，认我们在中国所要作的事，是革命；我即从此意义上，不能苟同于胡先生的改良派；然而这于我说的"国际间不能有革命"固无碍也。我们今日便是想推翻世界的旧社会建设世界的新社会，亦不得说"国际间可以有革命"。因为无论如何不是此一国与彼一国相对而发生革命也。何况我们说话自有范围，我们讨论帝国主义是否革命对象，原为中国革命而言；中国革命是指国民革命而言。共产主义之世界革命的革命对象，诚不必限于国内；然而若称为"国民革命"，乃以外国为革命对象，则未之前闻。中国对帝国主义者只多通告废约，不承认废约便宣战；那时中日之间，中英之间，只有所谓国际战争，无所谓革命，谁亦不得强辩。晴中君并不能驳倒我的话。

又须知者，我并不否认中国革命兼含有社会革命世界革命性质；我乃否认中国革命对内对外须用武力。我那全篇讲演无非是发挥中国革命问题的特殊性，按之常例均多不合；因而亦不能用寻常之所谓革命的手段——武力解决。所以我于帝国主义的问题，并非想作些"正名工夫"而已；而是要研究有效的办法。我说，"若是非干不可呢，则亦不必定计较名词"；即意在从办法上商讨。那么事实上又告诉我们，不是武力可以解决的。十七年日本出兵山东，革命军退避三舍，不是胆怯的问题；十八年因东铁事件中国人亦对俄终于屈服，亦不是忍耐力不够；实在是武力的无可比较。我们都没有研究过中国国防问题，不必瞎争论。然而凡是承认科学工业的威力之人，我想都于这"无可比较"，是不言而喻的。唯物的先生想不致靠义和团的忠勇来解决实际问题罢！至如我引北伐到武汉时，帝国主义者经济上的总退却，中国人受不了；这经济上的威力，似亦非诸位先生可以认为从精神上克服的罢！乃晴中君于此笑我为"资产阶级臭味充分表现出来"（见晴中君原文第二段）；他主张彻底革命，不能遽尔投降。陈公博在《国民革命的危机和我们的错误》一书中，叙及当日之事，早叹恨的说道：

今日帝国主义之在中国，其实力还不在海陆军，而实在根深蒂固的经济力。我们可以学甘地提倡不合作主义，不穿洋布而返于古代的手摇机，但我们终不能不用煤而停止铁道的运输，及工厂的活动。我们纵可以停止铁道运输工厂活动，我们终不能叫一般工人停止食饭，待不合作主义的完成。所以我很感觉帝国主义不倒，国民革命不会成功；但要国民革命成功，先要对帝国主义者妥洽。

晴中君或者要本其"无产阶级的精神"，批评他为"代表买办阶级的政府，无疑义的只好投降帝国主义者；……只可认为骗人计穷，现其鬼形，不可谓反帝之路走不通。"共产党对国民党，自然当如此批评。晴中君又隐约其词的说另有救济之方——"至于救济之方到底何指，只因内容的复杂与其他关系兹姑不谈"。可惜那时没有请晴中君一派人物领导中国革命；不然早有救济之方而完成革命了。不过那铁路上的无煤，兵工厂的无铁，十二三万工人的无饭吃，革命政府财政的无税收，若晴中君救济之方赶来不及，而坚持那大无畏精神，却要提防四面八方的起反动，——就是革命党的本身没有方法可以维持革命的力量；亦会趋于反动的倾向，而崩溃起来。晴中君不要始终作梦才好！

陈公博说得很对；"我们应当先有反抗帝国主义者的准备工作"。大约经济上相当的基础实为必要；非此不足以替换那"经济上的鸦片烟"来。

晴中君第三段是同我讨论军阀问题的；可惜我不能把握他反对我之点何在。他说："须了解革命非只破坏，而且绝对的还有建设。……梁先生大概——的确只见中国近年来嚷嚷革命，却只见破坏，只见军阀日多，遂以为革命不是中国所急须的，谓'现在的问题，不是如何否认秩序，不是如何破坏'……"我正是反对必以武力破坏为革命的隘见，而主张以"革命建设"为革命的人。晴中君既不持必武力破坏为革命的隘见，则彼此所见正无不合。本来在社会旧秩序尚有权威时，武力破坏亦自有必要，却是今日中国旧社会秩序早已破坏无存。中国今日正是旧秩序破坏了，新秩序未能安立，过渡期间一混乱状态。军阀即此混乱状态中之一物；其与土匪只有大小之差，并无性质之殊（土匪大了即升为军阀，军阀零落即为土匪）。他并不依靠任何秩序而存在；而任何秩序乃均因他之存在而失效，而不得安立（约法因他而破坏失效，党章因他而破坏失效）。他的存在实超于任何法律制度之前。他可以否认他自己的合理，承认他自己是社会一危害物，而于他之存在依然无伤；这是何等巧妙玩艺！打倒军阀；只能使某个人倒败下来，并不能打倒这巧妙玩艺。某个人不过基于这巧妙玩艺而偶然得势；这巧妙玩艺初无待任何个人而维持。从任何秩序均不得安立而言，则今日正不劳武力再来尽破坏之功；从这玩艺之巧妙而言，则复非武力所能破坏得了。武力破坏的革命功夫，现在已经过去而不适用；现在所需要是"革命的建设"。——建设一新社会。

　　我说军阀非革命对象，亦不过指出他全不合乎革命对象的常例，亦即不能用平常革命手段武力解决他。所以我那天讲演只说到他存在于膏肓之间，隐微之地，非拳打脚踢简单方法对付得了而止。至于军阀果靠什么而成其"不倒翁"的存在，则我会让大家去想想看；什么是使他必倒的切实有效方法，我更未说出。今天既说出建设新社会的话，则我似不得不解释两句。

　　军阀存在于何处？军阀是一面托足于旧秩序之无形有力部分之基础；一面更头戴着新秩序之有形无力部分为帽子。何谓旧秩序之无形有力部分？法律制度一切著见形式者为旧秩序之有形部分；此在今日多已破坏无存。传统观念，风俗习惯乃至思想见解，为旧秩序之无形部分；此在今日以社会上物质的进步之缺欠（视昔有改变，而无大进步），教育之所及又偏枯微弱，故尚为有力的存在，——在没有呼吸过新鲜空气的内地社会为尤然。按现在流行的语调去说，数十年来政治改革运动，文化改革运动，多使中国旧日社会上层建筑破坏；但下层构造则无甚进展（进展的范围与程度都不大）。于是所破坏者多为上层之有形部分，而无形的则效力未失。任何新秩序之不能为有效的安立，正在于此。新秩序只能为名色的安设，有形而无力；军阀即戴此为帽子（都督或省主席，革命军总司令或临时大总统），混迹于新秩序中。上轻而下重，正合了"不倒翁"的原理，摇晃来摇晃去，总是不倒的。本来他不能倒么！你不能从经济上使中国社会的组织构造有进展，他永世不得倒的——除非中国社会灭亡。然而武力破坏的革命法，其无益于中国经济的进步是很明白的。非"革命的建设"不能解决这问题。只有"建设新社会才算革命"，是一点不错的。建设入手在经济；——我曾批评现在各地乡村运动或从教育入手，或从政治入手，皆不能行；而我所谓乡治则是从经济入手的（《村治》第一期通讯）。建设路径必须是革命的，——我所以反对胡适之先生以现代国家为目标；我所以叹息于国民党左派亦翻回头来说现代国家，就是为此（见《村治》第一期）。资本主义在中国已不可能；而非资本主义倒是非常的可能。中国政治问题的解决，靠着经济问题有解决，而不能先得政治问题之解决，再解决经济问题。

然而旁人必要问，革命的建设果如何而可能呢？不解决政治，就能解决经济么？我现在只能答你以一笑！我这方才露一点我的意思而已；许多问题；许多原理，许多方法，还没有谈到十分之一；如果你真热心这问题而又有理解力，我总还有东西值得你研究思索的！

《村治》1 卷 3 期，1930 年 7 月 1 日。

我们政治上的第一个不通的路

——欧洲近代民主政治的路

我刚才于《中国民族自救运动的最后觉悟》上说过，几十年来的中国民族自救运动，就其思想主张来看，不外一个前期的，即感受着欧洲近世潮流而来的，一个后期的，即感受着欧洲最近代潮流而来的。无论在政治一面或经济一面，都有这前后两期思想。然而我们看上去，民族自救运动之前期，可说是偏重在政治一面，而后期则偏重于经济一面，所以我们现在谈政治一面的前期思想，几乎亦等于谈全部的前期民族自救运动了。

中国怎样才能好？要改换一种政治制度才能好。因为政治制度是决定国家权力之如何运行与使用的；国家权力用得对，则国自会好。大约前期的民族自救运动，都是着眼在此，要废除数千年相沿的政治制度，而确立一种新政治制度，以此为救国之根本方策。自光绪年间的变法维新以讫民国七八年的护法，总不出此意。然此新政治制度又何所指呢？大约在大家心目中所有的便是欧洲近代那种政治制度。似乎这二十多年间思想变化不知有多少，总不该统括来作一回事看。然而你试看民国七八年的护法运动，其唯一的信念，不是法治吗？其所拥护的约法，不是从欧洲近代政治制度抄来的吗？而在光绪年间所倡的变法维新，其所要变的法虽多，类如剪辫易服亦是其一；但其主要者，亦何尝不是此物——欧洲政治制度。因为那时节已经都知道注意英国所谓"巴力门"，所谓"议绅"了。岂但民国七八年与光绪年间是一回事，即在今日，前后相隔三十多年了，似乎今日即最不高明的人，亦不致与彼时变法维新家同其思想；然而说到政治上的路，大家期望着要走的，在我看，还不出那套。

这种思想，这种运动的最盛时期，要算光绪末年讫民国七八年（1905—1920）之一期间。因为在这期间内，这种政治制度差不多已成了有知识的人之间普遍的信念，而其他种运动亦可说尚未发生。前乎此，则此信念尚未得普遍；后乎此，则疑议渐兴，异种运动发生矣。在我自己，因为恰好是在这期间内生长大的，所以早年曾是一个热心于这种运动的人，而且直到民国十年我讨论东西文化问题时，所见尚无改变。（自我十七岁讫二十九岁，即 1909—1921）如果将我的救国思想分作两期，则第一期亦只是如此。

一 欧洲近代民主政治有使我们不能不迷信者两点

欧洲人在近世纪开出来这一种新政治制度，渐渐为其他洲土，其他民族所仿行，几乎要成了世界化。虽然在个别的国度里，具体的表见，有很多的不同；然而显然的是出于同一精神，即所谓民治（Democracy）。以我的了解，则此种制度实有使我们不能不迷信的两点：一点是我们不能不承认他的合理；一点是我们不能不佩服他的巧妙。

所谓合理是什么呢？第一层，便是公众的事，大家都有参与作主的权；第二层，便是个人的事，大家都无干涉过问的权。前一项，即所谓公民权；后一项，即所谓个人之自由权。在这种制度，大概都有所谓宪法，所以又称立宪制度；在宪法里面，唯一重要的事，即关于这两项的规定。如果以这种制度和旧制度去比较，其唯一特殊新异之点，即在此。又如何是他的巧妙呢？他这种制度，使你为善有余，为恶不足，人才各尽其用，不待人而后治。其结构之巧，实在是人类一大发明。如果问这种制度的真正价值，则其远胜过旧制度者，实在此。我们试分别说一说。

二　所谓他的合理

虽然十八世纪的《民约论》《人权宣言》一类思想，在今日看，是陈腐的，甚或不通了；然而个人应有其自由，毕竟是自明之理（不假论证的）。在欧美国家里，对于个人自由的尊重、保证、拥护，毕竟是深入人心，非常可爱的精神。大抵个人的种种自由，类乎身体自由，财产自由，意见自由，以及信教集会结社等自由，都于宪法予以规定。这就是表示尊重；而其保证与拥护，则赖有国家的各种机关，尤其是司法机关。司法独立，绝对尊严，就是为保障人权的。国家权力虽大，而个人的行为不到妨碍公众秩序和侵及他人，是不受干涉的，所谓犯法，只是妨碍公众秩序之意，除此而外，无所谓犯法。法律是出于公众意思所订定；犯法时节，亦只能按照一定法律手续来拘传，来裁判，来处罚。若官厅无故拘系一个人，那问题便大的很；便是警察随便入人宅，都不行的。像我们中国从前乃至现在，不但拘捕人不算事，生杀予夺，亦无不如意。人民生命财产的安全，绝无半点保障，真是野蛮世界；可怜已极！在他们只有紧急戒严时期，人民自由是受些干涉拘束的；然而戒严令之发布，是非常慎重的。只有在战争和其他大事变发生时才可，其手续亦必依照宪法所规定。决不像我们随便就下戒严令，——其实戒严不戒严都是一样，简直亦不必分了。

以上是说个人之自由权一层；还有那公众的事大家都有参与作主的权一层，即是人人都有分预闻政治。虽然这句话实际上没有全作到；资产阶级的操纵把持，亦是真情；然而这种种意向，当初毕竟是有的。而后来普选原则的采用，比例代表制的改订，直接民权的实行，亦明明是本着这种意向，逐渐在作。在这新政治制度里面，大家都知道，最重要的机关是议会；议会最重要的职责，便是议决或制定国家预算案；——这就是公众的事大家均得参与作主的方法。因为国家办一件事，总得需钱；钱总是从大家出；所以钱的如何征取，如何支配，便是政治上一切举措兴施所由决定。像这样大家出钱，商量着来办大家的事，这岂不是顶合理的吗？在旧日制度，政府可以随便抽捐加税；收得钱来，用到那里亦无人能问，不得而知。此在欧洲百年以前，早已行不通的事，然而在我们直到今天，还是如此。而且苛捐杂税，横征暴敛，十倍于从前，谁敢说个不字？拿得钱来，养兵养官，任意的滥用，谁敢请问一声？真是野蛮已极！

大概前后两层——自由权与公民权——是相因而来的；两回事，实是一回事。自公众的事；众人公同作主来说，谓之公民权；自各人的事，各自作主来说，谓之自由权。这一回事由何而来？由人类认识了他是一个人，有了他"自己"的观念，才有所谓自由，才有所谓公民权，我在《东西文化及其哲学》上说明这是"人的个性伸展"。我以为在人的个性屈抑着的时代，人类实未曾得有完全的人格；完全的人格，必于人的个性充分伸展以后的社会才配说。虽然个人本位主义现在已不时兴，社会本位主义将有代兴之势，然而社会本位主义，必于人的个性伸展以后才能说；个性不立，绝不是健全的社会组织。个人在社会中地位的尊重，毕竟为永恒的真理。欧洲政治制度的民治精神，不独为我二十年前所迷信的，抑在今日，仍不能不承认他。

三　所谓他的巧妙

他的妙处。就是使你为善则可以，为恶则不容易。先就司法方面来说罢：从前我们立法，司法，行政是不分的；而在他是三权分立的。法官不能自己出主义［意］定法律，只能依照国家法律审判而已。不像我们一个知县，就可出张告示，甚或口头说一句，禁止什么什么；犯了的，便算犯法。法官在审判以外，旁的事亦不能作；检举与执行，都不归他。他不能逮捕人，或用刑罚于人；想要作威作福，完全达不到。就在审判之时，如陪审制度，如律师制度，以及公开观审等办法，都是使你为恶不容易的。而无论法官大小，都是独立审判；虽总统皇帝，不能干涉。又终身任职，按年增俸，不但不能轻易免他的官，随意迁调都不能。总而言之，无机会给你舞弊，只有一条路让你走——好好安心尽你职责，公平审判。说到检察官与警察，虽能逮捕人了，又不能径予处罚，而须送交法庭。其所能处分的，都很小，如警察官得依违警律罚人两元钱而已。要凭借官权作威作福，没有多大可作的；人亦不怕他。至于行政之其他方面，只有尽本分，谋建设，更不能奈何人。就想作弊赚两个钱，大概亦不易。甚么都得依照国家预算案，不能活动开支。又有财政上的司法机关，即审计院，在审察监督；簿记有一定格式，非常清楚。财政征收机关，有一定税则，款交国库，或许不经手银钱。一切行政官吏，若所为行政处分有不对，人民可以提起行政诉讼，而撤销之。作弊则有刑事罪。至在上握政权的人，负政治上的责任，与一般行政官吏不同，则又有国会监督他。小则提质问案；大则提不信任案；犯法则提弹劾案。对外结约宣战，要得同意，增赋募公债一切加负担于民，都要同意。百政之兴施，都见于预算案；预算案，是要经国会通过的；诸如此例，大概，误国殃民，实有些不甚容易了。这都是说，使人不能为恶。然而他的妙处，尚不在此。

妙处在使人为善，在才智之士，得尽其用，在政权从甲转移到乙，平平安安若无事。我们要知道；在从前君主专制下面，不但为恶容易（为恶的机会都预备好了），实在是为善不容易。何以说呢？大权在一人，无限制，且不分；万人的生命财产安全托于他，一国兴衰存亡托于他；他稍为一动作，关系影响不知道多大。而一人的耳目，如何能够用？一人的心思如何能够用？他作事实在太危险了！无心为恶，而遗祸为害，已不知有多少。若再加以佞幸妇寺等的蒙蔽、调弄，更不得了。即此都不说，算他有心要好，人亦不糊涂，而日久腐败呆滞与偏敧，亦不得了。人，性情总有所偏，见解主张，总有所偏，政策办法，总有所偏；不偏于此，则偏于彼，完全不偏，决无此事。日久了，总在一种空气之下，一个方向之下，没有不陈腐的，没有不出毛病的。所以如何救济从国家权力机关所生出的危害，腐败，偏弊，实政治制度里面第一大事。然而，在此直无法救济。只有暴力革命，实在牺牲太大，太可怕！近代政治制度的妙处，就在免除这样可怕的牺牲，而救济了上说的弊害，能有政象常新，所谓流水不腐，户枢不蠹，人竞于为善的机会。此其妙用，盖都在他的政党。

记得苏东坡有一篇文章《论养士》，说战国如孟尝君等各家，都讲养士数千人，秦并天下而不知养士，故不旋踵，而揭竿者蜂起。大概才智之士，没有不露头角的；不给他出来，便要逼得捣乱。莫妙于替他开出路来，使之自由竞争，则不但不致为乱，而且尽得其用，食其利，在欧美国家里，只要你有本领，在政治上有主张，尽可邀结同志，领袖一党，取得议席，致身政府。总统，总理，由贫贱出身的，很多很多。总而言之，在选举制下，毕竟权在多数人，才足动众，德能服人，决不会湮没你的。你只卖力气干好了！所谓人竞于为善，就是指此。而在国家机关一面，或如美国总统，四年一换，或如英国总理，不必定期，静等着漂亮角上台，自有推陈出新之妙。何必像旧制度，不知何年，不知那里，生出圣君贤相，政治才得好。所谓人尽其用，不待人而后治，就是指此。

在这种制度里面，一切人才固然得着自由竞争的机会，他并使国中各种不同的势力，如不同的宗教团体，不同的种族，不同的阶级，不同的职业社会，不同的地方自治团体……都汇聚消纳在上议院，而听其自相磨荡，自为酌剂，自寻出路；而在我无所容心，无所用力于其间。因为人才不给出路，固易生乱，而社会上，或大或小各种不同的势力，若不容他各如其量的发挥活动出来，亦不得安。古人常说求一个长治久安之策，其实照从前制度，总要一治一乱的；只有如此，乃真所谓长治久安。其所以然的巧妙处，就在"无所容心，无所用力"八字。

前后总起来说，旧制度是为恶太容易，便有心为善都不容易，而新制度，恰好与此相反。其价值自不可同日而语了。

四　中国仿行这种制度之不成功

这种政治制度如此合理，如此巧妙，真使我不能不迷信他。在清季则期望着开国会，在民元则期望着有政党内阁，民二以后则痛心约法的破坏，主张护法，并期望联省自治，无非是在梦想这种制度的成功而已。直到民国十一年才渐渐觉悟，——这觉悟当然由十几年的变乱，所给的启发不少。因为极期望他成功，而总不见他成功，并且愈趋愈远，则总要推求他所以不成功之故，最后乃完全从这迷梦中醒觉出来。以我推求所得，其不能成功而反以召乱者，大概可分三层去说。三层之中：从头一层看，可以明白他所以未得成功，从第二层看，可以知道他一时无法成功，从第三层看，便晓得他是永远不能成功的。

先说头一层，二十年来所以未得成功之故。须要知道，在这种制度里面是要权操自多数人的，所以又称多数政治。要由多数人造成秩序（宪法及一切其他制度法律等），要由多数人来维持他，但中国的政治革新，却是出于少数知识分子所作的摹仿运动，在大多数人是全然无此要求的。这少数分子以日本的游学生，或受其激动感化的为中坚；连热心者附和者统算起来不能超过四万人。这在中国人全体里，只是万分之一。说句笑话，还有三万九千九百九十六万人，不具附和之情，不参与这种运动。以士农工商来说，农工商三项人都不附和，士人亦只一小小部分。而这件事却是要待多数人来作的，试问如何能成功？（顷见日本长谷川如是闲《对中国作如是观》一文，有云：中国革命几为知识阶级的事业，是在孤立状态。又云：这知识阶级，人虽是中国人，但是产生他们的是欧美及日本的近代国家的历史。正好与此参照。）有人说这多数政治不过一句骗人的话，其实仍旧少数人操纵，固然亦说的不错，然而能受操纵亦就够程度了。他尽可于这制度不甚了解，于当下的问题亦不清楚，更昧于操纵者的存心；但只〔至〕少他承认这制度，信用这制度，不怀疑问，未曾拒却。而在中国则大多数人，正是怀疑与拒却呢！怀疑与拒却是深一层的看法，最浅而易见的是他没想要这个。参政权，自由权，虽然在你看是好东西，但人们自己未必需要，你送到他面前，他亦是不接受的；强递给他只有打烂了完事！天下事总要饿了再吃饭，渴了再饮茶才行啊！乃想以极少数人替大多数人建设多数政治；当时热心运动者，何不思之甚耶！

还有上面所说"摹仿运动"四字，亦当注意。这就是说，在少数作此运动者，亦非有真要求。假使中西不交通，中国人自己发生自由的要求，参政的要求，方为真的。而在当时，实在不过看见了外国的好，引起一种摹仿心理，——是从外面引动的，不是自动的。天下事是自动的，是真要求，乃有结果，否则，多半无结果。

五　物质条件之不合

欧洲制度，在中国之所以不能成功，第二层原因，就是物质条件不合。此又可分为三项来说。

中国人生活向来是简单低陋，近二三十年，又加以特别困难。大约在前数十年，生活低简的现象，比现在普遍，而现在已少变。一则都市颇形西化，资本主义化。一则农村人口颇形减少，——自新交通新工商业之开辟，添了许多工人商人；又政局变乱，添了许多军队土匪；又以经济政治教育诸原因，而使人口趋集都市。但这些由低简而进于不低简的现象，并非真是国内富力增进，只是形式变动了。所以随着这不低简现象而来的，是生活之极不安稳与困难。但不论前后那种情形，都与民治制度条件不合。因为生活简单低陋，其知识能力，亦必简单低陋；而且由其拙笨，极少闲暇。中国不识字的人，比例之高，就是为生活低简，用不着文字；（《东方杂志》二十五卷某号，有《中国之文盲问题》一篇，谓中国之文盲约百分之八十至九十，而欧洲民治发达之国家，如瑞士，如英伦，或不足百分之一。）根本上连文字符号都不用，更何从说上知识能力？民治制度之不能行，实属极明白之事。或者在极小范围（人数少，区域小），如一小农村，办起事来，略具民治精神，犹或可能；而建设民治的国家，尤其像中国这样广土众民的大国家，直为不可想象之事。又人必有余力，始能过问政治。仅足一饱的人，不能过问政治；忙于生业，心思不能旁用的人，不能过问政治。古时雅典所以能行民治者，就因为生产的事，另有奴隶一阶级担负去作；市民都有闲暇，人人可预闻政治。欧洲近世的政治，若不为产业发达，增进一般的富力，一般的知识，而有余力余闲，则亦不会成功。我们后来虽有些人。生活不像从前低简，而低简的仍在百分之八十以上。其又何补呢？不但此生活进步者为数甚少，更且他们生活极不安稳，随时有陷入困难的可能；因此他们无法自成一种势力，来过问政治，而反倒以其竞争饭碗扰乱了政治。此意俟后尚须论及。

物质条件不合之第二项，是交通太不发达，而国土太大。中国人之不注意政治，并且没有国家观念，其一大原因，即在于此。原来中国一国的疆土，是与全欧洲差不多相等的，而人家又有缩地法——交通发达。我们的交通不发达，不知比人家差多少倍；那末，中国之大，直可说数倍于全欧了！大的直仿佛没有边，在内地人民的感觉上，实在不能不麻糊了，——他看不到国在那里。政治上无论怎样大事件，他亦听不到；或者听到，亦是不知过去好久了。目不及见，耳不及闻，而在他又是一个不会利用符号智慧，而专靠感觉的人，则试问将何从使他们知有国家，注意政治邪？注意不及，更何从有什么意见主张？即其中有意见主张者，以国之大，人之多，交通之不便，其力量亦难有什么影响达于国家政治。不能有影响，则懒于发表，或发表活动一番，而卒归败兴灰心。盖物质条件，实在教他无法过问也。在内地农业社会的人，直有老死不相往来的神气；外间的事不晓得，外间的人不识的。要办选举，则选民与被选人之间，自多无关系。而况民国国会组织法，要按八十万人口，选出众议员一名；其范围太宽，更将隔膜。选民去投票，或要费他一两天的路程；初选当选人去投票，或要费他十几天的路程。不论他不肯赔钱，并且他不肯赔这个工夫。所以单就选举来说，交通不便，都无法办。

物质条件不合之第三项，即是工商业之不发达。其实，前说物质条件种种不合，总不外产业不发达一句话，可以尽之；而至此方说工商业不发达，意盖专有所指。在欧洲，这种政治制度之所以成立，实为工商业发达，贵族僧侣之下，农奴工人以上之中间阶级地位势力增高，取得政治上地位所致。他们非参予政治乃至管理政治，不能护持和发展他们的工商业，于是国家大权，就从皇帝，贵族，僧侣手里开放出来，而公诸他们。就中国看，则民治之不成功，亦即吃亏工商业不发达，没有这一阶级起来。前于第一项曾说中国人生活都是低简的；少数不低简的，其生活又极不安稳。换言之，这少数人若有他们一定的生活基础，则为自护持其生业之安稳，并发展繁荣起见，必要过问政治；一面其知识能力闲暇，既足以过问政治，则政治必能公开来有个办法。但中国以前固然没有什么工商业，而由不平等条约的束缚，直至今日亦还没有多少工商业可言。故此少数人生活之较优，多非从工商业来。有钱的人，不是工商业主，而是军阀官僚政客买办。买办除靠外国人外，亦常藉接近军阀官僚政客以发财。此外更有些藉官营商，半官半商的人。总而言之，他们都是要争夺政权直接以发财，不是要参与政权藉法律护持其财产，藉政策发展其营业。与欧洲工商业主对照，恰好相反。彼则利政权之公开，此则利政权之独占；彼则利秩序之安定，此则利局面之常翻。还有好多说不上有钱，而生活已属不低简者，自足那多数受过点教育，靠运用观念吃饭而不能劳力的人。其最高形式为教育家，知识阶级；而下至一切在军政商学各界混饭的人，亦俱在内。不但此中正在谋差求事的人，成千累万在各大都会向军阀官僚政客求怜，即好似清高的教育界、学生界，为取得或保持或预算自家生活起见，亦莫不求接近政权，贿赂官府。其不能站在自己生活基础上，要求政治的清白，而反倒追逐军阀官僚政客之后，推波助澜，以扰乱政局是显明的了。

总结上说而重申之，所有的中国人，可别为两部分：一大部分（总在八成以上），是生活简单低陋，无法过问政治的；一小部分，生活不算简单低陋，可以过问政治了，但其中自有生业者，如工商业人占数过少，而大都是集中于靠政权为生一途。其对于政治，势必本于个人眼前利害而出发活动，全然非所谓过问政治；因此民治不得成功。记得民国十一二年间，章行严先生曾一度倡农村立国之论，而始终不得闻其详；仅在上海《新闻报》上发表一篇文章，说中国是农业国，没有工商业，所以不能行代议制度。其如何立论，不大记得，仿佛有"荷包问题"的话。何谓荷包问题呢？是说在欧美一切议员政客，总都以他们的政党为大本营，政党皆以工商业的资本家为靠山，由资本家荷包里出钱，作政治活动。故议员政客，一切人等之生活费，乃至一政党之大批选举运动费，均有所从出。不似中国议员政客生活全无着落，乃不能不以其个人生活为前提。所以历年来国会议员南播北迁，尤其是曹锟贿选前后，明白的视金钱为去就。政党的费用，亦无不出于政治上的野心家图谋巩固政权或夺取政权，而下的本钱。其病即在真正作政治活动的人背后没荷包。资本家出钱，纵然偏于为资本家谋好处；然其目的，私中有公（多数工商业家的好处，非一个人的好处），其手段，尤须公开（法律与政策），其结果亦大家同蒙其利（工商业发达）。政治上的野心家出钱，则政治立刻陷于腐败，扰乱，可不待言。章先生这个意思，与我上边所说，话稍不同，而本一事。

从上三项物质条件之不合，则我们在中国图谋民治制度之实现，实为天然明白的不可能。然而，若问题仅止于此，则尚非无方法可想；因为所有这物质条件的缺欠，都为产业不发达一个原因而来，只须我们使产业慢慢发达起来，就可解除这困难。所以从这里说明中国民治的不成功，还只是一时的不易成功而已。以下我们将说明其永远不得成功。

六 永不成功在精神不合

欧洲近世所开辟之政治制度，仿行于中国，使吾人深见其永远不得成功，大有在前说物质条件缺欠之外者，则精神条件不合是。此制度所需于社会众人之心理习惯，必依之而后得建立运行者，乃非吾民族所有；而吾民族固有精神实高越于其所需要之上。这就是我在本刊屡次提到的话：

> 我已不认中国人不能运用西洋政治制度是一时的现象；我疑心中国人之与近代政治制度怕是两个永远不会相联属的东西！……固然，西洋近代政治制度在中国不能仿行成功，亦是因许多客观条件的缺乏或不合。然而那都不是根本的窒碍，无可设法的困难。惟独这中国古代文化之迈越西洋近代文化之处，涵育得中国民族一种较高精神，则是没办法的所在；——中国人将不能不别求其政治的途径。

> 新轨之不得安立，实与旧辙之不能返归，同其困难；而世人不知也。旧辙之所以不能返归，其难在少数有力分子意识上明白地积极地否认他；新轨之不得安立，其难乃由吾民族（兼括有力无力分子）不明露在意识上的消极地不予承认接受。多数无力分子从其数千年迷信和习惯，对于新制度无了解不接受，这是容易知道的；而其不接受实更有在迷信与习惯之外者，则人多不留意。少数有力分子固明明为新制度之要求者，而在其意识背后隐暗处同时复为其拒却者，人尤不留意。故十数年政局之纷扰，政象之浊糟，未尝不指示我们新轨辙之不被接受；而昧昧焉期望民主期望法治者，至今犹盈天下也。然而吾知其事之不能矣！（以上并见《主编本刊之自白》）

> 曾不知近代国家是怎样一个东西。他的政治背后，有他的

经济；他的政治与经济出于他的人生态度；百余年间，一气呵成。而我数千年赓续活命之根本精神，固与大异其趣，而高出其上，其何能舍故步以相袭？（见《中国民族自救运动之最后觉悟》一文）

这些话都是很空洞抽象，自非具体地指实其内容，或不为读者所了解。我们即其荦荦大端，指出四点来说。

七　所谓精神不合者其一

中国人和西洋人，在人生上是迥然不同的两样态度，两副神情；——这是我们先曾一再说过了的。态度精神之间，其几甚微；而天下大事正须于此取决。如我所说，不同之文化实源于不同的人生态度。西洋近代制度之辟造，虽有种种条件缘会之凑合，然语其根本，则在其新人生态度；——这亦是我们先曾一再说过了的。[①]试看英国宪政是如何一步一步始得确立；法国革命是如何一次再次始得成功；以及其他各国革命史，就晓参政权是怎样争讨而得，个人自由是怎样反抗而得。若不是欧洲人力量往外用，遇着障碍就打倒的精神，这"民治"二字，直无法出现于人间。他不但要如此精神乃得开辟，尤其要这个精神才得维持运用。我们不是说过欧洲制度的妙处，使你为善有余，为恶不足，不待人而后治么？但他这种妙处，必要有一个条件才能实现，就是各人都向前要求他个人的权利，而不甘退让；如其不然，必须良善者受

---

　　① "谁都知道'德谟克拉西'是由西洋人对于上者之压迫起而抗争以得之者；所谓平等与自由，实出于各自求其个人权利而不肯放松，以成之均势及互为不侵犯之承认。""本来一部近世史，就是一部个人主义活动史；就是以人的自我觉醒开其端。从认识了我，肯定了自己，而向前要求现世幸福，本性权利；后来更得着以开明的利己心为出发的哲学论据，以自由竞争为法则的社会公认，于是大演某个体对外竞争的活剧；所有征服自然的物质文明，打倒特权阶级的民治制度，一切有形无形，好的坏的东西皆由开发出来。"以上参见《中国民族自救运动之最后觉悟》一文。

害，而恶人横行；善人为善不足，而恶人作恶有余；虽有圣人，不能为治。因为这制度里面，即以这制度本身（宪法及其他）为最高，更无超乎其上的来维持，运用他，其赖以维持而运用者，即在此制度下的大家众人；又非要待大家的热心好义来维持，只是由大家各自爱护其自由，关心其切身利害而维持，而运行。如果不是大家自与其本身有关的公共利害问题而参加，则大权立即为少数人所悉取；如果不是大家自爱其自由，而抱一种有犯我者便与之抗的态度，则许多法律条文，俱空无效用；这是一定的。态度神情实为生活习惯的核心；而法律制度不过是习惯的又进一步，更外一层。自其人之态度神情以讫其社会之习惯法律制度，原是一脉一套，不可分析。法律制度所以为活法律制度而有灵，全在有其相应之态度习惯，虽视之无形，听之无声，其势力伟大关系重要固远在形著条文者之上。但中国 1919 年革命后则徒袭有西洋制度之外形，而社会众人之根本态度犹乎夙日之故，相应习惯更说不上。所以当共和成立以后，十多年扰攘不宁，一般人说这都是大家太爱争权夺利的缘故，我则喜说这正为大家都太不爱争权夺利的缘故。此话看似有意翻案，而其实在当时正是一点真的觉悟。读者试翻取我十三年前所为《吾曹不出如苍生何》一文，十年前所为《东西文化及其哲学》一书，便晓然我当日的用心。我曾一再地说：

　　我们历年所以不能使所采用西方化的政治制度实际地安设在我们国家社会的原故，全然不是某一个人的罪过，全然不是零碎的问题。虽然前清皇室宣布立宪之无真意，袁项城帝制自为之野心，以及近年来军阀之捣乱，不能不算一种梗阻，而却不能算正面的原因。其正面的原因在于中国一般国民始终不能克服这梗阻；而所以不能克服这梗阻的原故，因为中国人民在此种西方化政治制度之下，仍旧保持其东方化政治制度下所抱的态度。东方化的态度根本与西方化刺谬；此种态度不改，西方化的政治制度绝对不会安全设上去!①

（上略）我们眼前之所急需的是宁息国内的纷乱，让我们的生命财产和其他个人权利稳固些；但这将从何种态度而得做到？有一般人以为大家不要争权夺利就平息了纷乱，而从佛教给人一服清凉散，就不复争权夺利，可以太平。这实在是最错误的见解，与事理真相适得其反。我们现在所用的政治制度是采自西洋；而西洋则自其人之向前争求态度而得产生的。但我们大多数国民还依然是数千年来旧态度，对于政治不闻不问，对于个人权利绝不要求，与这制度根本不适合；所以才为少数人互竞的掠取把持，政局就翻覆不已，变乱遂以相寻。故今日之所患不是争权夺利，而是大家太不争权夺利。只有大多数国民群起而与少数人相争，而后可以奠定这种制度，可以宁息累年纷乱，可以护持各人生财产一切权利。如果再低头忍受，始终打着逃反避乱的主意，那么，就永世不得安宁。在此处只有赶紧参取西洋态度，那屈己让人的态度方且不合用，何况一味教人息止向前争求态度的佛教？我在《唯识述义》序文里警告大家，"假使佛化大兴，中华之乱便无已。"就是为此而发。（下略）②

此其用心亦良苦矣！一面既察见乎彼西洋制度背后所凭依而建立而运行者，有其一种必不可易之精神；一面复审于我们从来态度之与他刺谬不合；然而尔时犹是这样肯定西洋制度为我们所必须努力实现者；态度有不合，我们是必须改变了以求其适合的。这实在是清末民初率然要建起西洋制度于中国，碰钉子后，一向梦想民治如我者一点真的觉悟。然由今视之，盖犹知其一不知其二也。

我前答张君廷健云："即在讲《东西文化及其哲学》时，我还

---

① 见《东西文化及其哲学》第一章，"以为这问题还远的不对"一节。

② 见《东西文化及其哲学》第五章，"我们现在应持的态度"一节。

没提到'民族精神'这句话"；"'民族精神'这一回事，在我脑筋里本来是没有的"；盖正指此时，此时盖犹以为中国人态度纵与西洋不同，而参取含融，稍变其故风，宜无不可。故于《东西文化及其哲学》全书总结，论"我们今日应持的态度"，有云：

> 我们此刻无论为眼前急需的护持生命财产个人权利的安全，而定乱入治，或促进未来世界文化之开辟，而得合理生活，都非参取第一态度，大家奋往向前不可；但又如果不根本的把他含融到第二态度人生里面，将不能防止他的危险，将不能避免他的错误，将不能适合于今世第一和第二路的过渡时代。

> 我们可以把孔子的路放得极宽泛极通常，简直去容纳不合孔子之点，都没要紧。儒书有一句"极高明而道中庸"的话，我想拿来替我自己解释。

呜呼！由今视之，这真是糊涂！是徒见夫此制度之有需于中国人之改其态度，而未识乎中国人态度既有其不可改者矣。语曰"江山易改，本性难移"，此特极言其难耳；更翻过来极言其不难，虽曰初无本性其物，亦何不可。然于此有一大原则焉：改移而上，可也；改移而下，不可也。迨吾见夫西洋风气进入中国以后，中国人精神之弛散懈败陵夷就下，至于不可收拾，而后憬然有悟中国人态度有不可改者已。中国人一般的态度是安分守己；——这是最标准的态度。由此而上，含藏着更高明的人生思想，更深厚的人类精神，说之不尽；由此而下，便流于消极怕事，不敢出头，忍辱吃苦，苟且偷生等习惯心理；——一言以概之曰，"不争"。使中国人从其文化之稚愚而不知争，或欲争而不得，其消极不前徒为习气之陋也，数千年生活至今而犹未望见西洋人近世之所为也，则设非奇蠢至愚之劣等民族，或民族衰老不堪再造，其必于新风气之来，有一种新精神之勃发焉；其必于民族生命上开一新生机焉；纵以制度不相习，骤难得其运用之道，而瞻其气象当不可同焉。然而验之廿年间眼中事实果何如哉？吾是以知其有不可改者。质言之，中国人之"不争"固有其积极精神，以视西洋人之"争"在人生意义上含蓄深厚，超进甚远；乃欲降而从西洋人之后，将无复精神可言，并不能有如西洋人之精神。向上求进，其势若甚难；然是生命之自然要求，进必有所就。降而未退，其势若甚易；然退则坠矣，不能复有成就矣。故曰：改移而上，可也；改移而下，则不可。

原来中国人数千年生存至今，自有其妙理妙用，就是各自消极节制，而彼此调和妥协，适与西洋人之往外用力，辗转于彼压迫此反抗，或相抵消而剂于平者，其道相反。此其形著为中国文化的特征者，莫若其"不像国家的国家，不要政治的政治"，莫若其人权虽直至于今树不起保障，不能比于任何国民，而自古既有比任何国民更多的自由。吕新吾《呻吟语》治道篇有云：

> 为政之道，以不扰为安，以不取为兴，以不害为利，以行所无事为兴废起敝。

其言实代表一般人之言，非个人之独见。与此消极无为的治道相应者，即其散漫地自生自灭的社会众人之安分守己的态度。如我前在《中国民族自救运动之最后觉悟》一文中所说者，其社会已构成一个"自天子以至于庶人壹是皆以修身为本"之局；士农工商以及天子每个人心思力气还用诸其身，以求其各自之前途。其社会秩序人生幸福皆于此得之，故数千年相安而不改。如或乱作而生民苦，则以为有失于是道，务求所以循归之，盖无有异议者。于是所有人生思想，人类精神，悉向此途以发挥，高明深厚，有说之不尽者，并以蔚起而陶成。即其处己有以自得，处人仁让谦礼，于人生意趣之所进诣，已远非近世西洋人日以逐于外争于人者所能梦见。两者相较，此实为更需要精神上努力自强之一种人生。虽若邻于消极，正非不用力；——其用力弥大而不形。其有所谓消极怕事，忍辱偷生等习惯心理者，力不逮于是而不能不敷衍乎是，乃不免为下等习气之流行。抑吾既言之矣，中国文化本乎人生第二态度以创造去，而不能不为其物质上之不进展之所限；是即所谓人类文化之早熟，其形态间不免时现幼稚。行于其社会间之种种习惯心理，论者以比于所谓宗法社会所谓封建社会者亦未云全非。一社会之习惯与制度所为范铸以成，固必应于其社会生活之所需切，社会生活又必有其物质的基础也。无识者动辄曰，是专制帝王之所为也；专制帝王其何能有为？与其曰专制帝王之所为，毋宁曰中国圣人之所为。圣人其何能为？其言有当于人心，其所指示于人者既有效验而人安之也。是与其曰一二圣人之所为，又毋宁曰中国人之自为之。文化的特殊方向既萌，后之人皆于是竭尽其聪明才思，益为种种安排种种教训，上而为精神，下而为习惯，以振以励，以濡以染。所谓"无有异议者"，事实所在，不得不尔；虽圣智有不能越，而别为计者已。"民族精神"一词，宽泛用之，兼赅有力精神无力习惯以为言，狭义唯指精神。以言中国人之精神有所偏，吾不能否认；以言多数中国人之习惯猥陋驯懦，视近世西洋人生有愧，吾不能否认。近世之西洋人生亦自有其一种精神，然而吾固尝评判之矣："这幕剧亦殊见精彩，值得欣赏；然而不免野气的很，粗恶的很。"① 使既造于深厚温文之中国人复返于粗野之为，有不可能已。上焉者诚有所不耐；下焉者将无所不至。吾民族生命数千年传演至于清代，民族精神浸已消涸；所谓中国人者适当躯壳徒存内里空虚之候，其将无所不至者正在多数固宜。凡吾所有，虽上而精神；下而习惯一切都与欧洲制度所需条件不合，眼前为碍的，似尤在多数人的下流习气，牢不可破，但其

---

① 见《中国民族自救运动之最后觉悟》一文，第二节末。

真使中国人与这种制度绝缘的，则在有力精神之隐约仅存。如果单是陋习为碍，则从我们的向上心，非改除不可，亦没有不能改除的；当改除之时，即创造出新生命之时——一切新生命皆以向上奋发为根苗。若有力精神不合，则无办法。因为要牵就这制度，不能不学着欧人向外争求的态度。这回视自家精神（现于意识上或隐约于意识后），实是一种退坠；实在松懈萎靡下来，则丧身失命，就在于此，尚何有于新生命之创造？南宋以来之中国社会正是患着文化上"无可指名的大病"，生不得生，死不得死；其必待外力以推转开动之，而后乃有一新生命，固无疑。1911 年的中国革命，原不是中国社会内部自发的民主革命；——此固于中国历史上永不能期望见其开启之机者；[①] 而实为激于西洋文化的打击，由少数仁人志士先知先觉所发起之一种藉模仿以自救的运动。——此绝类于人之因病而求所以自药。药之，诚是也；然所以药之者，"高过我们固有精神的，便能替我们开新生机；若低下一些，便只益死机，在我们固不能由是开出新生命，即在他亦不得成功。"[②] 若欧洲近代政治制度殆犹非其选乎。

胡适之先生尝判东方文明的最大特色是知足，西洋近代文明的最大特色是不知足；是可与顷所云西洋人精神在争，中国人精神在不争者，互资参对。其警切语有云：[③]

---

① 见《中国民族自救运动之最后觉悟》一文，第六节。

② 见《主编本刊之自白》一文，第二节，第十二段。

③ 胡适之先生于民国十二年《努力周刊》批评我的《东西文化及其哲学》，尝否认我说的中国人态度是调和持中，寡欲知足，随遇而安；谓此为世界各民族的常识里的一种理想境界，绝不限于一国一民族。又诘难我云："梁先生难道不睁眼看看古往今来的多妻制度，娼妓制度，整千整万的提倡醉酒的诗，整千整万的恭维婊子的诗……这种东西不是代表一个知足安分寡欲摄生的民族的文化？"又于我以奋斗向前改造局面满足欲望之态度专属之西洋人为不当。然越三年胡先生自为《我们对于西洋近代文明的态度》一文（见十五年《现代评论》第 4 卷第 38 期），则于其文中总断之曰：西洋近代文明的最大特色是不知足。此为胡先生见解之一长进乎。

他们（西洋人）说，"（不知足是神圣的）"（divine discontent）。物质上的不知足产生了今日钢铁世界，汽机世界，电力世界。理智上的不知足产生了今日的科学世界。社会政治制度上的不知足产生了今日的民权世界，自由政体，男女平权的社会，劳工神圣的喊声，社会主义的运动。神圣的不知足是一切革新一切进化的动力。

不知足诚为西洋文化之原动力；知足则未可以赅举中国人之精神。又不知足也，争也，其积极精神人得而识之；知足也，不争也，徒为负面之词，其积极精神不著。姑就知足论之。人原来是不知足，初不待教的；其必转进一层，而后有所谓知足。此时欲其复归于不知足，非复出于天真自然矣。不知足出于天真，则是一切活动之源泉，于文化之创造有勃焉以兴沛然莫御者。然天下事唯人生不可以为伪。今日"我将求为不知足"；真力已失，勃焉沛然者不可得，将唯嗜利无厌之归而已，无创造之可言。我初时亦何尝不想引进西洋不知足之精神，以奠民治之基，以应付这生存竞争的世界，卒乃悟此徒为固有精神之懈弛，而西洋精神固不可得于我。吾思之，吾重思之，中国人所适用之政治制度他日出现于世者，或于某一意义亦可命曰民治；然视欧洲近代制度固形神俱改必非同物，此可断言者。

八　所谓精神不合者其二

在欧洲政治里，一桩基本重要的事，就是选举。像英国国会的选举，美国总统的选举，每届其时，都是举国若狂的奔走，其精神亦自有可爱处。然而只看他"选举竞争"四个字，就可想见其意味如何可怕了。绝无温恭撙节，顺序就理之致，而极有血脉愤兴迸力活跃之妙。人说西洋人是动的，东方人是静的，当真不错；实在使我们有望尘莫及之叹，学亦学不来。所谓学不来者，在他是动，而不免于乱（指选举中一切丑劣之态，暴乱之举），在我们学他，将只有乱，而说不上动。盖所谓动者，必有一段真精神，一腔真力气，在那里活动始得算；非下流习气，行尸走肉之动可冒算也。然而中国之动，将只有此；中国之办选举，其丑劣暴乱，将过于欧洲十百倍，而此外无所有！

这是什么缘故？这就为西洋人的行事。其中果含有高于我们的精神在；则我们可以学他；而无如其不然。我承认他的精神亦自有可爱可喜之处，但以视吾民族从来之所尚，则殊不逮我们精神之高明，之深厚。我们从来之所尚是谦德君子。谦者尊敬他人，佩服他人，而自己恒歉然若不足。人没有向上心则已，果其有之，必自觉种种不足，所以自责勉者，恒苦莫能致莫能胜；夫何能不谦乎？人不回头看自家则已；回看反省，则必自觉种种不足，而服善推贤之心，油然莫能已；夫何能不谦乎？谦则精神浑收聚于内而向上，斯则中国人之道也。由中国人之道则必谦，谦本是中国人之道；而西洋反是。我尝说中国人照例应当是"鞠躬如也"，西洋人则都是挺着胸膛；善理会此两边的神气不同，则其所由途径不同可得之矣。中国而有选举也，其必由众人所尊敬，有所佩服之心，而相率敬请于其人之门而愿受教焉。殆非"我选你为代表"之谓也；或"我帮你忙，投你一票"之谓也。而在其人则必退谢不敢当；辞之不可，或且逃之。——这不是做作，向上自强时时回省自己的中国人固真真如是。断不能炫才求售，以至于运动焉，竞争焉，如西洋人之所为。——西洋政治家到处演说，发表文章；运动选举，在中国旧日读书人眼光中，无论如何，是不能点头承认的。故中国人而为此，面上总有点不好意思，心里总要援西洋为例，强自慰解，此于向上自爱之意，稍稍懈下了！这便是吃紧关头，不可不注意者。开头，其几甚微，而其结果，则将无所不至。因人的精神之降下，是不会降到恰好为止，一降落便要落到底。中国议员愈到末后来愈下流无耻，到一个万分不堪的地步，就是为此。故尔外国的政治家，未尝不是豪杰之士。中国人而自比于外国政治家者，则都是不知羞耻的流氓而已。又所谓其几甚微，特就其个人心理言之耳；若自吾民族精神言之，则是大大离开固有途辙，而早已失去向上努力之点；其不至于混乱稀糟，固不可得。我敢断言中国今后若仍照以前模仿那外国风气的选举制度，政治即永无清明之望，中国民族即永无前途开出来。中国人所适用之政治制度他日出现于世者，假犹有所谓选举也，必非这样个人权利观念的选举，彼此竞争的选举。

九　所谓精神不合者其三

欧洲人以其各自都往外用力，向前争求的缘故，所以在他制度里面，到处都是一种彼此牵制，彼此抵对、互相监督，互相制裁，相防相范，而都不使过的用意；人与人之间，国家机关与机关之间，人民与国家机关之间，都是如此。这在他，名为"钳制与均衡的原理"（principle of checks and balance）。所谓政治上三权分立，就是这个意思，其他之例，在政治制度上，在一般法律上，不胜枚举。中国人于此尤不适用。用在中国政治上，则惟有使各方面互相捣乱而已。记得十七年春上张难先先生曾给李任潮先生同我一封信，说中国政治制度，以人性善为根据；西洋政治制度以人性恶为根据。在西洋总怕你为恶，时时防制你；在中国以人为善，样样信任你，赋予大权。因而深叹好人在今世之无法行其志。这话未必全对；不过在西洋制度里面，隐含着不信任对方人之意则甚明。有许多人指责民国元年临时约法专为防制袁世凯的不是；这或者有不是处。然而，在西洋制度里，一面抬你作总统，一面防制你，本是他固有精神，不足为异。然而这在中国民族精神里，是不许可的——在旧日涵泳于中国精神的人，定感觉出，而断然不许可。孔子所谓："不逆诈，不亿不信"；彼此既要共事，而一事未办，便先将不信任你的意思放在前头，而预备着如何对付你，这不是岂有此理吗？

然这在西洋自亦有其很深的理由：

（一）人本是自家作不得十分主张的。外面的形势机会，容易为不善，不善之发生总难免；外面形势会不易为恶，恶之成功总要少。明乎人类心理者，自知此实有深且强的根据。在立法者，并非有意以不肖之心待人，人实不可信赖故也。与其委靠于人，不如从立法上造成一可靠之形势故也。

（二）又除非绝对不要法律制度，要法制就是不凭信人。因法制之所从产生，就是想在凭信人之外，别求把柄；则似亦不能独为西洋制度病。

（三）又西洋立法如此，似是一种科学的态度。科学是讲一般的，普通的，平均数的；而少数的，特殊的则不算。法本是为众人而设，其不信任人，只是说看人只能从平均数来看；我固不能说你是坏人，亦不能说你是好人。

凡这几层，都有很长的意思在内，我们亦不否认。然而人类的精神，自有高于此者，诚有会于中国古人之精神者，则于此应当如何存心，应当如何表示，是可以想得出的。人类应时时将自家精神振作起来，提高起来——中国古话谓之"诚"，谓之"敬"。于国家大事，尤其要以全副心肝捧出来，——出以至诚无二之心。彼此相与之间，就存心言之，第一要件是"信"；就表示言之，第一要件是"礼"。——崇敬对方人，信托对方人，有极高期望于对方人。虽然你不一定当得起这样崇敬信托期望，而我之待你应如此；我亦不一定当得起这样，而你对我应如此。彼此看待都很高，这才是中国人的精神。必这样，中国政治才可弄得好；彼此感召，精神俱以提振而上故也。反之，此之待彼者不高，则彼自待及还以待我亦不高；彼此精神，俱因而委降于下。无礼不敬，则国家大事一切都完了。这在西洋人亦许不要紧，因为西洋人的精神要粗些——他于人类精神未造到较高较细的地步。从他的精神，不感觉到无礼，则亦无害于事。中国人则不能复反于无礼。即在今日，大家都像不觉得这是如何无礼，其实特未现露于意识上耳，其各自精神之弛散苟偷，则既不可言矣。即此弛散苟偷便是对此制度一种否定。故西洋以收制衡之效者，在我乃适滋捣乱；天下事之不可相袭，如此。

所谓在西洋以收制衡之效者，大概有两大效果：一是其政治上运转灵活，不滞于一偏，而常有推陈出新之妙者以此；一是其人权能得保障，所不见摧于强权者以此。[1] 然而我们今欲得此于西洋制度却不可能。似此权力分立，相依为用，复又相对抗衡，各有所限，或互得为制裁，原是沿着英国历史不知不觉演成的事实；然后孟德斯鸠乃从而为之说；然后若美国若欧洲大陆国家乃有意识地著为法律制度。即在后之取法设制者，虽非自然演成的事实之比，固亦有其相当的历史根据，或一种新兴气势可凭。一言以蔽之，西洋法律制度所为如此安排配置者，正为其事实如此，有在法律制度之前者。然在我们则何如？一点的事实无有可凭，而曰"我今欲如是云云"；但凭条文期收大效，讵非梦呓！天下莫巧于自然，莫拙于人为。自分权标为学说而刻画失真，订为制度而胶柱不灵。今世仿行之，以支配运行其国家权力者遍于各洲土，察其政制曾非其相悬，而政象之一美一恶一治一乱乃不啻天壤之殊。是其故，盖全在其制度或本乎事实之自然，或较近于事实，或离乎事实而徒人为之拙也。然若法之于英，南美之于北美，亦不过仿行其制而事实有所不逮耳；犹未若事实根本相反而冒昧相师如中国之于西洋者，则其事之止于拙而几于妄矣！

何谓事实根本相反？造成西洋先乎法律制度而存在的事实者，是其个人主义，权利观念。但中国最大的事实则为伦理；一切事都在伦理关系中。其意义恰主于非个人的，义务的。——我前曾说过了：

> 伦理关系本始于家庭；乃更推广于社会生活国家生活。君与臣，官与民，比于父母与儿女之关系；东家伙计，师傅徒弟，社会上一切朋友同侪，比于兄弟或父子之关系。伦理上任何一方皆有其应尽之义；伦理关系即表示一种义务关

---

[1] 孟德斯鸠《法意》言此，于后一层尤详，见严复译本，卷十一第六章。

系。一个人似不为其自己而存在，乃仿佛互为他人而存在者。①

由伦理，而在中国人与人之间，乃无由萌生相对抗衡的权利平等观念。由伦理关系的推演，而在中国政府与其人民之间，乃无由形成相对抗衡的形势。从而更不能有拥护权利平等的法律，维持势力均衡的制度。然在西洋民治主义政治制度中，代表国家权力的政府与构成国家分子的公民之间，一种相对抗衡互有推动力互有制裁力的均势，实为必要。必如是，一面乃可有公共秩序与幸福的进行而国家权力的运用得其道，一面又不致妨碍分子的自由而其个性亦可得到发展。而西洋恰好以其具有个人主义权利观念而又能发挥之的新兴中间阶级，起而与旧日统治阶级君主贵族僧侣对抗，作成政治上两方面的均势，于是近代的"准民治制度"（对真正民治制度而言）遂以开辟实现。——这是在西洋制度背后之一根本重要的事实。如我前所说者，② 中国以文化迈进于一特殊方向——无宗教而有"伦理"，向人生第二问题第二态度以趋——其经济顿滞不进而封建制度顾早得解除；其社会形态乃极殊异之致；密于家庭，疏于社会，而几无所谓国家；贫富贵贱转易流通，几无所谓阶级；彼此相与之间松软温和，几无所谓压迫。如是散漫无纪，流转不滞，软和无力的人群社会，其阶级对立的形势根本不可见，则求其如欧洲有中间阶级之兴起以与统治阶级抗争扯平，作成政治上两方面的均势，更无自而有；而由封建社会以经济进步所蜕出之准民治或初步的民治，当然不见于中国。此就欧化未入中国时之历史言之。及至 1911 年的革命，一举手而清统治者即被推翻，在政治上曾不能保留其尺寸地位，如欧洲日

① 见《中国民族自救运动之最后觉悟》一文，第六节。
② 见《中国民族自救运动之最后觉悟》一文，第六节。

本国家之君主贵族。自表面上看，此人人平等的中国社会更没什么障碍势力；宜乎一步而跻民治才是。然临时约法——西洋式的民治制度——公布施行以后，民治竟不能实现。此其故当分别言之。一则从来的中国社会，只有个人势力而无阶级势力或集团势力，类如欧洲宗教集团势力（僧侣）封建阶级势力（贵族）城市新兴资产阶级势力者，皆未有之。个人势力不长久，又于社会中无所代表，实在不算一种势力，不可凭依。于是在彼以阶级间或集团间势力均衡（此中自以新兴阶级有力持自由主义之必要而又能发挥之为不可忽之要件），而开辟得之民治（准民治）；在我乃直接求之散漫无统纪的个人，其难不啻百倍。国家与其组成分子公民间两方的均势而不间之以特种意味之势力，本为真民治。真民治乃必经济及一般文化有大进于今日方能实现者；岂所论于经济稚陋之中国？此分属本文前半所论物质条件不足问题，兹不更谈。民治不成，而国乃大乱，二十年犹未有已；则又以此西洋制度大反乎吾数千年所习尚之道故也。

我们所习尚者为"礼"；这是与伦理相缘而俱来的。我们几乎可以说中国初无所谓法律制度，而只有礼。这在有学问见识的西洋人似乎亦很能见及此，严几道先生译本孟德斯鸠《法意》有两三段云：

（上略）是故支那孝之为义，不自事亲而止也。盖资于事亲而百行作始。惟彼孝敬其所生，而一切有于所生表其年德者，皆将为孝敬之所存；则长年也，主人也，官长也，君上也。且从此而有报施之义焉。以其子之孝也，故其亲不可以不慈；而长年之于稚幼，主人之于奴婢，君上之于臣民，皆对待而起义。凡此谓之伦理；凡此谓之礼经。伦理，礼经，而支那所以立国者胥在此。（原译本十九卷十九章）

支那之圣贤人，其立一王之法度也，所最重之祈向曰惟吾国安且治而已。夫如是，故欲其民之相敬；知其身之倚于社会而交于国人者有不容已之义务也，则礼义三百威仪三千从而起矣。是以其民虽在草泽州里之间，其所服习之仪容殆与居上位者无攸异也，因之其民为气柔而为志逊，常有以保其治安，存其秩序；惩忿窒欲，期戾气之常屏而莫由生。（十九卷十六章）

（上略）而支那政家所为，尚不止此，彼方合宗教法典仪文习俗四者于一炉而治之。凡此皆民之行谊也，皆民之道德也；总是四者之科条而一言以括之曰"礼"。使上下由礼而无违，斯政府之治定，斯政家之功成矣。此其大道也，幼而学之，学于是也；壮而行之，行于是也；教之以一国之师儒，督之以一国之官宰，举民生所日用常行，一切不外于是道。使为上能得此于其民，斯支那之治为极盛。（十九卷十七章）

严先生为按语，自谓"不觉低首下心服其伟识"；并引曾文正之言："古之学者无所谓经世之术也，学礼焉而已"；以证成之。又曰："惟吾国圣贤政家其所以道民者常如此，是以闻西哲平等自由之说常口呿舌矫，骇然不悟其义之终也"。中国民族自救运动前期之所为，乃欲举数千年土生土长之"礼"而弃之，凭空采摘异方花果—西洋之"法"以植于中国者；其事何可能耶？

我承认凡是人类社会都有礼；并且人类社会大概是先有礼，礼里边就有了法律制度；与礼分异不同的法律制度，是社会又演进一阶段至近代才有的东西。换句话说：现在的法律制度，是跳出宗教的魔圈打破封建的枷锁而后有的，而古代一般所谓礼，则正是宗教的玩艺，封建的产物。我绝不能说，对于平等自由"口呿舌矫骇然不悟其义之所终"的中国人，尚可自骄于西洋人之前以为高。但这其中大有曲折，非率然一言可以下断的。

宗教必有仪文，封建最严等差；但我们不能说是等差即封建，舍宗教无仪文。礼之为物，固离不开仪文，离不开等差；但我们不能说离开宗教和封建即无礼可言。中国文化的特征是无宗教，中国社会的封建早得解除，而中国卒以礼者著于世界；则中国的礼其自有发展的途路可知。中国的礼最发达时代，诚然正是个封建社会；但封建成过去，而礼不成过去。中国人尚礼之风直垂于后，且差不多好礼之故，至于追慕封建；则以礼之发达有在封建之外者，超过甚远，其感于人心者至深故也。由此，虽亦不少类近宗教仪文之礼，表示封建体制的礼，顾其内容不同宗教之愚蔽而含义高明，不为封建之苛虐而雅度温恭。所可惜者，中国的封建制度因此竟没有经过被压迫阶级反抗而推翻的这一回事，就过渡到另一特殊构造的社会；像欧洲近代之一段"人的个性伸展"史，在中国人生上就缺少这段功夫，[①] 其闻平等自由之说而舌矫不下者，固所难免的陋相。如我在《东西文化及其哲学》所说者，"他对于西方人之要求自由，总怀两种态度：一面是淡漠的很，不懂要这个作什么？一种是吃惊的很，以为这岂不乱天下！"[②] 然即此亦见他不同乎正吃着不平等不自由苦子的人，闻平等自由而踊跃欢喜于得解放也；而亦就证明他方游于另一不同之路上而耽之也。封建社会之礼诎抑人格，其视近代西洋法律自为有所不及；而此中国特殊发展之礼则固根乎人类的无对精神而来；其视近代西洋法律制度一切植基于个人本位权利本位契约观念之上，不出乎人类有对性之表现者，正为有所超过。[③] 中国所谓礼者无他，只是主于谦敬，随事而自见节文。是其所期于天子以至庶人无

---

① 《东西文化及其哲学》第二章，"西方化德谟克拉西精神"一节。

② 《东西文化及其哲学》第二章，"西方化德谟克拉西精神"一节。

③ 人类之有对性、无对性，参看《中国民族自救运动之最后觉悟》一文，第六节，第九段，倒数第六段，及《读〈东西之自然诗观〉》一文。

贵贱贤愚共由而无违者，初非统治阶级片面的以课于人。唯敬无二，唯谦斯和；是故曰"无对精神"。于斯际也，方有所崇高隆重而仿佛没有自己；转视自己本位的西洋人何其狭小！前不云乎，中国人"鞠躬如也"，西洋人挺着胸膛；观乎两方人情风习所示，总不外敬肆之分，谦侈不同；而究实言之，只是文化深浅精粗之差。所谓不能以西洋之法易中国之礼者，既造于深厚温文之中国人不能复返于无礼也。

如我所说，此礼的路为人类未来社会所必由；——在近代法律制度后更进一阶段的文化便是礼。西洋言法律者，现在已转变到社会本位义务本位思想；以为人只有其一种"社会职能"和为国家应服之务，而无所谓自由权与公民权的"权利"。因此，法律的内容最初是义务，其后是权利，最后乃复返于义务。此其意向盖已颇接近于我们。要知道，在新趋向中实涵盖了平等自由，而不与平等自由之义相冲突；但最好要经过此一番转折，则双方之义俱得圆满。而中国人偏偏并两步作一步，径从最初之礼以进于最后之礼；一些封建社会所有的稚态短处不免隐混而遗留下来；——此其所以为人类文化的早熟。中国问题的不好解决亦就在这里。在他自己这面，于深厚精神中又见稚陋偏弊；在外来的欧洲近代潮流具有一种进步的精神似可矫其偏失，而又粗浅不足以相胜。所以彼此都不能爽快的诚服；而恰好牴牾扞格，两不相下，乃各不得立。自变法维新以来，礼日以毁，而法亦不建，扰攘卅年犹未有已，全从精神上一大苦闷冲突不解而来。假使中国果是一种稚陋的文化，或欧洲果是顶进步的文化，有一面是决定的，都好办了。事实既不如此简单，则前途正恐不能不费些时日才见分晓。然使吾人于人类文化转变前途有所窥，则知二者原非无可通，而在未来事实所归上得其解决也。

我们总结几句罢。中国数千年有其治道曰"礼"；在近二三十年乃欲代以西洋式民治制度。此于其从来习惯事实正是前后全不接气的文章；其运用不来，原意尽失，祈福得祸，既已昭然。① 其实将来中国的民治并不是不能有；但决不如近世西洋人从自己本位向外用力寄民治于彼此对抗互为防遏之上，此我可断言者。②

十　所谓精神不合者其四

欧洲近代政治有其很好的成绩，就是造成了地上的天国，实现了人类的现世幸福。求之其他洲土或历史上其他时代，似尚未见更有能替人谋福利的政治如此者。然而不免有三层缺憾：一层，是对外肆行侵略，以旁的民族供其牺牲；二层，是在其国内，亦有以此部分人供彼部分人牺牲之势，或至少是幸福不平等；三层，是表面幸福，未必真快乐——这是罗素所为再三叹息的。他叹息人生之乐（joy of life）在欧人已因工业主义而失之；但于中国则无往而不见③苦乐存于主观，无法称量；罗素之言，亦或抑扬太过。然而欧洲的文明，实一病态的文明，其中人生乐趣，究有几许，诚属疑问。所以这三层缺憾，大概是不能否认的。然何以致此？试究其故，则以当初本从个人为出发点，而以

---

① 西洋式政治制度在中国之徒滋捣乱，如前已说；西洋式的法律不合中国人情，其为祸亦烈。在他是很想保护人的权利；而柔懦怕事甘心吃亏以消极为良善的中国人，则于他这种法律下，享不着一点保护。然恶人为恶，却多半无法制裁；法庭要主持公道，而被害者不说话，和证人不敢到场，即无办法。因为法律上原来打算你尽量争持辩诉，绝不退让的；犯法者罪名的成立，是靠证人证物种种条件的；法官是不能自作主张，扶弱锄强的。我于此道太外行，不敢谈；但知此中大有问题，须从头研究耳。

② 汪懋祖先生为某君西洋近世文化史序文，有云：民治主义之产生盖有二源，一曰势力平衡，一曰物欲相应。又云：基督教祸亘千余年而未已，相煎相摧，至各不能自存，于是信教自由之说得以成立；所谓民治主义者无他，乃出于势力冲突，而跻于平衡之结果已耳。其言足参考，附记于此。

又近见庐信先生《党争救国论》小册，主张以党争替代兵争；谓对共产党宜于不范刑事范围内公开承认之，国世党既有三全大会之争，不妨经分为两党各自为一系统。其言均有可赞成者；然这自是一西洋政论也。

③ 罗素游华以后著作，无处不见其说这类话；在《中国之问题》中尤再三见。大概旧日宽闲的中国人生确亦很乐，今日则难言之矣。

现世幸福为目的地，——质而言之，便是中国所谓私欲或物欲——其不免于有己无人，而损人以利己，逐求外物，而自丧其天然生趣，固必致之符也。

欧洲近代政治，实是专为拥护欲望，满足欲望，而其他在所不计或无其他更高要求的；我名之曰"物欲本位的政治"。其法律之主于保障人权，即是拥护个人的欲望，不忍受妨碍；其国家行政地方行政（尤其是所谓市政），无非是谋公众的欲望之满足。从来的中国国家固断断乎做不到此，要亦未甘如此，不屑如此。

仿佛记得清末宪政编查馆草订新刑律时，新旧两派法律思想很多争执，其中有一问题即"和奸不为罪"。照新派法律思想（代表近代民治制度的），凡个人行事，无论在道德上如何评论，但不妨害公众，不侵及旁人，则国家权力过问不到。和奸既是他们彼此同意；亦未尝碍着旁人，这是他们的自由，不能为罪。若是有夫之妇，犹有侵着夫权之说，否则更无所谓。因此假设有族侄与寡婶通奸一案，在旧日法律是要凌迟处死的罪（极刑）；而自新法律看，则无罪可言。此中国有其一大发明在：——发明了公私界划之当分。在古时以"公"的名义（国家或其他的团体范围，而国家为甚）压迫干涉个人是无所不至的。虽然孙中山先生说中国人自古有更多的自由，其实严格地说亦还是没有自由；即因公私界划不立之故。其所为压迫干涉亦许很少，但要压迫干涉起来初无限度。自近世西洋人个人本位契约观念盛行，乃认定没有私，公即无从来。团体无论如何重要，亦不过为的是个人；因团体之故，个人自不能不受到一些限制干涉，而只于维持公共秩序所必要者为限。前所谓个人行事，但不妨碍公众不侵及他人则国家权力过问不到者，其根本即在公私界划之确立。然而其所谓私是什么，不过是个人的欲望要求；所谓公，亦就是大家的欲望要求已耳。其拥护自由亦即是拥护欲望。

此其精神，本是从禁欲主义的宗教之反动而解放出来的；则政教其何能复合而不分？尤且欧洲宗教凭借国权，武力相争，为祸既烈；则信教自由，析宗教于国家，早为人心所渴求。公私界立，政治乃与宗教分家，法律乃与道德分家。——欧洲人之道德原与宗教相裹混的；此裹混实种下摒道德问题于国家外之因。于是国家乃只管人的生活，不复问其生活之意义价值。——像这样的国家，全非旧日中国人所可想象其可以有的，所可承认其当有的。中国并没有禁欲主义的宗教；然而为其最有力的反对者，正在中国人。

中国人与西洋人同是肯定人生的；但他不承认将人生放在欲望上面，生活就是欲望的满足。他与西洋人同是注重现世的；惟其注重现世，乃益有其所致谨而不敢苟者。他不承认欲望，承认什么？他所致谨而不敢苟者什么？不得已而强为之言曰"理"；亦就是人生的意义价值所在。理欲之争，义利之辨，非此所及申论；我们但欲指出人类有其一极强要求，时时互以责于人，有时亦内以讼诸己；从之则坦然泰然，怡然自得而殊不见其所得；违之则歉恨不安，仿佛若有所失而殊不见其所失。——这便是所谓理。此其所由来，就为人类与其他动物甚相似而大不同。在物类生活，就是这么一回事，无有从违可言；而人类生活尽多歧路。在动物生活没有什么对不对；而人类行为则是最容易错误不过的。人类之所以可贵，就在他具一副太容易错误的才能；人类之得充实其价值；享有其价值（人而不枉为人），就在他不甘心于错误而要求一个"对"。此即人类所以于一般生物只在觅生活者，乃更有向上一念，要求生活之合理也。呜呼！对也，合理也，古今几多志士仁人于此死焉，于此生焉！人类生命之高强博大于此见焉！使人类历史而不见有此要求于其间，不知其为何种动物之历史也！奈何今之人必一则曰人类求生存；再则曰人类求生存，日从乎共产党之后以生存利害解释社会之一切，而不复知人心有是非，几何其不相率入于禽兽之途也！是非之心，人皆有之；而中国人具此观念独明且强。此以中国古人得脱于宗教的迷蔽，而认取人类的精神独早之故。在欧洲人心中所有者，为宗教上"罪"的观念；在中国人则为我自己对不对的问题。"德之不修，学之不讲，见义不能徙，不善不能改，是吾忧也"；"食无求饱，居无求安，敏于事而慎于言，就有道而正焉"。——这是他的心事；这是他努力所在。唯以人类生活不同乎物类之"就是这么一回事"也，其前途乃有无限的开展。有见于外之开展，则为人类文化之迁进无已；有存乎内之开展，则为人心日造乎开大通透深细敏活而映现之理亦无尽。中国古人之所谓修之讲之徙之改之就有道而正之者，盖努力乎理的开展或心的开展。以为"是天之所予我者"，人生之意义价值在焉；外是而求之，无有也已！不此之求，奚择于禽兽？在他看去，所谓学问应当就是讲求这个的，舍是无学问；所谓教育应当就是教导这个的，舍是无教育；乃至政治亦不能舍是。固然以前中国国家之不要政治，只重教化，有其事实的不得不然。① 然而"作之君，作之师"，政教合一，自是他的理想。欧洲人可以舍其中世纪所倾向的未来天国，而要求现实幸福；中国人则不能抛却其从来人生向上的要求，而只要你不碍我事，我不碍你事，大家安生就得了。从欧洲言之，政教分离是可以的，或且是必要的；从中国言之，政教分离则不可通。——人生与人生道理必不容分家。

　　夫我岂不知政教分离，不独在欧洲当时有其事实上及理论上的必要，而且在何时均不失为最聪明的办法。夫我岂不知，天地间没有比以国家权力来干涉管理人们的思想信仰行为再愚蠢而害事的；居今日而还要谈中国所谓"作君作师"，将为人讶为奇谈，哂为笑话。然而这都是眼光短的人囿于眼前之所见；不足以语人类文化变迁之大势者。在以往的社会，是代表国家的统治阶级妨碍个人太甚了；故近代来乃专求其如何不妨碍，而亟亟树起个人自由的疆界。然而这自是一个消极目的。文化更转进一阶段时，则单单不妨碍是不算的，必须如何积极地帮助顺成个人种种可能的发展。又在人的生存问题未有一社会的安排解决，则人生向上的要求亦不能有一社会的表现。换言之，其表现为社会的要求，而社会尽其帮助个人为人生向上无尽之开展的任务，

---

① 参看《中国民族自救运动之最后觉悟》一文，第六节。

固必待经济改造后。尤其不可不知者，现在一般国家所行之法律制裁的方法，实以对物者待人，只求外面结果而不求他心与我心之相顺，粗恶笨硬，于未来社会全不适用；非以教育的方法及人种改良的方法替代之不可。此教育要在性情的陶养；那么，莫胜于中国的礼乐。①所谓国家，将成为一教育的团体；而凡今之所谓政治，在那时大半倒用不着；法律制度则悉变为礼。我前云："在近代法律制度后，更进一阶段的文化便是礼"；意即指此。这些原都不是这里所及申论者；不过为破今人拘墟之见，略略指点一二。今人拘墟之见，正自难怪他。他一面去古未远，方得脱于干涉妨碍，如何肯放心得来？又一面正值生存竞争激烈之秋，救死唯恐不赡，其实亦未暇作此理会。然人类之要求向上而自慊焉，则人类一天不灭绝，固一天不得息止；更且以文化之进，而此意识愈明了焉。又人类除非不生活，生活则必是社会的；更且必日进于有组织的社会生活。则如何

---

① 《东西文化及其哲学》第五章，"因经济改正而致文化变迁"一节："从前社会上秩序治安维持，无论如何不能说不是出乎强制，即是以对物的态度对人。人类渐渐不能承受这种态度，随着经济改正而改造得的社会不能不从物的一致而进为心的和同，——总要人与人间有真妥洽才行。"

同前书第五章，"就生活三方面推说未来文化"一节："现在这种法律下的共同过活是很用一个力量统合大家督迫着去做的，还是要人算账的，人的心中都还是计较利害的。法律之所凭藉而树立的，全部是利用大家的计较心去统驭大家。……这样统驭式的法律在未来文化中根本不能存在。如果这样统驭式的法律没有废掉之可能，那改正经济而为协作共营的生活也就没有成功之可能。因为在统驭下的社会生活中人的心理，根本破坏了那个在协作共营生活之所须的心理。……近世的人是从理智的活动，认识了自己，走为我向前的路走到现在的，从现在再往下走，就变成好像要翻过来的样子，从情感的活动，融合了人我，走尚情谊礼让不计较的路，——这便是从来的中国人之风。刑赏是根本摧残人格的，是导诱恶劣心理的，在以前或不得不用，在以后则不得不废；——这又合了从来的孔家之理想。从前儒家法家尚德尚刑久成争讼，我当初也认为儒家太迂腐了，为什么不用法家那样简捷容易的办法？……到今日才晓得孔子是一意的要保持人格，一意的要莫破坏那好的心理，他所见的真是与浅人不同。以后既不用统驭式的法律而靠着尚情无我的心理了，那么，废法之外更如何进一步去陶养性情，自是很要紧的问题，……本来人的情志方面就是这宗教与美术两样东西，而从来宗教的力量大于美术，……，实亦从未有舍开宗教利用美术而作到非常伟大功效如一大宗教者；有之，就是孔子的礼乐。以后世界是要以礼乐换过法律的，全符合了孔家宗旨而后已。"

又同书第四章，"孔子之宗教"一节，亦可参考。

导达畅遂此要求；终必为社会之所从事；人类文化变迁之归趣固将在是，可勿疑怪也。这件事又必将以中国人开其先路。此无他，中国人在昔既曾为此要求，蔚成其民族风气；其今后果有政治上之新途径也，遂不能不与西洋有殊。西洋近代的民治，非政教分离不得开发出来；但中国的民治（果其有之），则非政教不分不得开出来。此我可断言之者。

中国的民治，如何由政教不分以开发出来，此不及说（以后谈村治内容时当具陈之）；此所欲言者，只在政教果分如西洋近代民治，非我所能袭耳。只要看清西洋近代政治是如此一回事，是与中国从来精神不合，全不能满足中国人精神上无形的要求，则我之不能学他，亦既可明白矣！天下原无干脆的模仿袭取，无模仿不有创造在内，绝不是不费力牵率凑合便行的。而况要组织新国家，走出一条新政治途径，这是何等需要努力的大创造！此新途径又非徒藉少数人物所可完成，而有待于多数人有形无形直接间接的力气参加乃可，此自为吾民族的大事也。凡创造都是生命中见精采处，在个人如是，在民族如是。于此际，你要激发一民族的精神，打动一民族的心——他生命的深处——而后他的真力气，真智慧，真本领始得出来，而后乃能有所创造，有所成就。然而你今悬的如此其卑——只在他固有民族精神底下；所以刺激之者，浅在肤表，够不到他的心——他的心方隐在高处；精神振拔不起，力气开拓不出，其结果只有糟与劣而已；尚何能有积极精采可言！二三十年间现象不既可见乎？所谓不能学他者，意正谓此。

中国人求前途，求新生命，乃求之于孕育发展资本主义帝国主义之欧洲近代政治制度，无乃不可乎。中国今后而有前途，则其开出来的局面，不能不比他既往历史进一步，不能不视西洋近代史高一格，这亦可说一个定命论，曾慕韩先生一派的国家主义者，张君劢先生一派的热心民主政治者，所以均为不识时务，一则拿着过景的西洋货（近代国家）当好东西，一则拿欧洲政治的旧路当新路（张君等十七年出版的杂志名《新路》）。而其病则均在不能致察于此理，亦适与光宣年间的思想同其命运而已。十三年以来之后期民族自救运动，虽一般的是西洋货，然其反资本主义，反帝国主义，薄国家主义而不为，悬世界大同以为的，可谓能进于前之富强论矣。独惜其方法不善耳；不然，则中国民族之前途，未尝不可于是求之也。

　　《村治》第 1 卷，3、6、7 期，1930 年 7 月 1 日、9 月 1 日、9 月 16 日。

答马儒行君来书

　　奉读惠书，知能留意实际问题，不为门面空谈；所为见质数端，更见于乡事具有深忧，亟亟求所以挽救之道；欣喜不胜！使各地乡村皆得有切实笃厚如吾弟者一二人于其间，则中国乡村问题其不难解决乎！往者十三年夏秋间从我于曹州，不过月余，濒行涕泣为别；自尔六七年无音问，而不知犹时时以我为念，至于两度离乡井奔走南北以求见我，弟之用心可谓勤矣！然弟之为人感情过重亦于此可见。于所好而深好之，于所恶而深恶之，不能从容宽平以遇物，此其病恰与我相似。即如来书论山西村政，以弟身受其苦，自不免痛切言之；然于当局宅心之仁，谋索之苦，办事之难，便有不及理会者。愚前为《北游所见纪略》亦论及山西村政；朋友见之者，或以为痛快，或以为持论过刻。窃自省，确有失于宽平二字；所谓痛快，正是痛快自喜，不能得其宽与平耳。吾近年回环省思于四五十年来民族自救运动之错误，乃悟天下大祸皆出于人之无识不智；而谓谁于其民族，于其国家，于其乡里社会不思振救，果有怀恶意者哉？然自救适以自祸，救人适以祸人，则未得其方故耳！此不独十年专志地方，淡泊勤苦如阎公，得失利弊相参如村政者为然；虽在野心家如昔之袁氏，今之蒋氏，吾以为方其窃国窃党殆亦必有其自喻而自慰者在，其卒以贻祸酿乱，犹非其心也。识得此意，则当局所兴作一切不适合处皆可原念，有不容激切其词，苛刻以衡论者已。又不独其存心当体谅也；即方法之讲求谋索，当局亦未必皆疏于我。山西村政史中，禁烟方策之数度变迁，一层一层皆足见当局之苦心力索；更易一能者为之，亦未必有进于是。其成效似曾达于其可能的最高度；其不能完全成功，及已成之功后亦失坠，皆有其事实上困难为限制，或不得不然之势。——此中皆有其事实所指，非泛语，非臆度之词。故在方法上，办事能力上，亦皆有未可轻议人者。

然山西村政今已到达不能进行之境地，非改弦更张不可，则亦不可讳之事实。此在阎公以次之山西政府当局亦多承认之；所惜其最大病源，诸公似犹未十分明悟。其最大病源为何？即弟所认为"凡乡下事，万勿使官府过问"者，而山西村政乃几于整个靠官府督办是已。此虽亦有其种种不可避之致误之由，例如：一、事属新创，政府不能不为提挈振导；二、从消极的禁革旧俗入手（禁烟禁缠足等等），不能不有官府力量于其间；三、阎公以军人为政，从其治军之习惯不免流于强制；——就中尤以第二点为最有力。然当局昧于其前途错误危险之大，而不能小心戒慎于官力之不宜用，以致官力愈用愈重，循至民间"不推不动，推亦不动"，"生机枯绝，则其咎不可诿者。此官力不宜用之一义，包含甚多，详悉言之可成专篇，此不能及。然要作事，何能不用力？说不宜用力，当局必不服。吾昨年在太原省府，承村政处之嘱，贡献我对山西村政的意见，村政处同人诸先生莫不以我为太空想，太好说高明话，而不知实际作事非用力不可。盖有心要好之人不得正当用力之道，未有不死用力气者；必须他得着用力之道，方明白我们所谓官力不可用者，亦不可死用，不可正面直接硬用之谓耳。官府本为行法之地，而于此则最忌以法相督，以法相绳。岂独不可用法，并不可用赏；——山西村政处恒喜用赏，实属大错。正当用力之道，要在精神之鼓舞。弟谓"官府之为物，纯系机械性，无内在精神"；此语诚有几分近是。然苟不能变其机械性，而以一段真精神充实之，更以此一段精神鼓舞村人，则诚如弟言官府万勿过问为佳耳。徒为精神之鼓舞，犹未可。官府正当用力之道，更在为环境之开拓，使其前面有大路可走，则机杼自活。——我指先从经济上安排辟造农业社会化的机会与趋势，则村治之可能境地与自然必要乃形成。凡事当从环境上机会上着眼；当从旁面用力，无从正面用力者；当从间接上用力，无直接用力者。弟问官办民办以何为标准，吾今所得答子者如此；其详细内容办法，吾当于本刊依次第以发表，非此处所能谈。

弟所为第二问：往昔乡村敬重有人格之人，而今则唯崇拜金钱，将何以转移之。此问甚好；吾以为与第四何以改除迷信问题正相连。拜金与拜神，盖同一内里空虚精神衰敝之象也。吾民族古昔自尊尊人讲理尚义之风，近年日以斫丧，垂垂尽矣！可不痛哉！然苟不能振起凤昔自尊尊人讲理尚义之风，则中国社会问题即无解决之望。——中国社会问题，绝不如共产党或传习共产党脑筋之国民党人所想象，可以斗争斗出结果来的。此吾望天下有心于解决中国社会问题之人谨记者也。乡村政治问题之解决，乡村事业之进行，尤全赖此民族精神之恢复，吾今所得答子者止此。至于如何去恢复此精神，则先不必问旁人，先问你自己；能不能充实地有此精神。振起村风的办法就在先求诸己。要我更多说两句，须待将来另一机会。

改除迷信问题，讨论起来话亦长得很，须待专篇。吾前未知弟有亲切之感触与所见，以为不过顺着一般破除迷信的论调的一句话，故表示如无大碍可以听之。盖迷信原于知识不够，理智未条达，为整个文化简陋中，不得不然之一种征候。只能从经济上促进整个文化之进步，自然消灭迷信，而不能单提出来医治的。一般庸人以毁庙打像，法律禁止的手段行之，实笨谬可怜，有损无益，吾心所最伤之哀之者。迷信实非打所能倒，非破所能除；而粗暴的举动则予乡间人心理上以很大之创伤也。弟既是亲切有所感触，非泛泛言之者，则吾自赞成弟在可能的范围内解决此问题。大抵其道亦在积极有所倡导，而不在消极破坏；此弟或能喻之者也。佛法精义似于此用不上；吾不能答。

第三问洋货销行于乡村日多之问题，自是危险。然此经济问题恐须总解决；一乡一邑无甚好办法。或在相当可能范围内有些小办法亦不定，但我则不能知不能答耳。（吾侪所为与办"模范新村"绝异其途者，即在注意经济问题，而经济问题是牵全中国社会为一身的问题，非求总解决不可，不能自辟一世外桃源也。）

十九·七·十九

梁漱溟

附：

马儒行君来书

漱溟师座：

两次晤面，甚以为快；惟仓卒接谈，未能畅所欲言，不免耿耿。嘱"写乡村状况，并举出问题"；实抱此心久矣。于归寓后，即拟定节目，分为：位置，沿革，氏族，人口，职业，生活，土地，水利，租赋，村政，教育，娱乐，礼节，岁时，神教，恶习，儿童，妇女，等十数项。旬日以来，继续叙写，约得万余字。生对此事，原有极奢计划；思将一村之情形，完全写出，巨细无分，善恶不瞒，如历史家之作史，如科举家之状物，使乡村组织，尽量表出，则中国社会形成之初步，可以大明；其间究竟孰好，孰坏？何项宜兴，宜革？欲谋改造者，自有真正可据之资矣。（尤有大望，则望全国二三十万乡村，均有热心人，为各作乡志；则中国全盘情形，真实为何，不亦尽昭矣乎。）因有是志，故连日所写，零零碎碎，略述大概，自视殊不满意。欲再求详，而旅中无可参考访询，仅凭忆想所及，难免缺漏错误。因而改变初志，与其范围太广而模糊言之，何如就一部分写出，剖解详细，指出难处，较为的当耶！

吾常居乡，乡下情形，知之颇深。二十年前，所谓"我朝列圣相承、深仁厚泽"；"黎民雍雍穆穆，安居乐业"之"奴性"生活，吾时为孩提，无知无识，不审乡人对之，感觉究为苦痛抑愉乐，要亦不见有甚怨怒也。辛亥以来，打死抚台，推倒宣统，共和建造，民国勃兴，乡民眼界，骤起变动！然此事一完，不过作街谈巷议之资而已。真是"那一个皇上手里不纳粮"？"反正发疯逃不了死"！"管他们谁走谁坐呢"？因乡人生活习尚，根本一切如故；虽曰革命，原为国中极少数人之冲突，非乡民本身感觉困难而自动也。惟自近十年来，推行所谓"村政"者，始弄的乡间左右为难，疾首蹙额。其初尚勉强应付，其后简直无法。然而推行者仍强推行，为难者愈加为难；虽曰爱之，其实害之；虽曰忧之，其实仇之。模范既腾誉于全国，精力实疲枯于小村；其间真情实况诚有外间所不能尽知者矣。吾历年居乡，见此情形，且目击心伤，故尝欲将年来吾乡所感之困难，叙而出之：一望推行村政者，知其村政之对民实惠为何；二望国中留心村政者，思所以改变救济之道也。因暂置乡间其他情形不谈，而独先述村政；想吾师亦必愿闻之已。

　　吾乡曰永兴村，属山西五台县第四区，在县城之西南三十里。西至东冶五里；东冶者，吾县之一大镇，本区公署之所在也。村南临滹沱，北依仓城，文山、简子二山，隔河相对；其他东西北诸方，亦均有山在望；盖相离无出十里者所在也。村前有村寺、古刹也；丰乐渠蜿蜒其前，树林繁茂，景色尚佳。村西距永安村一里，东距文兴村一里，屋舍相距，才一二百步耳；三村编为一村，然实各自为政，不相关也。又东二里，为石村、前堡村，合称曰"下五村"。以居东冶之下游，地力水利及白村寺庙会，乃五村合办者也。村中住户，百二十余，人口约八百有零，分为五闾；马白二姓者较多，徐杨张姓次之，朱苏吴康又次之，赵薄李等姓，各一二家耳。村人务农者，居十之七。养骡驴驮炭为生十之一，余为牧工商兵及机关混事者。士人在清时吾族颇多，今甚衰落；以教书糊口者，仅三四人矣。全村有地二十顷而弱；其中水地约三顷许，余均岗地。屋宅场圃约百份，足四合房者仅及半，平顶土壁，无一瓦房庭院。男校一，约四十学生，二师教之；女学一，十数人，一师教之；均本村人也。全村财产，曾大略估计，约十五万上下耳。

往昔村中，无所谓村政。以办村事言，则有"纠首"，系自择村中有土地钱粮之家充当之。共二十六家，分为三股：马姓者一股，白姓者一股，杂姓者一股；配成三班，班值事一年，三年一轮，周而复始。所办之事无多，不过敬奉神道，商议农事、收钱算账而已。敬神，如按季节礼牲、上供，唱戏时伴神请神之类；农事如禁约，看田，祈雨，祭蚜蚄之类；算账则一切出入花销等类也。各家纠首，例于每年正月初三，聚会一次，商议种种，前后交代；然亦无甚交代，不过新年大节之欢会而已。村中苟有较大之事，则排难解纷，另人说合，不必一定纠首也。纠首而外，有乡约一人，农之豪强者当之，以供衙门官府对乡下有事时之传呼充役等差而已。（村人常言，今之村长所办三事，实即如前乡约耳。）

民国成立，令举村长，以家境充裕，认识文字，如童生秀才之类，而又身闲者当之。其时共和初兴，法令森严，掼神像，立学堂，剪辫子，篡脚板（解放缠足），三令五申，查验纷纭，人心骚然，慄慄不安。惟村无庙宇（仅村前白村寺之神像被毁、然寺固属五村，今犹空废），学堂已立（光绪三十三四年已立），故二者不甚担心；后二者则催逼极紧，风行草偃，多数服从，——间有二三顽固者，一经受罚，亦遵办矣。人民对此表示，不过曰"男人尽成和尚，女人半像尼姑，世道成个甚样！"而已。村长之下，雇乡巡一人，供其支使。纠首之办事如故；乡约之为役取消。村长曾一度改名"村正"，不久复故。旧契曾一度税验，按价纳钱。公家开追悼会，去追悼之；开运动会，去运动之。选举议员，着数人去投票（吾村得一县议员；迄洪宪称帝时，议员又一齐取消矣）。民国初期新政，乡下不过尔尔也。

民国七八年间，阎督军兼省长，初令办理村政，调查户口，编制闾邻，划分村界，提倡六政。所谓六政：如栽树、种棉、牧畜、放足、禁赌、戒烟等等。又颁发《人民须知》，传习注音字母，于是村长事烦矣。调查户口，托人按门询问，年龄氏姓，记之于册，乡男村妇，颇以为异。常问"记此作甚"？"他们要此何为"？然略加解答之后，亦均从实相告。调查既毕，造成户册，呈于区上，算是完事。编制闾邻、则略按村中巷口，分为五闾，每闾中择一较宽裕老干之农为闾长；伊或推辞，一加劝导，亦即担任。又按闾分邻，亦以在家之老实农人为邻长；然邻长实无一事，姑告之，姑诺之，麻麻胡胡，承担而已。划分村界，则召集邻村，商同办理，略以旧壤指定；然强霸之村，每欲多占地面，因此不免引起纠纷，则亦含混过去算事。至于推行六政，则加烦矣。督促栽树，每人二株，贫寒之家，每有怨言，常曰："叫栽树！叫栽树！到他妈肚上栽去咧？"村长为之设法，或植坟边，或植门外，或帮他人担水，多种几株；有地之家，或植桑数百株，以供养蚕者；一时植树颇多。特穷家白代人出力，不免生异议耳。要亦姑且过去，无敢反对。种棉一事，则凡种地十五亩者，必种半亩；——人民勉强试种，手术未谙，气候欠合，或旱而不芽，或花而被霜，见效甚微，收获不佳，一二年后，再无种者。牧畜一事，未大推行。且村中喂羊者，几乎家家有之；而闻省中花多钱买来洋羊、洋牛等畜，亦不数年多死；再无过问者矣。缠足一项，民初已尽行解放，后再解缠者，故无须督责也。赌博一事，吾乡昔亦非盛。因先有吾族八世祖翔云公，尝施水地一亩于村，谓之"禁赌地"，令乡约严行禁赌，将赌禁绝，则白种此地以酬其劳；而诸先辈，亦督责甚力；故赌风不盛。尔后虽有无知之徒，间为赌者，亦必秘密或野外为之，决无敢在村中公然放赌者。年久禁弛；然亦不盛。及复行禁赌，故甚易为力；然终是禁则止，不禁则有，不能根本不为也。鸦片洋烟一项，清时既种且吸，迫光绪末，有诏除毁烟苗，尔后即无种者；然吸者仍多，不论贫富，十五嗜之。民初禁烟，已有瘾者难骤退，而新吸者则减少；且烟自外来，质料日坏，价钱日增，人以其贵，吸者更稀。民七八间，禁烟加严，多不敢犯，不能全无，终算有效。然烟赌两类之人，多与区警有来往，且暗与钱，村中又惜情护面，不易为力也。《人民须知》，人民间有看看者而已。注音字母，传习半月，麻胡过去矣。初期村政，乡下所知，略尽于此。白墙上尚写过几种格言，亦写写而已。凡此种种，村长公正能干者，督责亦力；嘱闾长告于民而实行之，亦能遵从；然纯系被动，非出自愿，不过不起反抗耳。村长庸懦，进行无力，成绩即少，——糊涂呈报，被上查出，则受区长辈之斥责，亦容忍安之耳。村民概无关也。因重力全在村长一身；村副闾长，聊以备员；邻长村民，局外旁观。村长负责重而代价寡（年俸六元），人渐视为畏途矣。至于纠首，原本事少，既有闾长，因有议取消之者，后即于十四年春取消云。

民十一二年间，办理第二期村政，大施法力，督责最紧。其目为整理村范，开村民会议，立村禁约，设息讼会，办保卫团，——事件愈多，手续愈烦，村长惆怅于前，村民厌烦于后。如整理村范，要使乡无不良，人无失学。但村长对村人，既无权力，又碍情面；查办太紧，兴仇结怨，而仍无济于事，故多敷衍，不能实行。儿童入学，贫家多推诿无钱，供给不起。而村上或苦无地址，或苦于无先生，如要进行，必多花钱；而花钱若多，村人咸怨。且上学数年，出来亦无甚用；以故村长学董，亦即含混了事。开村民会，人亦厌之，多数推诿不去。勉强召来，村长说："有公事叫办甚办甚，咱们该怎样?"人民亦大都不言，言亦不获准。因而谈及别事，则反喧噪不绝，大家散说一气，渐次消沉，或打盹，或扪虱，又渐而走去。余三五人，你吃烟，我喝水，他信口开河，村民会议完事。若问所议为何？议定者何？可谓毫无结果。因村民本无事可议，强使来议，实议不来。禁约一事，原所固有，然含义不同。原系秋禾既长，众纠首商议禁约，先杀一羊，二十六家纠首分食之，从而写一纸余曰："阖村公议，严行禁约，倘敢故违，重罚不贷!"自此以后，凡遇偷田禾者，则罚伊大羊一只，名曰"拉著禁约"，众人从而分食之，此外无他意也。今复令行村禁约，叫多写几条禁此禁彼，则是具文而已，何尝能约束禁来也。息讼会，虽亦举几个会员，亦有名无实。且村中向来少讼，纵有小纠纷有人说合，即可了结；如大冲突，会亦无法；故息讼会，实亦息讼不来。惟保卫团一事，其令大家头痛! 初办之时，因较丰之家，男多外出；凡居村者，多系农人，自己无贵物须保，何乐代他人保？又年纪大小，难以求真，你说他三十五，他却说三十六；有嫌疑者不挑，人反羡嫌疑者焉；勉强选出，巧拙不一，教者苟去其拙者，则又有故装拙者以求去焉。况多系壮农，驮炭无暇；他本方驮炭回来，身乏力倦，叫他来操，十分不愿，——手僵足笨，亦操不来。及至会操，故不经意，——恐公家见他能操，而选去当兵（因前办在乡军人，原说保卫乡村，及后有战事，均强迫叫去故也）。而操不好时，委员反说村长办理不力；殊不知此次来操，团丁们还赚几角工资也! 总而言之，村人极不愿为此，公家强令为之，每因此致村人不和，贫富不睦，上下交难，空花银钱，实使村中难堪不审催办此者，亦知此中困苦否乎？上次民七八年间办理村政，虽不久皆空，然尔时尚有小小成绩可言；此次办理村政，不独无成绩可言；反使村中为难万分；诚规模愈大，用力愈勤，而民苦益甚也! 然此其小焉者也。

民十五六年，战争大起，官府派差，要人，征草，摊款；

民家左躲右避，前推后拉；村长身当其冲，困难万状，艰苦莫名。对上之供给稍迟，命令之责斥立至。时而派兵坐催，时而使警立索。村长无法对付，闾长面面相觑，村人愁眉不展。竭力恫喝逼迫，将差或款交去，困难方幸少疏，不久催者又至。前走后来，三番五次；人民之脂膏殆尽，村长之心胆已寒。而走差之家，既虑出者之生死莫保，又愁居者之衣食无方，——母悲妻愁，儿哭女号！风传战事不利，立即面无人色，求天不应，呼神无灵，只能寻见村长，要人要畜，要钱要食，声泪交流，求死不去。村长竭力哀告，其如老幼饥寒何？其如人畜不归何？惨苦之形，千言莫罄。痛哉痛哉！尚复何言！当是时也，村长欲辞不许，求脱不能，公家之催索如故，人民之怨声遍村。更加不善持筹，未谙运算，银钱出入愈多；账目紊乱益甚；糊涂过去，人所不许，结算清楚，己又不能；最后托人清算，弄的亏累倾产，由此积劳成病，以终其身。十七年战事告竣，大将庆祝功成，小民宣告破产矣。事至于此，村政之实况为何，村长之职责为何，村人虽愚，亦可窥见十九矣。"为政不达诸村，则政为粉饰；自治不本于乡，则治无根蒂"；呜呼！果其如此，达也不如粉饰，本也不如梢末，若是之"村本政治"，实成为"村崩政治"矣。伤哉！"用众治众"，亦即"以民杀民"；"政治放在民间"，不过便于官府剥夺人民之有系统的道路，民间何尝乐此政治哉！谓余不信，请反观历年所令办之村政，迄今均如何矣。男辨，女足，成绩最高；然此身体上事，一度改变，虽有依恋，久亦安之。（此二种实民元保安社倡办之功，非七年以后事也。）此外尚有何哉？禁烟禁赌：禁者自禁，作者自作，——实则禁者且多作，作者何能禁乎？栽桑种棉，蚕既不养，桑早枯矣；花既不收，棉早绝矣。调查户口，更为伤心！——呈报上去，惟按户以摊款。（如差徭费，保安费，编遣公债，金融公债等。编遣摊款，去一兵乎？金融摊款，省银行永不兑现。）因而村中住户，惟望减少，不愿加增；惟欲其合，不乐其分。纵有来者，亦不敢添；虽早另居，亦不注分。加以催报送区，永搁不观。故年来户册，均麻胡添注，略将总表上，移易几个数目字而已。况保卫团丁以岁数计，学龄儿童以年纪定，村人年龄，从而惧旁人知；今欲调查详细，反无法矣。如此根本要事，而致弄坏如此，宁不悲乎？整理村范，早见厌矣！村民会议，谁愿来乎？村禁约，原亦无实；息讼会，更是空名；保卫一团，尤令人闻而骇走。从兹村长一职，为人民之怨物，成官府之奴隶，事件繁杂，报酬低微，心力俱碎，名利两亏。能者不屑为，庸者不敢为，无论如何推举，宁死亦无人愿任之矣。——如有提及彼名，则彼怒目相向，有如投井下石之仇。山西村政，见采于全国，恐中国人不死于外患，不死于内争，而死于此等模范全国之村政也。不察民性，不问村情，徒以个人之一知半解，群僚之随声附和，强迫施行，是真庸医杀人之类也。善哉吾师之言曰："山西村政，若作自治者，则自治之生机已绝"。呜呼！自治生机既绝，则乡村尚有望乎？

去年春间，吾村村长一职，无法解决。历任之村长，既以老成凋谢；后辈之人，无一愿出而任事；搁置既久，愁闷无出。至不得已，村中旧闾长们与我相商，我勉为参酌旧法，复行分班办事制。以在村之成年男子，不论贫富，略以每户一人为准，其得八十五人。分为五班，每班十七人。第一五闾闾四人，第二三四闾闾三人，组织村政府，推一人为主席，书记会计各一以副之，学董二，闾长五，杂务六，民警一。因同大家商议，众亦以为可用，即将人数大概配好，占阄以定先后。本年任事诸人，继续商定，某人任某职；以前村长副支薪事（村长十二元，村副半之），亦取消之，——除民警年支工资二十四元外，余人均义务职。如此安顿停当，村事方有人负责，然此亦消极布置而已。后有令举监察员事；不过村长（即主席）着三四人去区听话一次，每人由村中给三角饭费而已。又令办息讼会，随便写几个人报区而已。更令办保卫团，未之能办，后亦未催，麻胡过去。其在村中，则拆盖神厅为男校教室，又另盖女校数间，动工花钱颇多；而村长性颇刚愎，多所惩罚，不甚满人意耳。今年第二班人接办，人较和缓，现在进行中。明年班中有我，思于家乡尽点力，故来求教于吾师也。

村中公共花费，全由人民直接负担之。唯一来源，为按粮摊钱；视花费之大小，定起钱之多寡。村粮共四十两余。民初年，每两起二三吊；民六七年间，起六七吊；十三四年，起三四元；后上七八元；战事起时，加至十七八元；去年每两起十三元云。其次为地亩钱。村共有二十顷弱，每亩摊洋五六分，专供唱戏之用；又次为看田钱，亩约起六七分，以作雇人看田及民警工资之用。——此两项中，有盈余，亦归入村中。学校收入，有学费，仅四五十元；骡驴走差，则不出者，以帮出者盘用。——此二项中，入不敷出远甚，即由粮钱以补之也。其他不论什么花费，均由粮钱担之，此收支情形之大略也。总之，村中花费，年年加增；村人收入，无甚来源；以故衰败零落，人家多沦于下坡矣。

吾乡村政，拉杂写来，二十年间情形，略具于此。惟回头自视，以云详尽，仍未能也。至其他项目，则欲详细写明，更非一时所能矣。今于此提出几处疑难问题，生苦想不能得解决之道，敬求吾师指教焉！

村政一端，年来所行，全属官办自治，乡下纯处被动地位，揠苗助长，斫丧生机，行之愈力，害之益深。且由此而原能自办之事，一与官府令办者稍带关系，必将原有生机亦从而失去。如吾村学堂，在光宣之交，吾兄长辈，自行提倡，甚富活气，民初尚有此风；后来官令整顿，学校反日益腐败不整，再有出而倡者，人反疑官令而却步。又民元吾族伯型渊，倡办农民半日学堂，人均踊跃加入，每夜一二时，行之三月，功效大著。二三十岁不识字者，从此能记账矣。且同时乡风为改，邪行绝迹；相逢则互问文字，甚有生气。及后官令办补习学校，极力催迫，仅来数人，数日之后，再不来矣。后即欲自办，人又疑官令而不来也。又往年元宵节，村人之好热闹者，联合众人，办社伙，耍拳弄棒，甚有精神。后官令办保卫团，习拳习操，前之好拳者，亦故不要矣。是后则社伙亦不易提倡。种种如是，难以悉举。总而言之，凡事一经官办，无事不坏。吾意官府之为物，纯系机械性，无内在精神。彼辈只管手续，不问实情；以故乡下办事，初尚认真，继则敷衍，终则只存空名。归于失败，成为必然。（其实官府中人，亦深感干燥无味，故流于吃喝赌嫖吸料子——惟此关法治根本问题，暂不及论。）故吾疑凡乡下事，万勿使官府过问，任人民热心再办，未有不善。然而人民自办，又当以何为标准？吾疑莫决，望吾师有以教之。

往昔乡村，其思想以良心为标准，以正人为表率。苟其人，人格卓绝，则虽贫贱，人亦敬之。今则渐以金钱为标准，每不问人格如何，只要能弄钱，则无不羡之。吾意此风甚可惧，欲求转之之道将奈何？又望吾师有以教之。

二十年来，吾乡人家，洋火柴，洋油，洋布，无家不用之；洋烟卷吸者亦常有；洋袜妇女多穿之；洋车汽车通后，轿车无乘者矣，近年又有洋面，其他外国货物，花样翻新，妇女爱之尤甚。凡此均自然流行，无待宣传，而输入日盛。然无留意及之者。吾意此中有危机存焉。即乡下生产之术，依然如故，而外来之诱惑日多，其消费因而数倍于前；入不敷出，如何得了！吾人当采何法以救济之？此更欲吾师有以教之也。

乡下妇女，修佛念经；吃斋把素者，前仅白门妇女嗜之；而吾族读书之士则斥之；以故流行未甚。年来老辈士人，相继谢世，他人对此，不甚注意；而乡下疾疫时生，因之迷信加盛。于是请此辈善友作会念经之风，大形蔓延。而神婆之类，亦较盛行。日前与吾师曾言及此，似表示"如无大妨，不妨听之"之意；然吾见此事流行加广，前途危险，弊害亦正多。吾师曩于佛法研究极深，不审妇女所信者，亦有精要之点，可助长社会之美风乎？亦望便教之。

　　总之，民国以来，吾乡日趋衰落；外来经济之侵蚀，官府政治之摧戕，乡下道德之坠落，都会繁华之诱惑，均足以斫丧毁灭乡村而有余者。苟不从此想法整理，其前途诚不堪问矣！生此来之求见吾师，即因见此情形，愁闷无方，而思得彻底之解决也。（余略）

学生　马儒行敬上

十九年六月三十号

《村治》1 卷 4 期，1930 年 7 月 16 日。

悼王鸿一先生

　　郓城王鸿一先生 7 月 26 日在北平作古。呜呼！二十年来，吾民族精神之颓败极矣；于兹而得一见先生其人，所以扶倾起衰，正有赖焉；而天不假年，吾自今宁能复见有斯人哉！

　　以言乎学问，则先生非老师宿儒也；以言乎行谊，先生非必可为世楷则也。岂但如此。先生于学问，盖正多疏略不讲者；其行事亦复多疏于小节。然而吾先民之精神，正唯于先生其人可以见之。是何也？先生，古之所谓"狂者，其志嘐嘐然"；所赖以扶倾起衰者无他，唯资乎其生平行事莫能自己之一念。狂狷所为近道，乡愿所为贼德者，其判在真伪；先生盖今世之一个真人也。呜呼！吾先民之道，亦岂有他哉；要唯人类所固有之精神而已。果存乎其人者真也，斯近道矣！果存乎其人者真也，则光明壮盛，斯足以苏垂死之人心！抑吾民族文化，远从西汉，近自南宋，传演至今，浸僵浸腐，乃有西洋之变。于兹时也。文质并衰，而求文必于质，自非真劲朴厚得于天者，其孰能稍稍振起之？其优于学问，谨于行止者，或适非其选也。呜呼！天生斯人，扶倾起衰，正有赖焉，而又不假以年，莫能竟其功；天命其果不可知也！

　　愚之辱交于先生，盖自民国十年暑期愚应山东教育厅聘，为《东西文化及其哲学》之讲演。其时先生方沉疑烦闷于新旧思想问题，数访于当世通人而不得解；其门有陈君亚三、王君星五肄业北大哲学系，既尝闻愚绪论，辄为先生言之。邀愚为讲演，实先生意。既敷讲，先生每日从众人列座就听，自始讫终四十日间，未尝一日间断。此四十日中，大雨兼旬，人或阻雨后时；然先生又未尝不先时候于座也。每讲罢，欣快握手，高谈甚豪；于今回首十年矣。古人有云，"如鱼得水"，先生之于愚，愚之于先生，窃有是乐；彼此相得，固大有在言语见解之外者。

愚于先生最有知己之感，而亦自信颇知先生。先生知交遍海内，其人格映于众人心目，或者人亦各有所识。愚交先生十年，所识得者唯在先生生平行事莫能自己之一念。先生固自言之，"吾一生之行动，无论为政为学皆受此不安之一念所支配"。① 先生所不安者，吾可得而分疏之：其殆心有不平而必争之乎。先生所为不平者，亦尝自言之矣。一则曰：

　　吾幼年每到邻家，睹其寒苦状况，颇感不安。归即代为想法，而无如何。所以当麦秋时，遇有偷窃者不肯揭发；辄故作不见以避之，怜其羞且悲其饿也。吾生平不愿呵斥仆人，亦是此种心理。及长，有童年狎友沈某及同学于某皆因为盗丧命；吾心理上，复受有极大感动。因此事推知为盗者多由生计压迫，实可怜悯。而曹属多盗原因，并非生性使然也。及详考乡村会议皆是保富政策；又考之县政省政亦大率类此；贫民苦状无过问者，深觉天地间不平之事莫大于此。

再则曰：

　　同时又与韩君季和商量学问，认为后世奴儒讲学其根本错误之点，即在君臣一伦妄加附会。明明君臣有义，竟解为君臣有忠；明明是师统政治，竟解为君统政治。胜则神圣，败即盗贼；春秋大义，荡然无存。此实为产生一切不平之总原因。遂

① 语见先生《三十年来衷怀所志之自剖》一文中，曾附录于《村治》第 1 卷第 5 期。凡本文所引用先生语，均出于此，不一一作注。

感政治有改革之必要，此吾加入革命之动机也。①

三则曰：

　　吾与中校同人及学生作学术上之探讨，乃提出中西学术比较问题。认为欧西学术思想归本于教育实业；中国学术思想归本于教养；两相参证，是欧西学术精神积个人之有余，中国学术精神补众人之不足也。积有余而社会更感不平，补不足而国家乃可言均。至欧西科学，当然充分容纳以补我之缺；而政治教育上之原则，尚不如吾国学术含有均平意义也。

抑先生更有所大不平者，则在新旧学术界之两种风气。先生既有深爱于孔孟之学，而自宋明以来谈学者，或离体于用，守内遗外，非复孔孟之本来面目；故于旧学界风气尚论乎心性之微，群趋于独善自全，近于佛老之为者，不能不有所大不平焉。朋友学生有误于此者，在所必争；或至于痛哭深伤之。以言先生毕生力气之所用，其用于此问题为不少焉。而十数年来国人崇拜欧洲，抨击固有文化之新学界风气，则尤不能不使先生大抱不平者；晚年之不遑宁处，胥为此一大问题，非有他也。综先生一生，无日不在拼命奋斗之中，忘身忘家，老而弥勇，虽病不衰，而求其果何所为？则莫知所为也，一念不安不平，鼓荡而驱使之耳。

　　以"有所不平"为说明，似说得先生有如许客气未除。然先生自是一豪侠丈夫；其生质所为近道者，即在一腔侠气。比至于晚

　　①　《中华特刊》38页，《恢复民族自信力之研究》一文中，曾解释及此：明明君臣有义，竟解为君臣有忠；所以民族能为盗贼的奴隶，便能为异族的奴隶。胜者即圣祖神宗，败者即为盗寇，全是为奴性学术误了。此等错误直至清初的几个大儒顾黄颜李傅等，才将此点认清。故傅青主谓唐宋以后之儒为奴儒。这几位先生既认清此点，故备历艰难，始终不屈服于异族。辛亥革命推翻满清，都是由他们这种精神生出来的结果，中国民族之能复兴，民族革命的动机，全是清初几个大儒的学说造成。

年，乃深造于学，则似在五十以后矣。且先生固尝自白之：

> 吾同韩君季和，自幼而壮而老，一生皆致力革命工作；而其根本两观念，即一为解决贫民生计而革命，一为不满秦汉以后奴儒学术，及更不满奴于欧化俄化而革命是也（今之醉心欧化俄化者亦皆奴儒之类）。明知狂妄心理说出徒惹人笑，然生平志事确是如此，事实俱在，亦无庸讳言者也。

虽有所不平哉，然迹其生平行事又无在不见其恢廓和平之度，则以有其大本故也。试即先生所为不平者，而分求之，则或动于恻隐之心而有所伤惜，或发于是非之心而有所排拒，皆根于其不得已之天怀；夫岂寻常计较之为哉！呜呼！是其所以伟也！

先生之恻恻于民生问题，其一生所举事业于此为多，人所共见；然其是非心之强，思想上务求一是，不肯含糊承认，随俗苟活，则用力虽勤，而有不形于外者，不可不一言之。于此又可以说，先生所谓不安之念者，有心有所疑而不安之一义。何所疑？疑于是非，而莫知所向。生活所向亦唯在利于生活者耳；胡为乎有是非之说？是非观念则人类所以异于禽兽者也。孟子所谓"所欲有甚于生者"，盖于一般生物但求饮食活命之上，乃有其更高要求焉。故生或有所弗乐，患或有所不辟，而顾酌问乎是与非，合理与不合理。往者风教相沿不改，众人习于一是，所向若不难知；自西洋文化之来，旧日文化浸以摇坠，虽众人亦疑于所向，而含糊承认，随俗苟活者多矣。其意识明强之士，乃讨论乎新旧之理，各求其所是，此固吾先民以理性导人，而无宗教锢蔽之好果。先生又吾民族之杰出者也，既一向有其自觉的主张，非徒习于众人之是，其整个生命力方向于其意识上崇高之点以进；此而动摇，骤失所向，其生命直无处安放；其不能不奔走亟亟以求之也，不得不止，有必然矣。此先生所以虽无意谈学谈思想，而又无日不心于斯，口于斯，反复剖别务求乎一是，以为其致力之所向者；凡在朋友学生盖靡不见之矣。征之于先生所自叙者，如云：

> 吾平日好谈事实，不好谈思想，恐引起纠纷，反于事实有碍也。同人多谓我事实派，非思想家，吾亦云然。今为事实所推演，又多牵涉思想问题入于文化政治范围，非吾预料所及也。
>
> （上略）……更感到此项大问题非从文化上不能得根本解决。适于此时北大新潮发生，蓬蓬勃勃，大有横扫一切之气势；旧欧化尚未认清，新俄化又席卷而来，致使教育界同人目迷五色，莫知所从。而吾所得一知半解之教养思想，亦遂不敢自信，心理上乃稍稍发生变动，以为只要社会能均平解决，自不必执定一说。遂约同六中校长丛禾生先生经北大学生徐彦之介绍晤见蔡子民、李石曾两先生，谈许久不得要领，……后又谒见胡适之先生，并参读各种新书，……乃盖觉疑莫能释。在此思想未得解决时期，个人应向何处努力，实为自身最感困难之问题。（下略）
>
> 吾因思想不得正当出路，南胡北越，寻师访友，积二十余年之久，始能认出致力方向，吾因此推知疑难烦闷者之大有人在也。

盖其生活上必自觉的有所向以进乃安，诚大有莫能自已者在，斯其人所以为真也，所以为古人之狂者也。呜呼！是也，合理也，古今几多志士仁人于此死焉，于此生焉！人类生命之高强博大于此见焉！使人类历史而不见有此要求于其间，不知其为何种动物之历史也！奈何今之人必一则曰人类求生存；再则曰人类求生存；日从乎共产党之后，以生存利害解释社会之一切，而不复知人心有是非，几何其不相率人于禽兽之途也！凡此辈也，其盖试一省乎先生之为人。

唯以先生自求其致力所向，而非欲讲说于人也，故异乎口耳之学。抑先生之才与境，亦不适于世所谓学问一途。故先生尝自白之云：

> 吾因苦于无学，枉费半生气力，终无一点是处；且有时心虽知之，而口不能道之，任听邪说横流，青年误入歧途，致陷于悲惨境遇而不知自悔；每一念及，不寒而栗。此后只有勉力为学以补我之缺憾而已。

其写文章，作讲演，只在晚年，即最近一二年事耳。虽无著作传世，或其他可形著于外者，然而毕生精力固尽瘁于是，正不异乎一个思想家。其所见到之处，无论人生问题，社会问题，文化问题，政治问题，每每伟异精卓，开人心胸，耐人寻味，大有资益于世；是则有待于朋友学生为之记述阐发矣。

先生最近尝与朋友书云："吾一生自矢信条，即赤条条而来，复赤条条而去；既不愿居功，更不愿居名，为感于人类之悲惨及民族之危亡，迫而献丑于世，不唯不愿与人争短长，即学问亦无暇成就得，一本无对无我之精神，尽心力以为之而已。"① 古人有立德立功立言之说，先生盖一无意于是。及今盖棺论定，愚不敢为阿好之言，先生于斯三者殆一无所似。然而凡在朋友学生，甚或与先生仅有一日之雅者，类皆于先生人格有深刻印象之遗留。是何谓也？吾总以为是唯先生行事有莫能自己者行乎其间，信如先生所自言受支配于不安一念者。或有所伤恻而不安，或有所不平而不安，或有所疑而不安，凡是念也，一一可以动天地泣鬼神历千古而不磨；如之何其不感人深且长也！凡是念也，一一为人类精神之表征，为吾民族精神之表征。人类苟不长此沦溺于贪利斗争之道，自趋于灭绝，而犹有世界新文化之开出也，其必由是念以充之达之；舍是无他道也。吾民族苟不长此颠倒迷扰于西洋文化之后，而犹有其民族

---

① 愚见先生与朱桂山先生书中，自述其与米迪刚先生书有此数语。

生命之再造也，其必由是念以昭觉之苏起之，舍是无他道也。先生往矣！先生精神所感于人心而遗于后者，得不失焉，得因以继续发挥光大之焉，则近为民族所利赖，远为举世所利赖；类是在先生固自有其不朽者矣。

呜呼！居今日禽兽奚择之世，使吾犹得识乎人类之所以为人者，以有先生在也。居今日民族垂亡之际，使吾犹得识乎民族精神未死者，以有先生在也。今也，既不可复见矣！吾唯以先生感于吾心之印象，拳拳焉藏于吾衷，冀得昭觉扩充吾莫能自己之一念，继续先生之精神于万一。民族生命乎！人类文化乎！薄劣如愚，虽知其不能堪，顾得已于自奋乎！

《村治》1 卷 5 期，1930 年 8 月 1 日。

此文写于 1930 年，其时吾于共产党缺乏了解且有偏见，故尔出语不合。然此文可存，此语不必改，以存其真，且志吾过。1965 年 5 月梁漱溟识。

为胡适之先生复信所写跋语

　　适之先生此信，重申其前旨，别无重要提示；且许我们，"将来一定要详细作答"；则此时殊无可以置论者，故我即不写答论。

　　前次张崧年先生在师大讲演，谓我与适之先生向来常常对垒互骂；而我在师大讲演"中国怎样才能好"，是对适之先生在北大讲演骂我之一"回敬"。此全与事实不符。就往事言之，我与适之先生的论战只有关于东西文化问题的一次。我于民国十年出版之《东西文化及其哲学》批评到适之先生处不少；然适之先生之转回批评我，乃在十二年春初发表于《努力周刊》，相隔一年余。其后我又取适之先生批评我者，而作答论，则已是十二年冬间，相隔大半年矣。此其间似尚没有什么彼此互不相让而急相对付的神情。就眼前事言之，则适之先生在北大讲演，怎样骂我，如果不是看见张先生演词中说到，我尚不知有此事；即至今我仍不悉其内容。指我讲演为对适之先生一"回敬"，果从何说起？今观适之先生此复，态度很好，益觉张先生于两方面均失言！

　　今日之中国问题实在复杂难解决，非平心静气以求之，必不能曲尽其理。若挟意气说话。伤个人感情事小，诚恐天下事理转以意气之蔽而迷晦；言词纠纷，亦乱读者耳目。罗素最佩服中国人的"平和气"（pacific temper）；我想适之先生与我，都不致十分失却中国人的态度。如果适之先生能给我们很详细的答复，我一定小心勉励着以此态度而讨论中国问题。——我前请教适之先生的信，虽没有冒犯的话，然不免气盛了些。

梁漱溟。十九，八，十六。

《村治》1 卷 5 期，1930 年 8 月 16 日。

附录：

胡适之先生复信

漱溟先生：

今天细读《村治》二号先生给我的信，使我十分感谢。先生质问我的几点，都是很扼要的话，我将来一定要详细奉答。

我在"缘起"里本已说明，那篇文字不过是一篇概括的引论，至于各个问题的讨论则另由别位朋友分任。因为如此，所以我的文字偏重于提出一个根本的态度，便忽略了批评对方理论的方面。况且那篇文字只供一席讨论会的宣读，故有"太简略"之嫌。

革命论的文字，也曾看过不少，但终觉其太缺乏历史事实的根据。先生所说，"这本是今日三尺童子皆能说的滥调，诚亦未必悉中情理"，我的意思正是如此。如说，"贫穷则直接由于帝国主义的经济侵略"，则难道八十年前的中国果真不贫穷吗？如说，"扰乱则间接由于帝国主义之操纵军阀"，试问张献忠、洪秀全又是受了何国的操纵？今日冯、阎、蒋之战又是受了何国的操纵？

这都是历史事实的问题，稍一翻看历史，当知此种三尺童子能说的滥调大抵不中情理。鸦片固是从外国进来，然吸鸦片者究竟是什么人？何以世界的有长进民族都不蒙此害，而此害独钟于我神州民族？而今日满田满地的罂粟，难道都是外国的帝国主义强迫我们种下的吗？

帝国主义者三叩日本之关门，而日本在六十年之中便一跃而为世界三大强国之一。何以我堂堂神州民族便一蹶不振如此？此中"症结"究竟在什么地方？岂是把全副责任都推在洋鬼子身上便可了事？

先生要我作历史考证，这话非一封短信所能陈述，但我的论点其实只是稍稍研究历史事实的一种结论。

我的主张只是责己而不责人，要自觉的改革而不要盲目的革命。在革命的状态之下，什么救济和改革都谈不到，只有跟着三尺童子高喊滥调而已。

大旨如此，详说当俟将来。

至于"军阀"问题，我原来包括在"扰乱"之内。军阀是扰乱的产儿，此二十年来历史的明训。处置军阀——其实中国那有军阀可说？只有军人跋扈而已——别无"高明意见，巧妙办法"，只有充分养成文治势力，造成治安和平的局面而已。

当北洋军人势力正大的时候，北京学生奋臂一呼，而武人仓皇失措，这便是文治势力的明例。今日文治势力所以失其作用者，文治势力大都已走狗化，自身已失掉其依据，只靠做官或造标语吃饭，故不复能澄清政治，镇压军人了。

先生说，"扰乱固皆军阀之所为"，此言颇不合史实。军阀是扰乱的产物，而扰乱大抵皆是长衫朋友所造成。二十年来所谓"革命"，何一非文人所造成？二十年中的军阀斗争，何一非无聊政客所挑拨造成的？近年各地的共产党暴动，又何一非长衫同志所煽动组织的？此三项已可概括一切扰乱的十之七八了。即以国民党旗帜之下的几次互战看来，何一非长衫同志失职不能制止的结果？当民十六下半年宁汉对峙之际，长衫同志方奔走和平，而武装同志已开始战事。又当民十八春间，长衫同志与苍髯元老方奔走和平，而武装主席已调重兵压境，战祸遂直到今日。当此两次战事爆发之时，所谓国民政府，所谓国民党，皆无一个制度可以制止战祸，也无一个机关可以讨论或议决宣战的问题。故此种战事虽似是军人所造成，其实是文治制度未完备的结果。所以说扰乱是长衫朋友所造成，似乎不太过罢？

　　《新月》已积稿两期，尚未出版；我若作详细奉答之文，恐须在两三个月之后始能发表。故先略述鄙意，请先生切实指正。

　　　　　　　　　　　　　　　　　　胡适。十九，七，二十九。

读李朴生先生《村治运动的正路》后志

朴生先生此文，恐怕我们村治运动的朋友忽视了科学，忽视了物质方面，而主张我们应当先从科学的领导解决物质问题；这自然是对的。如果大家取我各篇文参看，或亦可知道我主张亦正是如此。

但是我有几句话要声明的：关于中国经济问题的解决，我有点小意见，即朴生此文所引我作《村治学院旨趣书》上的几句话；但我既尚未暇分条解释具体提出我的主张来；——因照我讨论中国问题的篇目次序尚未到。在未整个发表以前，希望批评家不必赐教。至于我的主张是否在解决中国经济问题上有点点参取价值，尚难说的很；而且亦不能算谈村治的朋友共抱之主张，还有待同人研究。又关于反对欧化俄化的议论，以王鸿一先生为首倡；而我亦是一个。但我们所指为欧化俄化者，均专就其人生态度社会风习而言；若科学方法及其所成就（许多学问及物质文明）则是天下公器，从人类智慧发挥去，自然有的结果；虽欧洲人开其先，固非欧洲人所得私也。例如电气化非俄人所得私，亦即不在我们所谓俄化范围。好像一个人的品格脾气才情是属于他的；我们说到某人时皆就此等处而说。若他发明了什么音乐的乐器，文学的格律，园艺的新方法……等；我们顶多不忘他先发明之赐而留下这一名字，而此乐器格律新方法则早属一社会或全人类公有，与其人尚有何干系？"文章本天成，妙手偶得之"一句话是有理的；彼亦不过偶得之耳。文学艺术犹或有家派风格之分别，科学则更是公的，没有个人或民族的关系在内。如让我具体的说出，则我平常所用欧化俄化两名词，亦不过指从欧洲近世社会所产生的"法治"，共产党新兴的"党治"而言而已。换言之，亦即汪精卫先生所说"两种模型心理"耳；请大家不要误会。又关于"精神生活"这一名词，我要声明我向来是不用的。生活就是精神的，再加精神二字于上，我不知是什么东西？（精神与物质，灵与肉的对用法，根本不对，我们向来看作愚昧笑话。）生活就是吃饭穿衣睡觉读书作工游散等等，精神亦在内，物质亦在内；同样没有可以离开物质的生活。说个"物质生活"，人都知他就是眼前的生活；所以尚无流弊。说个"精神生活"，则人很容易想他是超离物质的；尤其容易想他是与眼前不同的一种特殊生活；这就大不妥了。与眼前生活不同的一种特殊生活，印度似有之；中国则没有。中国儒家所讲求的只是眼前生活如何乃妥善合理，即所谓礼义是也。礼义即在穿衣吃饭之中，不在其外。村治是与礼义有关系的；而与含有特殊意味的精神生活则无关系。孟子说，"救死惟恐不赡，奚暇治礼义"，固然不错；而要知救死之中亦正有礼义在；没有礼义的救死，亦是救不了的。不要说"合作"里面大有礼义在；即农业技术改良，亦须有礼义才作得通呢！最粗糙简单的礼义，就是人与人间的是非。有生活就有是非；生活进于丰美，较高较强的礼义乃发生而亦必要。固不能先礼义而后吃饭；亦不能先吃饭而后礼义。吃饭与礼义二者，可以并进而不可以相离。至于礼义以外，其他的什么"精神生活"，我们当然不管，不成问题。

漱溟读后附志。

《村治》1 卷 6 期，1930 年 9 月 1 日。

中国问题之解决

近承燕京大学北京大学先后来邀讲演，均为取此题粗陈意见。所陈，自然还是我的"乡治论"中之一片一段，疏略不完。然既讲了，则亦姑存于此；好在将来于本刊尚要依此讨论的。漱记。①

我们提出此题，是想讨论以下两点：

一、中国问题之解决的主动力何在？换句话说，靠什么人来解决中国问题？

二、中国问题之解决的方式如何？是改良，抑或革命？

这是许多有识见的人，绞脑汁而未有明白解决者。我们要在一小时内谈他，自是粗糙的很了。要决定这两点，必先认识中国问题是个什么样问题？比如认定中国问题是在外不在内，如同印度人受制于英国人一样：那么对第一点，就应当是整个中国民族来解决这问题；对第二点，就应当说是民族革命。又如认定中国问题在内而不在外，如同 1789 年法国革命爆发，或 1917 年俄国革命爆发一样：那么对第一点，就应当是社会中某阶级或其如何联结为原动力；对第二点，就应当是民主革命或社会革命。诸如此类，可推而知。

但说到中国问题是什么样问题就难了。从 1911 年的中国革命看去，很像是中国社会内部问题，即是对待满洲皇帝之一种民主革命；但从 1925—1927 年的中国革命看去，又像是对外打倒帝国主

---

① 此为《村治》发表时著者所加按语。

义的运动，而且含着浓厚的经济革命色彩。现在对中国问题的看法，不独国民党与共产党不同；即在国民党内或共产党内，亦复见解纷歧，派别对峙；至于其他如国家主义派等等更不须说了。又如胡适之先生不认中国为对外问题，亦似不认中国为对内问题，而有其五大魔之说；殆认中国问题在其本身文化上的缺欠。本来自数十年前之变法维新运动，以及十年前之新文化运动，大家都是着眼在自己文化缺欠，而从事于改良运动的。罗素亦尝说中国问题包有政治、经济、文化之三者。大概中国问题是在内或在外，是政治或经济或文化，几乎因时而异其向，因人而异其词；但似乎只是欹轻欹重之不同，没有专执一面或一点者。

照我想，我们的中国问题大概就是这样复杂难言的一个问题，原不如别人家的问题之简单决定。中国问题的特征，一则是"不一"；二则是"不定"。"不一"是说外面内部以至种种都有。"不定"，因其不一自然不定；而我们意见更指问题中的各方面，其关系不决定。关系决定者，如封建地主与农奴，资产阶级与无产阶级，帝国主义者与其殖民地。但中国问题中，方面既多，关系复含混模棱不定。就外面说，压迫侵略我们的欧美日本帝国主义者并不能一致对我，形成彼此简单的两方面；而且我们亦只是半独立国家，未曾干脆地作了人家殖民地。就内部说，则中国社会在封建社会与资本社会之间，谁亦说不清是个什么社会；俄国共产党干部尝名我们为"半封建"。——大概遇到中国事加一"半"字都颇适当。其实中国社会，一半因其不进步，一半因文化的特殊，乃异常散漫而流动。他不独没有形成阶级的对抗，乃至职业的或经济上同地位的联结，亦每为家族的或地方乡土的关系之所掩（中国社会构造密于家族亲于乡里，其他关系皆轻）。自满清推翻，共和宣布，法律上看去更像是政治机会已经公开而平等；但实际上则任何法律制度均未建树得起，二十年来已陷于无法律状态。于是乃由散漫流动，而更进于混乱不清。此时而欲于其间分出几方面，判定其关系，直为不可能。我暂且只说到这个不一不定为止；至于我对中国问题所抱见解，其侧重之点则于下面略有表露。

中国问题既如此不一不定，因而于我们所要讨论之两点，自有许多不同意见出来。关于第一点大概有下列几说：

一、全民革命说，国民党中吴稚晖先生主之，又国家主义派亦同此主张。大意在反对沿用共产党之阶级斗争观念，为农工小资产阶级联盟之说者。他们大都声明"全民"非中国人全体一个不缺之谓；但表其为各阶级大家合作，不出于某阶级或某部分人。

二、各阶级觉悟分子团结革命说，国民党中汪精卫先生主之。他说国民党是超阶级的，由于各阶级觉悟分子的结合来行革命。他从民族对外来立言，其意亦在反对一阶级革命说，及某某等阶级联合革命说。

三、农工小资产阶级（或小市民）联盟的革命说，国民党中所谓改组派如陈公博等许多人倡之。他们说国民党要在这三项人上成立其革命队伍。并且最好有一定比例，即农百分之五十，工百分之三十，小资产阶级百分之二十。其意革命必有某阶级或某部分人为被革者，及牵于利害不肯革命者，若云"全民"即等于不革命。

四、被压迫民众的革命说。十七年南京中央党部颁发出来的《党员训练大纲》，于上列三说均为不取，而说："中国社会大体只有农工商学兵妇女各界地位职业和性别的区分，而没有资产阶级无产阶级的阶级对立之显著事实；而农工商学兵妇女各界民众互相间不仅没有激烈的普遍的深刻的利害冲突，他们所受痛苦和所欲消灭的敌人大体又复相同；所以全国被压迫民众不能不团结一致，共立本党旗帜之下，谋全民族的解放和全社会生存问题的解决。"

五、有产者革命说。1923 讫 1927 以前的共产党，大都认中国革命属于对外的民族革命及对内的民主革命；而这种革命都是要出自资产阶级的。1927 年以后共产党里面对中国问题分开两种不同见解，其中斯大林派（或称干部派）仍不出此意，所以他们以为中国将来的政权应该是资产阶级性的工农民主政府。

六、无产者革命说。共产党中反对现在干部之杜洛斯基派，认为中国社会已资本主义化，而且自经两度革命（1911 年及 1925—1927 年）后，资产阶级亦已掌握政权，此刻正革命高潮一时歇落之际，将到临之第三度革命应当是无产阶级起来树立其无产阶级专政的革命，如同俄国的十月革命一样。

上列各说，有的不能令我们满意，有的我们认为错误。论者若非否认中国革命之对内性，即不应将革命力量笼统地属之中国人，如所云"全民"，或"一切各阶级"。我们本来问，靠谁革命？乃回答，全都革命；实没指得出来。汪说亦不能稍愈于吴说。所谓觉悟分子之"觉悟"何指？必不能是和尚悟道之"觉悟"，自该是觉悟要革命之"觉悟"。说各阶级觉悟分子来革命即等于说："谁革命？要革命的人革命"。这话如同没说一样，何能令人满意！被压迫民众说亦不能稍胜。这等于问，谁起来反抗压迫，而回答，被压迫者起来反抗压迫，宁非无味。况且眼前的中国社会已完全陷于无法律无秩序状态，压迫者与被压迫者已失其决定性，而没有分野。因最高权力寄于枪杆，大小不等，头绪纷纭，又且是转移无定，得失瞬变的。凡此近于滑稽，无当事实，囫囵吞枣的说法，一半固由中国人喜作不着边际的巧文章，一半正为中国原是这么混乱复杂没从指划剖别的一个东西。其他三说的批评，及各家说法的真正短处，则讨论到后面比较之可见。

我对于第一点的答案是：

中国问题之解决，其发动主动以至于完成全在其社会中知识分子与乡村居民打并一起，所构成之一力量。

欲说明此答案，还须翻回说明中国问题。照我的分析研究，现在之中国问题并不是其社会内部自己爆发的问题，而是受西洋文化的势力（欧美并日本皆在内）压迫打击，引起文化上相形见绌之注意，而急求如何自救的问题。大家要注意，中国社会内部并不是没问题；——至少满洲统治者是一个问题。但若东西始终隔绝，中国还是中国，不受西洋文化影响，即有问题爆发出来，其性质其形式亦必非如现在这样。他将为旧日历史的重演，而必不会有新式的民主革命，民生革命，共产革命。"现在之中国问题"，发自内部者轻而来自外面者重；或亦可说，由外面问题引发内部问题，并以外来的新形式演之者。孙中山先生的三民主义，颇能点出中国问题的内涵是些什么。其民族主义就是外面问题；——民族对外自求解放。其民权主义与民生主义，就是内部的政治问题与经济问题；——虽曰内部问题，而实从外面引发的。所谓"外面引发"，具有三义：

一、受外面的压迫打击，激起自己内部整顿改造的要求；

二、领会了外来的新理想，发动其对固有文化革命的要求；

三、外面势力及外面文化实际地改变了中国社会，将其卷到外面世界漩涡来，强迫地构生一全新的中国问题。

因此，其所谓政治问题经济问题乃含有多分世界新性质，而不能不与外面相关，直可说成了世界问题之一部分。问题虽如此具有外面性，然而语其问题之如何解决，乃又重在内部。外面迫害所以有不可抗之势，及新理想为什么使中国人对固有文化起革命，乃至中国为什么不能改变推动外面世界而被改变于外面被卷到世界上来，胥由自家文化的特殊性与其很大缺欠而来。唯有将内部文化补充增高，使其物质与其人渐得跻于外面世界水平线的程度，是其问题解决所必要的工夫，而断不是以排开外面迫害为解决的。说到此处，使我们想起胡适之先生于打倒帝国主义不置意，而独创其五大魔之说，虽立言不免稍笨，而正非无所谓也。本身的缺欠由外面相形而益见。中国人于其固有政治固有经济，初未必到了不能安不能忍的分际；其所以成为问题，实有文化改良文化提高之意义与其不

得不然之势在。故我以为中国问题的内涵，虽包有政治问题经济问
题，而实则是一个文化问题；——文化本亦可概括政治经济在内。

按照上面的分析与说明，就可知道中国问题的发动，不能不靠
其社会中之知识分子，而且必须是最先与外面接触的知识分子。因
为问题虽普遍地及于中国人之身，而看见了解这个问题的只有他，
问题之紧迫虐苦或更在蚩蚩无知之分子，而感触亲切成为问题并有
一方向摆在面前的，则必在他。我们试按之于历史事实，自变法维
新运动立宪运动以讫两度革命运动，其发动奔走者何人，就可证明
了。日本人长谷川如是闲的话是对的，他说："中国革命几为知识
阶级的事业，在一种孤立状态"；又说："这知识阶级，人虽是中
国人，但产生他们的是欧美日本近代国家的历史"。我们还可加上
一句注释，第一度革命多是游日学生，第二度革命则是游俄学生。
而革命人物多出自沿江沿海的南方各省，革命势力且必以南方为根
据地，似亦皆由问题性质所规定而然。

不但问题发动，非于问题有认识的知识分子不可；尤且是解决
问题的功夫，即是文化之推进增高，更非富于世界知识的知识分子
不办。所以我们说，中国问题之解决，其发动主动以至于完成，都
要靠其社会中知识分子的。似乎社会问题之解决，原无不靠其社会
中有头脑有知识的人者；革命运动之前驱，原无不是思想家知识分
子为领导者；何必独于中国为然？这其中却有个分别。在问题简单
决定的社会，其问题是摆出在客观的，凡在问题中人于其方向所
指，不必宣之于口而已喻之于心。大抵是两方面：一面是要维持现
秩序，一面是非破坏现秩序不可。所谓思想家者，不过于此时供给
一套否认现秩序的理论与建设新秩序的理想，其破坏现秩序之革命
基础力量，原别有在而不在他。新秩序之建设完成，自亦要假手有
头脑的人才行；然而方向之决定不在他身上。于此际，思想家有头
脑者是宾不是主；主人自有在也。然若中国问题之真正主人为谁
邪？以民族问题言之，宜为吾全民族；以政治问题言之，宜为有资
产者；以经济问题言之，宜为无产阶级。问题复杂牵缠，主人多歧

不定，互相消而等于无。如前所示国共两党各派领袖之聚讼纷纭，是有头脑者且迷于所向，彼社会中一般人更不自辨其出路；此时所得而依为解决问题之能动力量者果何在邪？于此际也，所谓在孤立状态的革命者之知识阶级，已自落于主人地位，欲不为主人其又让诸谁？更进一层言之，中国问题的特殊性，其民族问题并不径直对外排开迫害，而引发内部问题；其政治问题经济问题均非径直自己发生的问题，而实于对世界为文化增高上有其意义。若果径直对外抗敌，或可合全民族为一力量；今引发内部问题，则何可能？若果径直自己发生的政治问题，或径直自己发生的经济问题，则资产阶级或无产阶级或可当主人之位；今顾非是，则何可以相拟？要知道，中国问题根本不是对谁革命，而是改造文化，民族自救。重大的民族自救文化改造问题，早掩盖了其他问题；纵有革命亦是在民族自救意义内的。此民族自救运动，求诸全民族则宽泛无当；求诸某阶级某部分人，则狭窄不洽；而谓不在接触外面之先知先觉感触亲切之志士仁人而又在谁？文化改造之任，不在一社会文化中心之知识分子，而又在谁？于此际也，先知先觉知识分子明明是主而不是宾矣。

我们现在可以看出许多先生呆笨地想从农工，无产者，被压迫者，寻求中国革命的动力之错误。在他们是设想这些人都是在政治上经济上机会最不好的，则要起来推翻现状，求政治上经济上机会平等的，必是这些人。他们殊不知：

　　一、散漫流动又加混乱失序的中国社会，其政治上经济上机会之种种不等，非限于阶级大势之定然，顾落于个人运际之偶然；个人自求出路于现状之中，较诸破坏现状为社会谋出路容易得多，"非革命不可"的形势造不成。不要说他不革命，革命了，他个人稍得地位机会，便留恋现状而落于不革命或反革命去。

　　二、在大势上定无好机会者，则唯穷乡僻壤蚩蚩无知之人。可以说：在中国现社会受压迫剥削最甚者，即于知识智力最低者。他不但没有新知识而已，同时他大半是离开外面世界最远者，陶铸于旧习惯最深者。他不动则已，动则为翻转回去的动。天下岂有问题中正主人，其解决问题的方向，走向反面去者？与其认他为解决中国问题的运动力，不如说他正是中国问题的对象，前所谓文化改造民族自救，其工夫正要在他身上做也。

反之，如果我们承认解决中国问题的人，必对于现代问题有判别力，则无论从其知识程度之取得测之，或既得后推之，其人在政治上在经济上机会固已甚优越。中国问题真可说是一个变例；革命的，不在多数被压迫剥削的劳力生产者，顾在少数可以压迫剥削他人以自了之人。这全为中国革命，是受外来文化刺激而为意识地牵拉使之向前改变；不同乎因经济演进而社会自尔机械地被推动向前变化，如西洋往例。

据说中国不识字的人在百分八十以上。此百分八十以上之不识字的人，大概被压迫剥削之劳力生产者占成数很多；其百分之十至二十识字的人，则军政各界土豪劣绅一切混饭寄生之辈占成数很多。而革命分子正亦居其中。中国革命至少要出于识字的人；因为不像在西洋社会里，纵或受不到有形教育，其无形教育影响正大；在中国社会里，不靠有形教育作接引，更靠什么？但虽说中国革命必出于知识分子，而不能说知识分子一定革命。其革命或否，全在他意识的自由，几乎就是热心不热心的问题。在共产党自不爱听这话，然而他自己正亦不能逃于此例。北平的大学学生虽多，究不胜洋车夫多，而共产党尽多是大学学生。此大学生之愿意作共产党，正如他同学之或愿作传教师，或愿作买办，或愿作官僚政客一样。

我们对于感受迫害虐苦之多数人之亟求解除苦痛那件事实，原不否认；只是他自己太没方向。然此自是社会中潜伏的解决社会问题之一大力量，为有革命方向的知识分子所必凭借。否则，知识分子而热心革命者为数几何；又何能斡旋得全个社会，成此远业？不过照我们的认识，他是宾而不是主耳。主与宾，何由定？方向在谁身上，谁是主；从乎其方向来完成其事者为宾。于此，可以打个譬喻。一社会知识智力之士，是其社会头脑心思之所寄，社会众人离他不得。一个人的行动，虽无不经过头脑判定而身体活动出来，但方向有早决于体内者，有待决于头脑者。唯社会亦然。西洋革命往例，好像一个人饥饿或干渴的问题先发身体的，而头脑为之觅饮求食、虽问题的判明与如何活动无不经过头脑者，而方向固已早决于体内，且上达之于脑，头脑不过从而映现于意识完成其事耳。饥一定求食，渴一定求饮，无容商量。现在的中国革命，好像一个人病了，身体内种种不适，而头脑为之觅药求医。此时问题的认取，——病在哪里？解决的方向，——当吃什么药？一待头脑慎思明辨而后决，甚至身体初时尚不爱吃这药，待服下去后，方感得好。是则头脑决定方向，身体从而完成其事，比之前例，主宾互易，正自不同也。

所谓革命的知识分子所必凭借的社会中潜伏之一大力量，我是指乡村间居民而说。我们可以看见历来对于中国问题之发动，有两种不同形式：一种是通习外面世界情势之知识分子所发动者；历来的各种维新运动，各种革命运动皆属此例；一种是不通外面情势之内地无知农民所发动者；同光年间闹的无数教案，1900 年义和团之扶清灭洋运动，以及近年北方各省之红枪会、天门会，四川之神兵等等皆属此例。虽然前一种亦未见得果能认识中国问题，而为有眼光的发动，但其所认识的在当时就算最有眼光，而仿佛无以易之的了。若后一种则正同于一个病人为痛痒苦楚所激起的身体乱动。许多先生期望径从这里得着解决中国问题的动力，当然是错想；然事实上却亦不能外乎此，而成其为解决中国问题的动力。解决中国问题的动力，殆在引后种动力并入前者，而为一种动力。然而这引的工夫，是要由前者来作的。换句话说，革命的知识分子要下乡间去，与乡间居民打并一起而拖引他上来。

于此，我们要分两步说明。

先说明我们为什么不用"农民""农工""被压迫民众""无产阶级"等词，而特标"乡村居民"。我以为"有产""无产"是不适于拿来分别中国社会的。"产"若作生产工具讲，则有二亩地的贫农与自营手工业者都应有产了；有产无产相去不能以寸。产字若即作钱字解，则有钱无钱其以多少为准，更不好分。以"压迫者"与"被压迫者"来分，没有指实，不成一句话；而且已混乱无序，分别不来。农工二字似有所指，然其散漫与不一致，亦几为一空概念，没有实体。现在中国社会，其显然有厚薄之分舒惨之异者，唯都市与乡村耳。此厚薄之分，在旧日固已有然；自西洋式的经济西洋式的政治传入中国，更加取之此而益于彼；近年军阀与土匪并盛，一切压迫掠夺所不敢施什一于都市者，骈集于乡村；既饱则飏于都市。固然中国无所谓逃于封建领主的自由市民，然身体生命财产的自由，在都市居民比较还有点，乡村居民已绝对无可言者。乡村居民的痛苦，表现中国问题的灼点。不堪其苦者，避居于都市或外国租借地，便仿佛入了另一世界。故中国社会本不好分判得开，唯乡村与都市无论就政治言就经济言，却见形分势异。避离乡间者皆地主乡绅；其所余乡村居民内部非无问题，然宜留待后一步解决。我们所以不称"农民"而称"乡村居民"，其意盖在此。又交通不便，阶级不明，散散漫漫的中国人，其职业的或阶级的联系，远不如地方同乡里的关系之深，团结之易。而在都市中人则不足语此，他们是疏落不相干的。只有同一个乡村的人较为亲切，有时能形成一个力量。一面激于痛苦，一面易有团结，此所以为革命的知识分子所必凭借也。

次说明怎样开发这潜伏的大力量，而引入正路，现其功用。从历来中国问题之两种发动看去，其间有一大苦楚，即两种动力乖离，上下不相通。在下层动力固盲动而无益于事，在上层动力，以其离开问题所在而纯秉虚见以从事，其结果乃不能不落于二者：一、搔不着痛痒；二、背叛民众。

所谓离开问题，即指其离开乡村，所谓纯秉虚见，即指其但袭外来眼光，摸不着自身问题，不为欧洲近代文明之景仰，即为欧洲最近潮流之追从。欧洲近代文明，一都市文明也；景仰都市文明，岂所以振拔乡村痛苦者？自教育实业警察陆军之兴，法律政治种种之改良，而乡村痛苦乃十倍于前，然此其背叛民众尤为不自觉的。欧洲最近潮流，一都市文明（或工业文明）之反响也，追从都市文明之反响，其何当于解决乡村问题？自国民革命兴，而军阀益以强，捐税征发益以重；自共产革命兴，而土匪日以张，乡村圩里日以毁，纵将巍巍的中央政府成立起来，其如早已离开民众而至背叛民众何？当初固自号代表多数民众，现在亦非不自知其离开民众背叛民众，而究竟无法纠正，无法善后！盖不从乡村起，自不能归本乡村，离开乡村，即离开民众；入手即错，其不走向背叛民众去固不止也。

我敢断言，如果这上层动力与下层动力总不接气，则中国问题永不得解决；而上下果一接气，中国问题马上有解决之望。如何可以接气？当然是要上层去接引下层，即革命的知识分子下到乡间去，与乡间人由接近而浑融。知识分子而且是革命的，其下到乡间去未有不扞格冲突者。求其浑融，谈何容易？本来这是工夫之始，亦是工夫之终；——最后目的所在。我们自始至终，不过是要使乡间人磨砺变化革命知识分子，使革命知识分子转移变化乡间人；最后二者没有分别了，中国问题就算解决。这其间的步骤，我推想是如下的：

一、知识分子于回到乡间去之前或后，必须有相当联络组织。

二、即从回乡的知识分子间之广大联络，逐渐有于散漫无统纪的中国社会，形成一中心势力之望。今日社会太没力量（尚不如清末），而只见滥充执行国权的军阀有无限威力；由此形势可望转移。

三、知识分子下乡后，其眼光见解乃剀切问题而不骛虚蹈空，其心志乃一定于革命而不移；——知识分子若徜徉于空气松和的都市或租界，无望其革命；只有下乡而且要到问题最多痛苦最烈的乡间一定革命。在乡间人一面，则渐得开化不再盲动于反对的方向去；不为土豪劣绅所操弄，乐近知识分子而不疑。双方各受变于对方，相接近而构生一个新动力，于是仿佛下层动力得了头脑眼目，又像上层动力得了基础根干。

四、此广大联合而植基乡村的势力一形成，则形势顿即转移过来，彼破坏乡村的势力乃不得不软化威胁克服于我。这好比病人身体元气复，生机开，则一切客邪不成问题一样。所谓社会中潜伏的大力量上升发而现其功用，即指此。

浑括地说，大概是这样；其详更俟另为一文论之。由此再进一步，乃有真正乡村改进工夫——亦所谓文化的推进增高功夫——可做，其方案更须另谈。乡村改进的功夫作到家，革命的知识分子与乡间人二者乃浑融没有分别了。所以我以为解决中国问题，就是知识分子如何将乡间人拖引得上来一件事。

中国问题之解决方式，为改良抑或革命？在这里没多少讨论，不过就上边的话，更为申明而已。我上边的话，曾说："中国问题根本不是对谁革命，而是文化改造，民族自救"；很像是一个改良派。但处处又表露革命的口吻，颇若自相矛盾。现在我肯定地说，中国问题之解决方式，应当属于"革命"。

革命是秩序的改造；但这秩序的改造，每每必先之以某种势力的推翻。因秩序不过是法律制度习惯教条等；这些东西所以有效，总必有一种势力为之后盾，即秩序总必有人拥护维持；——他们多是凭借这些秩序而存在的。革命以对秩序为主，对人为副。中国问题本含有民族革命意味，所对秩序即历来各不平等条约及其不著条文之惯例；其人即欧美日本各帝国主义者。然其事不同乎印度人朝鲜人非先与英国人日本人拼命不可；而顾在有以自强，从事废约修约。中国问题本含有政治革命意味，然自 1911 年革命后，既号民主共和，所对秩序既代之以临时约法或准约法（国民党谓孙先生遗教即约法），所对之人则已不存在；——现在更无拥护维持旧秩序而凭借之以存在之人。中国问题本含有经济革命意味；所对秩序即个人本位的经济制度，而其人则殆不存在。因工业资本没形成，真正非反对这秩序不可，及真正非拥护这秩序不可之人，两俱不存在。其不赞成这种革命者，亦许正在多数，然只是耳目心思有所蔽，非其势所不得不然。因此中国之政治问题经济问题，皆是如何建造成功新秩序的问题，而没有旧势力之可推翻。凡以军阀为民主革命的对象，以有钱有地的人为社会革命的对象，均属错误笑话。此外以我说："中国问题根本不是对谁革命……"，然毕竟是一种革命；从旧秩序——君主专制政治，个人本位的经济，根本改造成一全新秩序——民主政治，社会本位的经济，不说他是革命更是什么？

附带的声明的：此处所称"民主政治"，"社会本位的经济"，皆不过指示一个大方向，其内容颇非容易说的；此处所云"文化改造"即指经济政治等改造而言，于我平日常说"文化复兴"，意指中国人生态度的复兴者亦无悖。

《村治》1 卷 8 期，1930 年 10 月 1 日。

山东乡村建设研究院设立旨趣及办法概要

山东乡村建设研究院筹备招生，同人因推院长梁仲华先生撰写此文，期与招生简章一同发布，借作本院创立意义及内容办法之一种说明。其后仲华先生以所事过忙，不遑执笔；执笔之责，终于落归我身上。乃就同人所夙昔讨论者，综取大意，写成此篇；既经同人采用公表，复以载诸本刊。合用声志于此。①

梁漱溟

中国原来是一个大的农业社会。在它境内见到的无非是些乡村；即有些城市（如县城之类）亦多数只算大乡村，说得上都市的很少。就从这点上说，中国的建设问题便应当是"乡村建设"。

假使中国今日必须步近代西洋人的后尘，走资本主义的路发达工商业，完成一种都市文明；那么，中国社会的底子虽是乡村，而建设的方针所指犹不必为乡村。然而无论从哪点上说，都不如此的。近代西洋人走的这条路，内而形成阶级斗争社会惨剧，外而酿发国际大战世界祸灾，实为一种病态文明，而人类文化的歧途，日本人无知盲从，所为至今悔之已晚矣；我们何可再踏覆辙？此言其不可。西洋其实亦何尝愿为工商业偏敧的发展，都市的畸形发达；然而走资本主义自由竞争的路，则农业是要受到桎梏，乡村是要归

---

① 此为刊于《村治》时著者所写之按语。

于衰落的。在他们那地势、那时际，犹且吃得住，索兴走上工商业的偏锋，回头再谋救济农村；在我们如今则万万吃不住。此言其不宜。抑更有进者，我们今日便想要走西洋的道儿亦不可能。在这世界上个个俱是工商业的先进国，拼命竞争，有你无我；我们工商业兴发之机早已被堵塞严严地不得透一口气。正不是愿步他们后尘或不愿的问题，而是欲步不能了。因此，除非没有中国建设问题可说；如其有之，正不外谋其乡村的发达，完成一种"乡村文明"。

所谓乡村文明，初非与都市文明相对峙的；"乡村的畸形发展"是没有这句话的。因为乡村发达就是它的文化增高，物质设备，近代都市的长处不妨应有尽有，亦可说"乡村的都市化"；则是调和了，而非趋于一偏。而且乡村文明的开发，天然是要植基于经济上一条平正路子的。前面说过，农业在资本主义下受到桎梏；那么，农业的发达是在什么道儿呢？那便是"合作"。工业国家所以救济其农村的方策在其农民的合作；农业国家（如丹麦）所以立国之道在其农民的合作；即以共产为旨归的苏俄，其入手处亦要促进其农民的合作。西洋所以陷于工商业之偏敧发达的，全从个人本位自由竞争而来。合作既异乎所谓个人本位，亦异乎所谓社会本位，恰能得其两相调和的分际，有进取而无竞争；由此道而行，自无偏敧的结果，并不是利于农业者，又将不利于工业。唯此农业工业自然均宜的发展，为能开出正常形态的人类文明；而唤它为"乡村文明"的，以其为由乡村开发出来的文明也。此由乡村开发出来的文明，一切既造于都市文明的国家大都不容易去成就它了；只有中国人尚未能走上一条路，前途可有此希望。那么，亦就是只靠中国人负此伟大使命。从此义言之，中国的乡村建设不单在它自己是没有疑问的，而且具有如是重大关系，深远意义在！

我们且不说远的吧。摆在眼前最大的问题，不是许多人没饭吃么？天灾待赈先不计；自求官谋差，投军从匪，以至官无可求，军无可投，匪无可为，与西洋失业又自不同的一种劳力过剩，年年逐增未已，情形何等严重而急迫！就从解决这问题上说，那么，又是应当走农业路而不应当步趋于工商业；——这是几如东西之异途的。现在资本主义下的工商业，只是发财的路而不是养人的路。不要说它在中国没有发达的可能，便发达到美国今日之盛，亦不是有七百万失业之众么？农业则不是发财的捷径而正是养人的路，尤其是从"合作"发达起来的农业，最是养济众人的一条大道。诚然，中国所患在生产不发达；但这不是徒然生产发达能了的事；其中更有如何得均宜地发达，和如何分配问题在；不可不注意。而想要农业发达，不是农业片面的事；在其社会的方方面面（政治经济教育）都有密切关系，而实为整个乡村的事。如此方方面面都顾到的促兴农业，换句话说，那便是"乡村建设"了。——只有乡村建设，促兴农业，能解决这多数人没饭吃的问题。

更进一层，试问这许多没饭吃的人何由而来？其始大都是安住乡村的；皆由不得安于乡村而来。最易见的，频年兵祸匪祸是破坏乡村，偏迫着人离开乡村散荡在外觅食的；数十年来与此乡村社会全不切合的西式学校教育，是专门诱致乡村人于都市，提高他的欲望而毁灭他的能力，流为高等乞丐的；轮船火车的交通，新式工商业的兴起，都市文明的模仿，皆是诱致人离开乡村而卒之失其简易安稳的生涯的。更其有间接而致之于此的普通形势，则自欧人东侵以来，一面以他们对我之侵略，一面以我们对他之模仿，经济上、政治上、教育上，内外两重一致的朝着侵渔乡村摧抑农业的方向而猛进；乡村乃日就枯落凋敝。然而中国所有者，则只是乡村，只是农业。使果得如日本人之机缘凑合走上工商业的路，亦还算别开生机；无如国际资本帝国主义者又将此路压挤得严严的。于是乃前后无路，以致没饭吃的人一天一天增加，还有什么结果可得？民族生命其犹得维持至今者，盖唯赖吾农民之过人的勤勉耐劳与过人的节约耐苦。因此，离乡流荡无归者固属没饭吃；其株守乡井者亦多在生活最低线以下，与饥饿没什么分别的。

那么，我们可以明白了，今日的问题正为数十年来都在"乡村破坏"一大方向之下；此问题之解决唯有扭转这方向而从事于

"乡村建设"；——挽回民族生命的危机，要在于此。只有乡村安定，乃可以安辑流亡；只有乡村产业兴起，可以广收过剩的劳力；只有农产增加，可以增进国富；只有乡村自治当真树立，中国政治才算有基础；只有乡村一般的文化能提高，才算中国社会有进步。总之，只有乡村有办法，中国才算有办法，无论在政治上、经济上、教育上都是如此。

现在中国社会中吃饭最成问题的，似更在受过教育，有些知识的那般人。在简拙的旧农业上用不着知识分子；而像前所说农民勤苦的习惯能力，他又已没有；因此，在农业道上没处养活他。况他生活欲望已高，亦自然要竞趋于都市的。但这没何等工商业可言的国家，都市中又何曾替他们开辟出许多位置来？于是就都拥到军政学界来了。其无处安插之苦，生存竞争之烈，已是有目共睹，无烦多说。大局的扰攘不宁，此殆为有力原因；他们固自不同乎无知无识的人比较好对付的。

乡村向来是在文化上、在政治上、在经济上全都被都市占了上风的。有知识的人均奔向都市，乡村乃愈加锢蔽愚昧；亦愈加没人理会，没人注意；因之，其所受政治上的压榨与经济上的剥削亦愈甚。智力与金钱与权势三者原是相连环的：愈愚，愈弱，愈贫；愈贫，愈弱，愈愚。而此时都市人染接欧风，生活欲望愈提愈高，政治上名色愈出愈多，经济上手段愈来愈巧，其压榨剥削于乡村者愈厉。因既无工商业为对外生财之道，都市人生活的奢费自唯仰给于乡村，直接间接无非要农民血汗。乡村凋敝，都市亦无所托；军政学界的生存竞争愈烈，大局扰攘益无底止。因果相寻，都市上一天一天知识分子充斥拥挤，乡村中愈感贫枯；过剩的过剩，贫乏的贫乏，两趋极端；其势愈亟，其象愈险，而中国问题亦以愈陷于无法解决！

其实何必这样自走死路呢？不单为民族着想，这样是走死路；即为知识分子个人计，这亦是愈走愈窄，终于无幸的。大家尽想吃一碗现成饭，而且要吃便宜饭；安得有那许多现成而且便宜的饭可吃？——只有自家创造出饭来吃才行。尤其知识分子不要自家看得太贱，自承是个高等乞丐，只好混饭吃。在教育发达的国家，受过教育的人或者是不稀罕的；在中国社会则云何不足珍贵？无论如何要算一社会中有力量的分子；民族自救的大任，除了我们更将靠谁？须知民族的兴亡，系于乡村的破坏或建设；而其关键正在自家身上。只看脚步所向，一转移之间，局面可为之一变的。大家一齐回乡，骈力作广义的促兴农业工夫——乡村建设工夫，开出乡村建设的风气，造成乡村运动的潮流，则数十年来乡村破坏之一大方向，又何难扭转过来？自身的出路，民族的出路，一一于此可得；不过总要自己去求罢了。

在都市过剩的知识分子，好像没得用处；然而挪到乡村来，其作用自现。即最无多少知识能力的，在乡间至少亦有两种伟大作用：

1. 乡村最大病症是愚蔽，从他的一知半解，总可替乡下人开一点知识，最低程度亦能教乡下人认识几个字。

2. 乡村最大缺憾是受到祸害没人理会，自家亦不能呼唤人注意；而他则容易感觉问题，不似乡间人疲钝忍默，亦有呼喊的工具——即文字。

第一种作用，好比为乡村扩增了耳目；第二种作用，好比为乡村添了喉舌。如果不是回乡来作土豪劣绅，图占村间人的便宜，则我想此两种作用是一定可以见出的。尤其是回乡的人多了，此作用必自然发生无疑。果真化除得几分乡村人的愚蔽，果真乡村人受到祸害能呼喊出来，中国民族前途便已有了希望；乡村建设便算成功了一半。其作用还不伟大么？

若是较有能力的知识分子，其在乡间将见出第三种更进一步的作用，那便是替乡间谋划一切建设事宜，好比为乡村添了脑筋一样。

所谓乡村建设，事项虽多，要可类归为三大方面：经济一面，政治一面，教育或文化一面。虽分三面，实际不出乡村生活的一回事；故建设从何方入手，均可达于其他两面。例如从政治方面入手，先组成乡村自治体；由此自治体去办教育，去谋经济上一切改进，亦未尝不很顺的。或从教育入手，由教育去促成政治组织，去指导农业改良等经济一面的事，亦可以行。但照天然的顺序，则经济为先；必经济上进展一步，而后才有政治改进教育改进的需要，亦才有作政治改进教育改进的可能。如其不然，需要不到，可能性不够，终是生强的作法。我们从事乡村建设，原是作促进社会进步的工夫，固不能待其天然自进；然于此中相因相待之理不知留意，建设必将无功。

所谓乡村经济的建设，便是前所说之促兴农业。此处所说农业并概括有林业、蚕业、茶业、畜牧、养鱼、养蜂、各项农产制造等，——一切乡村间生产事业皆在内。所谓促兴农业又包括两面的事：一是谋其技术的改进；一是谋其经济的改进。技术的改进，是求生产的品质与量数有进益，诸如改良种子，防病除虫，改良农具，改良土壤，改良农产制造等事皆是。经济的改进，是求生产费之低省与生产值之优厚，一切为农家合算着可以省钱或合算着多赚钱的办法皆是；其主要者即为各项"合作"。如信用合作、产业合作等。这两面的改进自有相连相需之势，即技术上的改进，每有需合作才能举办者；而合作了，亦会自求其技术的改进。二者交济，农业之发达是很快的。农业果然兴起，工业相因而俱来。或应于消费的需求，径直由消费合作社举办；或为农业原料之制造，由产业合作社而举办；其矿冶等业则由地方自治体以经营之。由此而来的工业，自无近代工业所酿的危害。在适宜情形之下，农民并可兼作工人；近代工人生活机械之苦于此可免，那是文化上更有意义的事。

说到政治一面，大家都常听到"要赶快完成地方自治"——包含乡村自治——一句话；其实这是未假思索之言。政治都是以经济为背景的。照原来中国乡村的旧经济状态，本不会有"欧化的地方自治"。——"地方自治"是欧洲政治里面的一回事，故冠以欧化字样；普通所说，类多指此。照现在中国一天一天枯落的乡村，更没法子有这事实现。非待中国社会经济有进展，是不会完成"自治"的；然而中国经济问题又不会走上欧洲那条路，中国终不会有那种"地方自治"是很明白的。中国经济问题的解决，天然只有一条路如上所说者，因此中国亦将自有其一种政治（包含地方自治）。中国从合作这条路去走，是以"人"为本的，不同乎资本主义之以"钱"为本。又从乡村而建设起来，层层向上建筑，向大扩张，虽然合作社的联合中枢机关在都市，而其重心则普遍存于各乡村。由是，其政治的重心亦将自普在乡村，普在人人。像欧洲那样"钱"膨大起来驱使人，而人转渺小；又由都市操纵国权，乡村轻末不足齿数，上重而下轻者这里都不会有。可以说欧洲国家政权好像偏起而耸立的；此则是平铺安放的。尤其是个人本位自由竞争的经济，其经济属私事，政治乃为公事，二者分离。此则合作经营，即私即公；经济与政治固可以不离为二。孙先生遗教曾说，地方自治体不单为一政治组织，抑并为一经济组织，指示甚明。大概事实上，亦非借经济一面之合作引入政治一面之自治不可。不然，则虽将区村闾邻按照法令编制起来，自治公所的招牌悬出来，至多不过奉行上面命令办些行政事务而已；不能举自治之实。

眼前若成立自治组织，宜注意担任自治公职者之人选，取谦谨平实一流，使其消极地少些流弊。其积极的功用，则要以能和睦乡党尽诱导教育之劳，使于自治生了解生兴趣者为最上。

乡村建设之教育一面，眼前可做之事甚多；而要以民众教育为先，小学教育犹在其次。民众教育随在可施，要以提高一般民众之知能为主旨。经济一面、政治一面之得有些微进行，统赖于此。内地乡民之愚暗，外间多不深悉，一为揭看，便将兴叹无穷。倘于此多数民众不能有所开启振拔，则凡百俱不相干，什么都说不上。丹麦之兴，盖全以其农民教育为推动力；其事有可仿行者，但非下乡之知识分子倾注于农业改良研究，为其先导不可。

乡间礼俗的兴革，关系乡村建设问题者甚大。不好的习俗不去，固然障碍建设；尤其是好的习俗不立，无以扶赞建设的进行。所谓合作，所谓自治，都与从前疏离散漫的社会不同。人与人之间关系日密，接触日多，所以行之者必有其道。此道非法律而是礼俗。法律只可行于西洋，行于都市；若在中国社会，尤其是在乡党之间是不行的。何况有法律，亦要有礼俗才行；即法律之行，亦莫不有资于习俗。古时如吕氏乡约等，于此是一种参考；第如何因革损益，大不易言。

以上就乡村建设三面，略陈其义；其具体事项，若者先办，若者后办，如何办法，则各处情势不同，要在谋划的人善为揆度，不能一概而论。一则要看当地是什么情形，一则要看自己是什么力量。乡村建设的事，什么人皆可作，政府作，社会团体作，私人居乡亦可作。所以力量是不一样的。力量不一样，自然作法不一样。地方情形，又有地理的不同和人事的不同。就地理说，不但南北异宜，即一省之中，一县之中，正复不能一样。要因其土宜为之兴利，因其所患苦为之除害。例如苦旱的地方，自然要兴水利；——怎样兴法又不一样。产棉的地方，自然改良棉种；或棉种已有办法，而须指导其为棉花贩卖合作，亦不一定。他如山地可以造林，交通不便者急须修路，等等不一。人事不同者，如其社会经济情形不同，政治情形不同，教育情形不同，或风俗人情不同等。万般不齐，随宜施设，说之不尽。但有三桩事可以提出来说说的：

　　一则地方不靖者，莫先于举办乡村自卫。孙先生遗教，原有警卫完成再及自治之说。最近国民政府为肃清匪祸安辑地方计，亦极力督促地方保卫团之成立。诚以秩序未安，人心不定，一切建设无从谈起。中央及地方政府法令所示，仅属一种大概办法；认真去作，仍须当其事者悉心讲求。最要众志归一，先安内部；先清内部，则根本已立。无论平常时或有匪患时，都应该作此工夫。

一则地方有红枪会或其他帮会组织者，亟宜作一种化导工夫，务使其尽相当之用而不为害。乡民愚昧而有组织，且为武装组织，其危险性实大。第一，要化导他向开明进步的方向去；不然，必将为乡村改进的绝大障碍。第二，要慎防他势力扩大，为人利用，酿出祸乱。这是一件最不易对付的事；然只许用软工夫，不可以强硬手段摧毁之，——这是违背乡村建设之理的。

一则鸦片毒品发现流行的地方，亟宜公议查戒杜绝之方。毒品流行，为祸最烈；然其始必自村中有不务正业之游民，又每与娼赌等事相缘，实为村风败坏的问题，非单独的一件事。唯靠乡中老成端正之士，团结一致，共负起挽救整顿之责，建树良好村风，别无他法。此虽为法律所厉禁，却终非外面官府力量所能及的。

在今日纷纭复杂的中国社会，问题岂胜枚举，方法何可预定。只要认清题目，握定纲领，事情到手，自有办法；——即不然，办法亦无难讲求。我们总括上文大意，以为我们的题目和纲领，即此作结：

题目便是辟造正常形态的人类文明，要使经济上的"富"、政治上的"权"综操于社会，分操于人人。其纲领则在如何使社会重心从都市移植于乡村。乡村是个小单位社会，经济组织、政治组织皆天然要造端于此的；一切果从这里建造起来，便大致不差。恰好乡村经济建设要走"合作"的路，那是以"人"为本的经济组织；由是而政治亦自形成为民主的。那么，所谓富与权操于人人，更于是确立。现在所急的，是如何遵着这原则以培起乡村经济力量，乡村政治力量；这培起乡村力量的工夫，谓之乡村建设。——乡村建设之所求，就在培起乡村力量，更无其他。力量一在人的知能，二在物资，而作用显现要在组织。凡所以启发知能，增殖物资，促进组织者，都是我们要作的。然力量非可由外铄；乡村建设之事，虽政府可以作，社会团体可以作，必皆以本地人自作为归。

山东省政府为谋本省的乡村建设，经政务会议议决而有本院——山东乡村建设研究院之设立。所有一切办法，或秉承省政府命令所示，或由院拟订呈请省政府核准备案；其既经公表之文件，则有本院组织大纲，本院学则及课程。兹分项撮要，概叙如次。

本院所要作的事，是一面研究乡村建设问题，一面指导乡村建设的实施。本院内部组织，即准此而分为：

一、乡村建设研究部；

二、乡村服务人员训练部；

三、实施乡村建设的试验县区。

乡村建设研究部的命意，约有两层：一层是普泛地提倡这种研究，以为学术界开风气；一层是要具体地研究本省各地方的乡村建设方案。大概初创之时．以前层意思为多，渐渐才得作到后一层。——因为这不但要萃集各项专门人才，并且要有几个机关协同着作才行的。此项研究生的招收，原是要受过高等教育者为合格；不过亦不愿拘定大学专门毕业的资格，致失奖励知识分子转向乡村去的本意，所以又有"同等学力"的规定。大抵以具有较高知识，对于乡村问题向曾留意者为合适。其研究程序，先作一种基本研究；——那便是乡村建设根本理论的研究。次则为专科研究；随着各人已往学识根柢的不同，和现在兴趣注意的不同，而自行认定一科或数科研究之。例如原来学农业的，就可以从事于农业改良研究；而现在有志于乡村教育的，就可以从事于乡村教育研究。各科的范围宽狭不同，细目亦得别为一科。但科目的认定，必取得研究部主任的审量许可；作业的进行，须听部主任及教师的指导。本部课程，除间有必要外，不取讲授方式；或个别谈话，或集众讨论；并于南北各大学聘有特约导师担任指导，以函授行之。修业期限，规定二年；但于修业期间，得有研究结果，提出论文经部主任及导师评定合格者，亦得请由院长核准予以提前结业。

此项研究部学生，差不多都要到觅求职业的时期，颇难再由家中供给费用，所以本院定章，除供给膳宿外，并给予津贴每月十元。其学有专长者，在适宜情形下，并得在院中兼职兼课（训练部功课）；要无非掖进有志，扶助苦学之意。将来学成结业，自本院希望言之，实以留院服务为期。因本院训练部第二期必须扩充办理，正多需才之处。以是本院学则，于此有"酌留本院服务"及"呈请省政府录用"之文。

本院第一届招生，研究部限招三十名。并以一切费用均出公家供给之故，其省籍即限于山东本省。但为提倡这种风气起见，外省自备资斧请求附学者，亦得酌量容纳；其名额不得逾本院学生十分之一。

乡村服务人员训练部和特定之试验县区，是从"指导乡村建设的实施"那一面工作而来的两个机关。我们对于实施乡村建设的进行，计划着第一步要预备到乡村服务的人才。这不须说，当然是要就地取材的，其条件略如下开为合适：

一、世代居乡，至今其本人犹住家在乡村的。——这是为他不失乡村生活习惯，尤其要紧的，为是他熟谙乡村情形。

二、曾受过相当的教育（略如初中），具有普通知识的。——非有知识和运用文字的能力，不能为公众作事。

三、年纪在二十岁以上，三十五岁以内的。——这是为年力正富可以有为，而又不要太年轻。

大概果能具此三条件的人多是在乡村教过学或曾任乡村公职者；亦可说是乡村服务有些经验的。因其受过相当教育年达二三十岁，而没有升学或作事于外，则其末后居乡的几年总不免要作点事的；其升学或作事在外而新回乡的，成数必然很少。前项闷守乡村的，诚未必是俊才；然在这知识分子回乡尚未成风气的今日，舍此更无可求。后一项新回乡的，或有英发之士；而多年在外，情形隔膜，亦是缺欠。无论哪项人，非经一度训练之后，总还不能担任乡村建设的工作。此所以有乡村服务人员训练部之设。所要训练于他的，约计有三：

一、实际服务之精神陶炼。——要打动他的心肝，鼓舞他的志趣，锻炼他吃苦耐劳、坚韧不拔的精神；尤其要紧的，是教以谦抑宽和处己待人之道。

二、为认识了解各种实际问题之知识上的开益。——非有一番开益其知识的工夫，则于各种实际问题恐尚不易认识了解。

三、为应付解决各种实际问题之技能上的指授。——例如办公事的应用文，办合作的应用簿记，办自卫的军事训练等。

必须受过了这三项训练，而后乡村服务人才的条件才得完具。因此，本院于训练部的课程，有五大部之安排：

甲、党义之研究；概括三民主义、建国大纲、建国方略，及其他等目。

乙、乡村服务人才之精神陶炼。

丙、村民自卫之常识及技能之训练；概括自卫问题研究、军事训练、拳术，及其他等目。

丁、乡村经济方面之问题研究；概括经济学大意、农村经济、信用生产消费各项合作、簿记、社会调查及统计、农业常识及技术、农产制造、水利、造林，及其他等目。

戊、乡村政治方面之问题研究；概括政治学大意、现行法令、公文程式、乡村自治组织、乡村教育、户籍土地各登记、公安、卫生、筑路、风俗改良，及其他等目。

我们为实行"就地取材"，所以对于招生特别仔细；为训练得有实功，所以对于课程不得不认真。所谓招生特别仔细的，就是训练部学生的招收，由招考委员会分组出发到各县，召集当地人士，宣布乡村建设的意义和本院进行的办法，唤起地方上人的同情愿来参加，而后分区就近考试。——其如何分区分届招生办法详后。所谓课程认真的，则有部班主任制和一年到头不放假的办法。

本院训练部学生以四十名为一班，班置班主任及助教各一人。班主任对他一班的学生之身心各方面活动，皆负有指导照管之责；凡学生精神之陶炼，学识之培益，身体之保育锻炼等，固自有各样的课程作业，但必以此班主任的指导照管作为训练的中心。所以班主任有"应与学生同起居共饮食"，"以时常聚处为原则"的规定。学生每天都要自己写日记；这日记亦是由班主任为之阅改。各班学生成立其自治团，凡经本院划归该部自行办理之教务、庶务、卫生清洁等事，亦都是在班主任指导之下，进行自治。各班主任之上，更由部主任总其成。——是所谓部班主任制。

训练部课程期以一年结业；这一年到头是不放假的。不但不放寒暑假，并星期例假及一切纪念节假都没有。一则是因为功课多，而修业期短，不得不加紧。一则是农家生活除农暇外，没有哪天放假停工之说；本院期在养成乡村人才，于此不合农业社会的习惯，应予矫正。在此一年之中，每日廿四小时生活，依昼作夜息分为二大段，排定公共生活时序表，全院遵守。例如自某时起床、盥漱、朝会、健身拳术、早餐、作业、午餐、作业、晚餐、洒扫、作业、写日记、夜息为止；大家同作同息。计午前、午后、晚间三个作业段共八小时。这虽似太紧张，行起来却亦很自然。因所谓作业包括种种活动，不定是讲课读书。尤其是星期日多为出院外的活动，如野外操练、巡回讲演、乡村调查等。

仔细取材之后，尤恐学生中有难于造就的，所以有随时甄别的办法。本院学则规定："学生在修业期间，本院得随时就其资性体质思想行为，加以甄别而去留之。"认真训练之后，临近结业，犹恐其有出外作事难副所期者，因而本院学则有规定云；"本院期在培养实地服务人才，凡学生结业必须具有解决乡村各种问题之知识能力及勤劳奋勉之精神；其有修业期满而不足以副此者，本院得缓予结业。"

以上都是说本院如何预备乡村建设人才的办法。但这招生之事，山东省一百零七县实不能同时举办，此其困难有二：

一、本省各地方情形不同——鲁西不同鲁东，鲁南不同鲁北——要同时了解它，研究它，替它想办法，势所来不及；而这是在训练学生时，多少要指点给它的。尤其是在指导实施的时候，一定要帮它解决地方上的问题，普泛地照顾。

二、训练后回本地作事者，每县人数若过于单少，则事情不易进行；假定每县十人左右，同受训练，便达一千余人。本院人力、财力一时均有不及。

因此，本院计划划分区域，分期次第举办。其区域即以本省旧日行政区之四道为准。现在第一届招生，即就第一区旧济南道属廿七县先行办理。将来第二届或就第二区旧济宁道属办理；或力量宽裕，第二、二区合并举办，亦不一定。

第一届之廿七县，除指定之试验县特别招收四十人外，每县招取人数规定八人至十人；其总数约为三百人以内。招考委员会拟分五组出发，分赴各县宣传后，就济南、邹平、蒲台、惠民、泰安五地点举行考试。其报名手续，考试项目等，另详招生简章。

在储备人才的时候，即应就一地方试行乡村建设，这有两层用意：

一、是训练学生不徒在口耳之间，更有实地练习试做之资。

二、是以此为各县乡村建设的示范，以此为本省乡村建设的起点。

故此特由本院请省政府指定一县为本院之试验县区。此试验县区的条件，要以地点比较适中，县份不过大，不甚苦而亦非富庶，不太冲繁而交通又非甚不便者为合适。现已奉省政府指定，在离胶济路周村站三十余里之邹平县。照本院组织大纲规定，本院院址应即设置于此，并以该县县长兼本院试验县区主任。县长人选亦经发表；将来尚须成立一委员会，以为设计进行之机关。

又在训练上为学生实地练习之资，在乡村建设上为各地示范者，尚有本院农场。农场场址亦随本院置于试验县区内。举办之初，规模有限，必须应于实际需要次第扩充之。例如棉业试验、牧畜试验、蚕桑试验、或者其他，审其为地方所切需，陆续添办。或商请省政府农矿厅举办，协同进行。我们总希望有个可以为试验县区及第一区其他廿六县，农业技术改良上之一研究指导机关的农场。

然我们对于建设进行，颇主张先侧重经济上种种合作。其确实计划，此时尚不能言。我们将先举行两个调查工作：一、试验县区的农村经济调查；二、第一区其他廿六县的农村经济调查。前一调查工作，有训练部的本县学生四十人为助，当易进行。后一调查工作，拟向省政府请款举办。必此两调查办完，如何建设，方有计划好商量。

至若建设的实施，在第一届学生训练期间，所可着手者只限于试验县区。在第一届学生结业回乡服务时，其他廿六县始能着手。训练部各县学生回乡如何服务，与各县建设实施从何着手，殆为一个问题。本院于此，有两种策划：假使各该县政府秉承省政府命令，于此乡村建设之事从上面有所兴举（例如县农场、县农民银行、县自治筹备事宜，县办民众教育等类），自应照本院学则所规定，分派各地方或发交本县服务；其所着手之事，即因所兴举而定。假使上面机缘不好，或政府未暇兴举，或徒有名目难期实益，则各该学生应各回乡里，在本院指导之下，自行办理一种"乡农学校"为宜。此种"乡农学校"的办法，随宜解决当地问题，俾信用渐孚，事业自举；其详须待另陈。

总之，事属创举，须一面试做，一面规划，有难于预定者；待第一届办过后，当可开出些道路来。

《村治》1 卷 11、12 期合刊，1930 年 11 月 16 日。

山东乡村建设研究院组织大纲及学则课程

（一）组织大纲

第一条　本院直隶于山东省政府，定名为"山东乡村建设研究院"。

第二条　本院研究乡村自治及一切乡村建设问题，并培养乡村自治及乡村服务人才，以期指导本省乡村建设之完成。

第三条　本院设乡村建设研究及乡村服务人员训练两部，并由省政府暂指定一县为试验县区。院址即设于试验县区内。

第四条　本院设院长副院长各一人，由省政府任用之。院长主持全院事务，副院长襄助院长处理事务。院长因事不能执行职务时，由副院长代理之。

第五条　本院研究训练两部各设主任一人，商承院长副院长指导各该部学生作业事宜。

第六条　本院各部学生每三十名至四十名为一班。每班设主任一人，襄助部主任指导学生之学行试验及实习。

第七条　本院试验县区设主任一人，由该县县长兼任之，秉承院长副院长办理该县乡村建设试验事宜。其组织及办事各章则另定之。

第八条　本院总务处设主任一人，商承院长副院长督饬本处事务人员分下列各股办事：

一、文书股

二、出版股

三、会计股

四、庶务股

总务处共用事务员四人，书记三人。办事细则另定之。

第九条　本院附设农场一处，设主任一人，技士二人。主任商承院长副院长掌理全场场务，技士承主任之命分任技术并管理场内一切事宜。场内组织章程及办事细则另定之。

农场主任及各技士均兼本院教员，负指导学生作业及农业推广之责。

第十条　本院置图书馆一处，设管理员一人，主管本院图书事宜。其办事细则另订之。

第十一条　本院设院医生一人，主管本院医药卫生事宜。

第十二条　本院为商榷院务，特设院务会议，为院长副院长咨询机关。以院长副院长、各部部主任、班主任、试验区主任、总务处主任、农场主任及院长特约之教员一人至三人组织之。其会议规程另订之。

第十三条　本院各主任及事务人员由院长副院长任用之。教员由院长副院长聘任之。但各主任须兼教员。

第十四条　本组织大纲如有未尽事宜，得呈请省政府修改之。

第十五条　本组织大纲自山东省政府批准公布之日施行。

（二）学则及课程

第一章　部别班级

第一条　本院依组织大纲第三条之规定，分设乡村建设研究部、乡村服务人员训练部两部。

第二条　乡村建设研究部以修满二年为结业期限，乡村服务人员训练部以修满一年为结业期限。

但研究部学生于修业期间提出研究论文，经部主任及导师评定合格，请由院长核准者，得于提前结业。

第三条　乡村建设研究部学生以三十名为一班，乡村服务人员训练部以四十名为一班，于入学时编定其班级。

第二章　入学及甄别

第四条　乡村建设研究部以大学专门毕业，或具同等学力者，经本院取录为入学资格；乡村服务人员训练部以初级中学毕业，或具同等学力者，经本院取录为入学资格。其入学试验科目及报名手续等均在期前一个月宣布之。

第五条　本院得应外间请求，酌收外省自备资斧前来附学者，经本院考试及格后准其入学。但名额不得逾本院学生十分之一。

第六条　本院学生在修业期间，本院得随时就其资性体质思想行为加以甄别而去留之。

第三章　在学待遇及结业服务

第七条　本院学生除前第五条所规定外省附学者外，一律由院供给膳宿，并每年发给单棉制服各一套。其研究部学生并给予每月津贴十元。

第八条　本院教学注重讨论研究及实习。其各科间有提要纲目等，由院编印发给，不征讲义费外，所有参考书籍笔墨纸张等，概归学生自备。

第九条　乡村服务人员训练部学生修业期满，经本院准予结业后，由本院呈请省政府分派各地方或发交各本县服务。其乡村建设研究部学生除酌留本院服务外，余由本院呈请省政府录用。各结业学生服务情形每月须向本院作详细报告，以便考验其成绩并随时为之指导。

第十条　本院期在培养实地服务人才，凡学生结业必须具有解决乡村各种问题之知识能力及勤劳奋勉之精神。其有修业期满而不足以副此者，本院得缓予结业。

第十一条　本院结业学生分派服务后，如有自行他就者，应追偿其修业期间膳宿服装各费。

第十二条　本院学生未经结业中途自请退学者，或因故被开除学籍者，应追偿其修业期间膳宿服装各费。

第四章　院内公共生活秩序

第十三条　本院教职员学生均应遵守本院所厘订公共生活秩序。

第十四条　本院概无寒暑假期及其他一切假例之规定。但遇国庆日及其他纪念日，仍应举行纪念仪式，由总务处先期公布之。

第十五条　每日生活依昼作夜息分为二大段——自早五时起，迄晚八时五十分为昼作段，晚八时五十分至翌早五时为夜息段。届昼作段鸣钟晨起床，届夜息段鸣钟休息，不得后时。

前项起床休息之规定，于每年一月二月及十一月十二月四个月内，均各延迟一时——即以早六时鸣钟起床，晚九时五十分鸣钟休息。

第十六条　起床后二十分钟为盥漱时间，随即在礼堂举行朝会，鸣钟齐集，不得后时。

朝会规定三十分钟。自院长以次，各教职员有诰诚勖勉于同人及学生者，于此致词；总务处及各部馆场有应提示或报告于众者，于此致词。时间不足，得延长之。

第十七条　朝会后在体育场习健身拳术三十分钟。教职员有不愿参列者，得预先声明，既经参列，应逐日到场。学生一律学习，不得有异。

第十八条　习拳术后二十分钟，在食堂早餐。午餐应定在十二时至一时之间，晚餐应定在晚五时至六时之间。

第十九条　自早餐迄午餐，自午餐至晚餐，应各划定三小时；自晚餐迄夜息，应划定两小时；共八小时，为主任或教员指导学生作业时间。由院长会商各部主任，依第六章课程之规定，编制各该部功课表公布之。

第二十条　每日晚餐后以二十分钟为院内各庭舍洒扫清洁时间。分划区域，配定学生人数，同时行之。

第二十一条　每日晚间作业之余，夜息之前，由各部班主任指导学生各作日记，并为阅订，及次日写作日记前发还之。

第二十二条　自早起迄夜息，应有一日公共生活时序表；由院长会商各部主任依据十五条至二十一条各规定，视节候所宜，教学所便，排定钟点公表之。

第二十三条　自院长以次，各教职员有因病因事于公共生活秩序不能遵行，或于功课表排定功课缺席者，应于事前向总务处声明请假。

第二十四条　各部学生有因病因事于公共生活秩序不能遵行，或于功课表排定功课缺席者，应于事前向各该部主任请假；但必以下列条件为限：

一、因病者，须先经医师诊断认为有假息之必要。

二、因事者，须亲丧等特别事故，经该部主任询问明白之后认许。

第五章　部班主任制

第二十五条　本院依组织大纲第五条之规定，置乡村建设研究部主任、乡村服务人员训练部主任各一人。其训练部各班，并置班主任各一人。

第二十六条　各部班主任对于各该部班学生之身心各方面活动，皆负有指导照管之责。凡学生精神之陶练，学识之培益，身体之保育锻炼等，固自有学科课程分别作业，分别训练，但必得部班主任之指导照管为中心，乃有所系属。

第二十七条　各部班主任应与各该部学生同起居，共饮食。除学生课业别有教员指导不定须参加外，皆以时常聚处为原则。

第二十八条　各部班主任对于学生之教导，要在能事事以身作则，人格感化之。

第二十九条　各部班主任对于各该部学生之性情资质思想习惯家庭环境等须时加体察而了解之，以为设计施教之所资。又依第二十一条之规定，部班主任应逐日查阅学生日记而批改之。

第三十条　各部主任对于各该部课程之订定，科目之增损，教材之选择，教学之方法，及教育上之设备等，得提出意见或计划于正副院长筹议进行。其问题较小或不涉变更成案者，得随时召开各该部部务会议商决之。

第三十一条　各部班主任指导学生在本院许可范围内成立各该部学生自治团进行自治。凡经本院划归该部自行办理之教务庶务卫生等事，及指定之该部指导作业室宿舍庭除等，均得在各该部主任指导监督之下自行料理之。

第三十二条　本院学生学行成绩，注重平时考核，并得举行定期书面试验。其考核之总评定，以各该部主任所评定者占半数，以各学科教员所评定之汇合平均数占半数。

第三十三条　前第六条之规定，本院学生在修业期间，本院得随时就其资性体质思想行为加以甄别而去留之。其甄别方法，以各该部主任所具评定报告经院长副院长取参各教员意见复核而定之。

第六章　课程概要

第三十四条　本院教育以注意实际问题，养成服务能力为主。所有课程概不出：（一）各种实际问题之讨论研究及其实习试做；（二）为解决或应付实际问题所必要之知识技能之指授训练；（三）实际服务之精神陶练。

第三十五条　乡村建设研究部之作业课程，大别为两类如次：

甲、基本研究：党义，社会进化史，乡村建设理论，军事训练等目。

乙、专科研究：农村经济，农业改良，产业合作，乡村自治，乡村教育，乡村自卫，及其他等目。

第三十六条　乡村服务人员训练部之作业课程，大别分为五部如次：

甲、党义之研究：概括三民主义、建国大纲、建国方略及其他等目。

乙、乡村服务人才之精神陶练。

丙、村民自卫之常识及技能之训练：概括自卫问题研究、军事训练、拳术及其他等目。

丁、乡村经济方面之问题研究：概括经济大意、农村经济、信用生产消费各项合作、簿记、社会调查及统计、农业常识及技术、农产制造、水利、造林及其他等目。

戊、农村政治方面之问题研究：概括政治学大意、现行法令、公文程式、乡村自治组织、乡村教育、户籍土地各登记、公安、卫生、筑路、风俗改良及其他等目。

第三十七条　乡村建设研究部之作业课程，第一类基本研究为该部学生所必修，第二类专科研究经该部主任之认可，得由学生自行认选一科或数科。

第三十八条　各科作业课程，其研习之先后次第，及各科在每周应配置之时间，与关于研究实习之分配，均由院长会商各部主任及教员斟酌排定之。

第三十九条　本院学生关于在试验区应办社会调查，乡村自卫，合作事业，指导巡回讲演、试验小学、教育推广及各种乡村事业之改进运动，由部班主任、试验区主任、各教员及学生成立本部指导作业室，依各该部课表指导学生作业。其详细规则另定之。

第四十条　各教员指导学生作业时，得约请其他教员或各该部班主任一同参予之。于必要时并得于课表规定其参加

第四十一条　本学则课程如有未尽事宜，得由院长提出院务会议修改之。

第四十二条　本学则课程自山东省政府核准备案之日施行。

敢告今之言地方自治者

"地方自治"的一句话，在今日几于人人会说，人人爱说。当局者尤其亟亟从事，国民政府督促于上，各省政府赶办于下，即要"克期完成"。这实在是使我们听见了头痛，看见了害怕的。天下岂有这样不分青红皂白，囫囵吞的观念？天下又岂有这样咄嗟立办，如玩幻术的政治大业？

昨读本刊第十一二期乡村运动消息栏，广东中山县进行自治现况，政府当局所以谋地方自治的鲁莽灭裂做法完全显露出来。中山县的筹办自治，是以其为孙总理的故乡，由国民政府任命好多位党国要人组织"中山训政实施委员会"来主持的；而这段"现况"又是承一位现办这件事的张汉儒先生所寄示。那么，我们是正好即此以为征验的了。从张君寄示文中，我们知道中山县当局的做法便是：

第一，订定公布种种法令章则，和自治施行程序计划；

第二，依法将县区乡镇等组织编制起来，机关成立起来；

第三，竭力筹经费；

第四，……

据说困难就是经济问题；竭力以筹经费而犹不可得，自治遂无下文。噫！可惜这经费未得宽裕地筹到；不然，这"自治"想来一定是可以完成的了！

我们不解，这便是筹办自治？自治便是这般筹办能以实现的？在广东似乎不是没有明白人，何以竟然如此？记得广东民政厅长许

崇清先生，某次对各县长训示其自治施行的意见，曾说过：①

> 照中央规定，应将各县自治制度，依限成立；但县自治制
> 度成立，未必即县自治真正成立。县自治制度，可以用法规命
> 令而施行；但一县之真正自治，绝不能因法规命令而产生。如
> 欲县自治真正成立，必须一县人民之社会公共精神，社会连带
> 意识觉醒起来，以运用维持自治之制度。但此社会公共精神及
> 连带意识之觉醒，须在经济文化之开发达到相当阶段，始能成
> 功。否则文化未开发到相当阶段，则人民于社会公共事业不易
> 感觉兴趣；社会公共利益，亦不易见到。经济未开发到相当阶
> 段，则社会公共利害关系不能统一，对于公共问题之解决，自
> 无一致之意思；是则自治制度虽告成立，亦只徒具形式，且难
> 免为少数土劣所操纵，反致有害而无益。

我们要知道一地方社会之自治，是由散漫而入于组织；此自治组
织原是营实际生活之一好方法。果真需要到来，人自会求之，无待强
迫。在中国初未有此，而我们想采用这好方法，以国家的力量来推行，
无非求社会加速长进；但绝不能不顾他（社会）自然形势之如何，而
尽着我想要怎样就怎样，强迫为之。所谓社会之自然形势，即许君经
济文化达于相当阶段之说也。更简捷地说，总要他自己实际上有这种
需要与可能才行。既无需要又无可能，强迫为之，不独白费力气，而
且弊害百出。所以要举办地方自治，先谋其地方经济与文化之推进，
形成一适宜之形势，使有一点自然而非强迫的把握在我，而后可为。
如此乃可说筹备；如此乃可说训政。不然，则鲁莽灭裂，笑话而已。
以数千年经济文化顿滞不进之中国社会，又当七八十年外人经济侵略，
二十年国内秩序骚乱之余，产业凋残，地方疲敝，而基本之农业，下
层之乡村为尤甚；于此际也，国民政府果欲完成地方自治，则如何挽

---

①　见《村治》1卷1期《各地乡村运动消息》第9页。

回我固有经济日就颓崩之势，而开动其生发进步之机，使地方向荣、乡村兴起，实为最当先解决之绝大问题。乃当局者似初不照顾到此，只是颁布自治法令，督促实现。这好比对着干枯就萎的草木，要他开花一样，何其愚昧荒谬。在当局似亦明知办不到，而要指限克期完成；明知没有实际，而必要摆这面子；如何虐苦人民、贻害地方，在所不计，试看中山县筹办自治的结果：

> 县自治筹备处成立之后，即行委任各区自治筹备处主任，设立各区区公所筹备处，计共九区。复由各区指导各乡镇，设立乡事务委员会；全县计共成立者约一百余处。（中略）有些区筹备处主任借着经费支绌的理由，呈准县政府抽收什么公路汽车附加捐，什么更谷费，什么蠔塘附加费，海埠、鸭埠特别捐……等等。苛细夹杂，名目繁多，徒使人民未得自治之益，而先蒙自治之害。

这种横抽滥捐已骇人听闻，更妙的是钱筹到以后的结果：

> 虽然有些区筹备处得了这项特别收入，但除了应支几个职员的薪俸和开销一些办公费，此外均未能切切实实做事。致令自治施行程序所规定的半年完成筹备的自治方案，只成了"官样文章"。计由民国十八年十月成立县自治筹备处开始地方自治工作，至十九年三月止，整整半年，检阅过去，都未有好的成绩表现。讫至十九年三月黄居素氏接任中山县长之后，即行裁撤县自治筹备处，所有自治工作划归县政府第二科办理。

如果黄县长是明白的，正可以即此收帆转舵，不再往前作。哪知他反而觉得筹备工作已办半年之久，"自应正式成立各区区公所，以符名实"。并且积极扩张，又新委任许多乡镇公所筹备员，

"计连前共已成立乡镇公所筹备处二百九十五处"。其结果自然又得竭立筹经费；而筹经费仍不外在固有圈里打麻烦。

自治经费……除了各区已有捐可抽，或由各乡补助外，依样感觉经费无着。黄县长见到这种情形，于是在中山训政实施委员会提议整理县区乡镇族公产；将所有县区乡镇族有之公产，分别成立管理委员会，实行整理，以便厘定自治经费。但在管理公产章程公布之后，平素把持侵占公产之豪绅，一面在叫苦，一面却在反对。所以有些区乡镇公所奉令前在接收公产，便惹起不少的纠纷。虽然经县政府严令移交，究竟亦免不了祠堂白蚁们（豪绅）联结反对，糊涂了事。因此除了现在一部经费解决外，尚有许多仍然感觉困难。

我不明白，凭什么就可以加捐抽税？凭什么就可以严令人家族中公产移交出来？借着自治二字，就可以横征暴敛无所不为么？自治的要义，就在尊重地方上人的意思，承认他们有此一种新权（自治权）。现在却反其道而行之，不顾地方上人的意思，蹂躏他们既有的权利；讵有这样筹备自治的道理么？诸公知道，农民的血汗几已剥取到最后，将不能自养活其身，将无以营其下一〔年〕度之生产么？你留给他一分，或者此一分用在生产上（用在肥料上，或种子上，农具上，或他自己吃了增加其体力），而多少有点出息。若剥取来，养些职员，把他消耗了；则生产益减，农民益贫，自治之机益将断绝。诸公知道，自清季到民国历次举办新政，三十余年间无一次不是欺骗农民，农民听到新法新政就厌嫌头痛么？今你一上手又是使他厌嫌头痛，他从此认所谓自治又是来骗局，退缩逃避之不遑，则向前参加之机益以绝，自治之事实其安从而得？这是筹备自治呢？这是断送自治呢？

听闻湖南的地方自治，就是这样由筹备而断送的。湖南自民国十七年五月成立省自治筹备处，自治训练所，各县自治筹备处，积极从事筹备，用去省款七十余万，县款二十余万，结果不到两年光景，通统烟消火灭。其所以然，就为"……需费极钜，在目前牵萝补屋之省库，既有不可为继之势，在灾劫余生之各县，更深不胜负担之感；重以少数县分自治人员，操之过激，筹款苛细，故外间不少流言，多有呈省政府省党部请停止各县自治进行者"。① 请问自此以后，在湖南谁还敢提自治，不敢提呢？

直截了当地说罢：现在要举办地方自治，就是莫大的苛政；除非你有办法，挽回固有经济日就颓崩之势，而开动其生发进步之机，形成一适宜形势，导达于自治无待强迫而后可为。

举办地方自治，岂独增加农民负担，更其凶猛可怕者是助成土豪劣绅的权威。在张汉儒先生所写示的中山县筹办自治之困难中，虽未提到土豪劣绅一层，然而实在隐伏着有了。如他说：

> 因为肃清烟赌，各区区公所与各区公安局，就发生许多权限上的争执。原来办理肃清烟赌，在名目上是冠冕堂皇不过，但内里却有利可图。破获烟赌案件，最少便得一百半百元的罚款。

在中国，所谓保障人权的法律始终没树立起来；而最足诱致有权力者之横恣，使法律难得树立的，就是烟赌两项事。如盗匪或近年所谓反动分子，固然都要以军法从事，受不到普通法律的保护；然其事究不甚平常。唯烟赌两项随在多有，事甚寻常，而亦没法律可说；是禁是纵，是打是罚，一任当地驻军或警察，官府或民团、以意为之，俨成他们的大好收入。此种情形不变，民主政治难言，地方自治难言。因为从此等处可以看出多数人愚昧懦弱之可欺，而少数人威福自恣之易行，在国家即无法实现民治，在地方即无法不出土豪劣绅。所谓土豪劣绅，即指乡间一般人之愚懦受欺，一二人之威福自恣的事实；却非某个人的品行问题。破获烟赌而罚款，军警机关行之，其祸犹小；自治机关行之，为害实大。禁烟禁赌，诚然最宜由地方自治来作这功夫；但假使自治区公所亦能破获烟赌，随意罚款，那便是形成土豪劣绅的绝好机缘了。

---

① 详见《村治》1 卷 1 期乡村运动消息栏。

乡民愚昧懦弱，自是社会经济问题，文化问题；从根本上讲，非经济进展，文化增高，无法免除土豪劣绅的事实。但若本着数千年无为而治的精神，让他们度其散漫和平的生活，却亦不见得有几多土豪劣绅。所怕的是根本说不上自治，而强要举办自治，那就没有土豪劣绅的地方，亦要造出土豪劣绅来。我们试想想看：

第一，本自容易受欺压的农民；

第二，将他们划归一个区域，而安上一个与地方官府相衔接的机关；

第三，此机关时时向他们发号施令，督迫他们如此如彼；

第四，此机关可以强制的向他们加捐要钱；

第五，此机关可以检举他们某项罪名（例如烟赌）而处罚他们；

第六，此机关或且拥有武力——保卫团。

这简直是替土豪劣绅造机会，让他们正式取得法律上地位，老百姓更没法说话罢了。不独给他以法律上地位而已；并给他开出许多可假借的名色题目来，又且资他以实力。最近中央政府因为剿除匪患，盛倡要以人民自卫组织为根本方法；谓必人民如是起来协助政府，而后匪患可清。[①] 这自然是不错的。我们希望树立乡村自卫组织之念，比政府还切。然而这岂是一片期望心就成功的么？第一，这项军械和常备团供给的负担，乡民是不是能负担的了？第二，"人民自卫""民众的武力"，自然好听不过；但事实上怎能逃于土豪劣绅之手？我们试想想看：

第一，军械一定是出自地主有钱的人购置的多；

第二，养这些常备团兵的费用，一定是地主有钱的人出的多；

---

① 二十年三月国民政府曾限令湘鄂赣闽皖豫浙等省政府，于本年八月以前将保卫团一律组织完成。令文有云："自来弭匪之法，治标则用兵力，治本则用民团。良以匪徒出没无常，往往兵来则散，兵去复聚，徒令兵力疲困，肃清之效，急切难收。故以兵卫民，不如使民自卫。近年来，各省匪患猖獗，民不聊生，现政府正派大军包围，必可剿灭。但欲图根本铲除，非组织民团，兴办保甲，使良民有恃无恐，奸宄无所逃遁，不为功。"

第三，军事重在有统制有指挥，所谓"平民共和"的精神是不适用的；

第四，有果断专制性的人物乃适于为军事首领，而事实上的陶铸，更养成这种习惯势派。

由是地主绅士一二人的尊严威猛遂以建立；怎能保他不滥用权威呢？多数乡民是素来愚懦的；怎能免于受欺压，被鱼肉呢？我们并不是说作团董的没有好人。这是事实要如此。何况今日的社会是什么社会呢？我们试想想看：

第一，今人欲望比前高许多，而生活的艰难及风气的丕变，更使人歆慕金钱势力；

第二，频年的变乱，使人变得险诈狠毒，残忍胆大；

第三，社会旧秩序（法律制度习惯教条等）已失，而新秩序未立；于此际也，多数谨愿者莫知所凭循，最易受欺，而少数奸猾乃大得乘机取巧纵肆横行之便。

在这种社会形势之下，有好人能有几个呢？其生活稍高，或沾染嗜好者，在乡间正当生业实不足以济其欲，则唯有巧取豪夺，借损人以利己，时势所演，理无可怪。再加上"地方自治""人民自卫"，适以完成其为人民之蟊贼，一方之小霸王而已！然而当局之提倡地方自治自卫者，似绝未留意到此。究竟是智虑短浅呢？还是毫无心肝呢？

谈地方自治的人，或者以为这亦不是绝没办法的事。固然成立自治机关难免予少数人以凭借把持；但地方自治意义的宣传，多数人未尝不可有些了解；虽曰愚懦，亦无甘受其欺虐之事。况且于组织制度之间，尽有防杜的法子。照中央法令规定：

第一，在乡在区则有乡民大会、区民大会，在县有县参议会，每年集会两次或一次，一地方公事之大关节目均以此为决定机关。①

---

① 详见县组织法，县组织施行法，区自治施行法，乡镇自治施行法所规定。

第二，平日乡公所区公所的行政，亦是要经过会议的。①

第三，平日与乡公所区公所对立而监察之者，又有乡监察委员会，区监察委员会。②

第四，在县，在省，一层一层尚有上级机关之监督。③

第五，最后还可以由乡民大会、区民大会行使人民的直接罢免权。④

如是一重一重都所以开发多数势力，防制公家职权的滥用，裁抑个人威权的恣行，难道还不足杜绝土豪劣绅的产生么？

这话自表面上看，未尝不像有理；可惜事实不是这回事。宣传来的新观念，移去不了多年的社会旧习；何况如二十年经验所诏，这新观念一次一次总归幻灭，谁复敢信得及呢？至若求效于组织制度之间，对于声威所在实力所在的豪绅，欲以白纸写黑字，振起数千年农民散漫积弱之势而胜之，更属妄想。然而在这互相牵掣抵制之下，一个人独霸之局诚亦不易成功；演为地方上几个人分结徒党明争暗斗之局，大概是一定的。因为一地方不见得就只一个人有钱，有势，有资望，有胆智；长于此，绌于彼，高矮不齐而各不相下的，总有几个人。此几个人始亦未必彼此作对。然而从这制度之所安排布置，其不引之促之于结党分派构怨成仇又何待？除此外实更没有什么结果可得！在立法者所自诩为防杜土豪劣绅的妙方，不过换一换局面；而此种捣乱打架之局，比之个人独霸之局，究竟那个好些，谁能说呢？

① 乡公所有乡务会议；区公所有区务会议；照乡镇自治施行法第三十条，区自治施行法第廿六七条所规定，凡区乡办的事廿一款目，其十九款目都须会议取决而后行；此会议并应通知监察委员列席。

② 见县组织法第三十一条、第四十四条，区自治施行法第五十四六各条，乡镇自治施行法第五十一二三各条所规定。其最严重的，是监察委员会纠举乡长或区长违法失职情事，得自行召集乡民大会或区民大会。

③ 详见县组织法，县组织施行法，区自治施行法，乡镇自治施行法所规定。其条文不一一指数。

④ 见县组织法第三十条，第四十三条，又乡镇坊自治职员选举及罢免法所规定。

在时下人浅薄稚劣的头脑，方于西洋制度粗有所闻者，当然亦只能有这一套，想不出别的来。然在这中国，却从没见过这样安排着要人打架的制度；——固然中国亦不大经见多数政治。这套制度是怎样与中国人从来社会生活不合，尤其拿到乡间去将发生怎样结果，在立法者似绝没有设身处地踏实想一想。——本来这亦不是在内政部衙门里写字台上所能沉想的。想亦白想。中国的政治制度（地方自治在内）是要各地方社会从事实上慢慢探求创造以成的，不是在写字台上斟酌条文，可以照图样制造的。这是事实问题；非亲身在地方上作事，委宛曲折的经验苦思，不能于此参赞一词。尤非有大智深心，莫能开出一条道来解决这问题，于已往西洋法制中国礼俗之外，为人类文化的创新。

多数势力的开发，多数政治的形成，是无疑问的必要。但欲以这套制度为中国开发多数势力之方，形成多数政治之式，则是昧于中国民族精神。民族精神很像一句空话；这句空话，唯有事实经验才得充实他。在《我们政治上的第一个不通的路——欧洲近代民主政治的路》一文中，我虽曾剀切地指出欧洲近代政治制度在中国的不适用，很多人不易相信；除非等待他撞在事实的礁石上，到底撞不出路之时。前文中已经说过的话，此处不便重叙；除请读者检阅前文外，我只说两句话，指明这绝大问题：

　　经济有进展，文化有进展，多数人的智力相差不远，是多数势力所以开发的基本条件；这诚然在中国亦不异于西洋。但在西洋即此可以形成一种多数政治，而在中国则不能。在中国更需要一个条件，即必得一更高等的政治形式，发抒他的民族精神，乃能实现其一种多数政治——中国的多数政治，不是借着多数人智力相差不远，个人专擅无所施，就可以为积极地实现的。

　　要促成地方自治，而其办法不协于中国社会的经济条

件，是卤莽灭裂；若不协于中国社会的精神条件，亦是卤莽
灭裂。

我们从土豪劣绅问题谈到民族精神，是因为一般人最容易以不
协于民族精神的办法，来对付这问题；而这问题实唯从复兴民族
精神或稍得对付。这问题既是当前无可闪躲者，故唯从这事实上可
逼讨出民族精神的下落。我们绝不以民族精神笼统名词，要大家承
受信服；我们只是警告大家，在可怕的土豪劣绅问题未有办法，莫
言地方自治。

我们以上都是说，地方自治不能如玩幻术的咄嗟立办；以及要
照当局法令计划立刻办成，便是莫大的苛政，祸害不堪言。自1911
年来，因"民主共和"的好名，已是将国家闹得天翻地覆。然而
地方上偏僻乡曲，兵匪不到之处，犹或可以安生过活；或兵去匪过
之后，乡民亦可抽空过安生日子。若果如中央政令克期普遍地举办
地方自治起来，则从此"地方自治的"，好字样，必将闹得无一处
得安生，无一时得安生，其为祸之周匝深刻又十倍于前也！呜呼！
政府当局其曷一省思之乎！

政府当局之不假思索，而辄为不负责任之政令者，盖实由言
者之不假思索，而辄为不负责任之言论。地方自治之言盈天下，
而所谓地方自治者果何指而言，无人确切言之。地方自治，一欧
化政治之所有物也；中国人将遂效外国人之所为乎？抑犹不尔
乎？在外国亦有多种形式；将何取何舍？若俱不取，将如何创
造？何者乃为我所需要，何者乃为我所能行？言者囫囵吞过，一
无别白。

或曰：地方自治不既有现行法令，为具体之指示乎？何讵无别
白所指？此言似是。然我们眼前看见的，是日诵总理遗教的国民党
政府；同时我们所耳闻，则孙先生遗教之《地方自治开始实行
法》，与今之政令固大不侔。使其果有别白也，则何为如是？孙先
生之言，固明明曰："此所建议之地方自治团体，不止为一政治组

织，亦并为经济组织"。其具体的说话，则指出地方自治之执行机关，"首要在粮食管理局"；"其余'衣''住''行'三种重要之生产制造机关，亦悉当归地方之支配，逐渐设局管理"，①"此外更有对于自治区域以外之运输交易"，当由自治机关设专局以经营之"。②又有云：

> 一境之内，如人尽所长，为公家服一二个月之义务。长于农事者为公家垦荒，则粮食足矣；长于织造者为公家织布，则衣服足矣；长于建筑者为公家造屋，则屋舍足矣。……自治区之人民，各有双手，只肯各尽其所长，则事具备矣。③

综其前后，虽没说出"各尽所能，各取所需"的话；而其企图生产与分配的社会化，意向所在昭然可睹。然而我们于现行地方自治法令中，试求其为一社会主义的经济组织者果何在？

我们并不要国民政府即据孙先生的说话，以为国家法令。孙先生所说，从其意向未尝不可有实行之道，事实上大概没有一句话可以照办的。我们何敢希望照他的话，订定法令？不过如法令所示和孙先生所说，太不是一样东西、殆青红皂白之异色；则中国国民党所想要的究是什么样东西，遂无从知道。此实由言者一例包涵，不加别白，不独从客观地指说中国地方自治所可能成功是什么样，不能成功是什么样，没听见过；即主观地想要那样，不想要那样，亦没听见人分别指说过。只囫囵吞地当他是一件"善举"，一件"好事"，贸贸然求之。这一片好善心，未免太匆忙了些！

---

① 见地方自治开始实行法第二"立机关"一段。

② 见地方自治开始实行法第六段结束。

③ 见地方自治开始实行法第六"设学校"一段。

　　例如我们所标举的"乡治"或"村治"，并不是地方自治或乡村自治的简称，而是一个有特殊意义和整个建国计划的主张，不过要从乡村入手，又归本于乡村。① 我们对于各方注意乡村问题，作乡村运动，办乡村事业的，一例欢迎奖进；这是持一较宽态度，从某种意义上引为同调。地方自治必及乡村，因而亦在所乐闻。但我们从没有称过地方自治为"乡治"或"村治"；本非同物，不可以混也。而张汉儒先生辄以国民政府在中山县举办地方自治，目为村治运动。于其写示本刊之文中，屡屡混称不分。这在我们既不敢当，在国民政府亦不愿受罢！一般人这样混称地方自治为村治的颇不少，不止一张君。

　　其实大家喜欢谈地方自治乡村自治，谁还不欢迎呢？但敢请大家踏实了谈，于下列几个问题，必须先有个分晓：

　　　　所谓地方自治究竟是怎么一回事？此必于欧化政治中通常所称之地方自治，得其大意。你所要的地方自治又是什么样的？此必确切指出其在政治上为如何，在经济上为如何。

　　你想的那样可能行么？此必切就中国眼前状况，一一指其难关，而确得其解决之道；勿自忽过，勿自瞒昧！

　　如果能这样，就可以谈；不能这样，就不必谈！

---

　　① 《村治》1卷1期各地乡村运动消息汇志弁言：一切努力于乡村改进事业，或解决农民问题的，都可宽泛浑括地称之曰"乡村运动"，或"农民运动"；——类如乡村自治运动，乡村教育运动，乡村自卫运动，农业改良运动，农民合作运动，农佃减租运动等皆是。我们的"乡治"或"村治"主张，则是有特殊意义和整个建国计划的一种乡村运动。近年来，中国乡村问题的重要，已得有识者的公认；因此向着这方向努力的，在各地方先后继起，不可计数。持一较宽态度说，这自都是我们的同调。

　　所谓"乡治"或"村治"之特殊意义，即要在近代都市文明之外，辟造一种乡村文明；其道则在使社会重心从都市移植于乡村。以下《山东乡村建设研究院设立旨趣及办法概要》一文颇详此义。

　　　　　　　　　　　6 月 30 日邹平

　　《村治》2 卷 1、2、3 期，1930 年 12 月 1 日，1931 年 6 月 18
日、7 月 15 日。